AF411244

HISTOIRE

DES

ARTS DÉCORATIFS ET INDUSTRIELS

EN FRANCE

PAR

FRANÇOIS BOURNAND

PROFESSEUR D'ESTHÉTIQUE ET D'HISTOIRE DE L'ART A L'ÉCOLE PROFESSIONNELLE
ET A L'ASSOCIATION POLYTECHNIQUE,
MEMBRE HONORAIRE DE LA SOCIÉTÉ DES LITHOGRAPHES FRANÇAIS,
ANCIEN RÉDACTEUR EN CHEF « DU DESSIN » ET DU « BLANC ET NOIR »,
LAURÉAT DE LA SOCIÉTÉ NATIONALE D'ENCOURAGEMENT AU BIEN,
ANCIEN ÉLÈVE DE L'ÉCOLE DES HAUTES-ÉTUDES,
ANCIEN COMMISSAIRE GÉNÉRAL DES BEAUX-ARTS.

ILLUSTRATIONS PAR

MM. SERENDAT DE BELZIM, ALFRED BAHUET, L.-OV. SCRIBE, FÉLICIEN PINON,
Mme BERTHE ROBERT,
Mlle JEANNE GERDERÈS, Mlle NOÉMI SCHMITT, Mlle JEANNE FAVIER, Mme ALICE BOURNAND, ETC.

LIBRAIRIE GEDALGE
75, RUE DES SAINTS-PÈRES
PARIS

HISTOIRE

DES

ARTS DÉCORATIFS ET INDUSTRIELS

EN FRANCE

HISTOIRE

DES

ARTS DÉCORATIFS ET INDUSTRIELS

EN FRANCE

PAR

FRANÇOIS BOURNAND

PROFESSEUR D'ESTHÉTIQUE ET D'HISTOIRE DE L'ART A L'ÉCOLE PROFESSIONNELLE
ET A L'ASSOCIATION POLYTECHNIQUE
MEMBRE HONORAIRE DE LA SOCIÉTÉ DES LITHOGRAPHES FRANÇAIS,
ANCIEN RÉDACTEUR EN CHEF DU « DESSIN » ET DU « BLANC ET NOIR »,
LAURÉAT DE LA SOCIÉTÉ NATIONALE D'ENCOURAGEMENT AU BIEN,
ANCIEN ÉLÈVE DE L'ÉCOLE DES HAUTES-ÉTUDES,
ANCIEN COMMISSAIRE GÉNÉRAL DES BEAUX-ARTS.

ILLUSTRATIONS PAR

MM. SERENDAT DE BELZIM, ALFRED BAHUET, L.-OV. SCRIBE, FÉLICIEN PINON,
Mᵐᵉ BERTHE ROBERT,
Mˡˡᵉ JEANNE GERDERÈS, Mˡˡᵉ NOÉMI SCHMITT, Mˡˡᵉ JEANNE FAVIER, Mˡˡᵉ ALICE BOURNAND, ETC.,

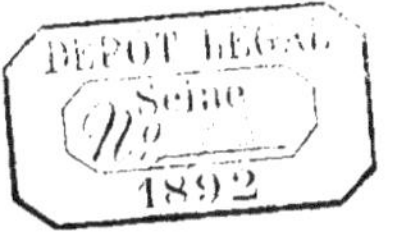

LIBRAIRIE GEDALGE
75, RUE DES SAINTS-PÈRES, 75
PARIS

A LA MÉMOIRE

DE

M. ÉDOUARD SERENDAT

ANCIEN CONSUL GÉNÉRAL A L'ILE MAURICE

En témoignage de reconnaissance

et de souvenir affectueux.

HISTOIRE

DES

ARTS DÉCORATIFS ET INDUSTRIELS

EN FRANCE

CHAPITRE PREMIER

LA DÉCORATION ARCHITECTURALE ET LA DÉCORATION DU MOBILIER

Le mobilier aux premiers siècles de la France. — Comment on se couchait et comment on mangeait. — Le mobilier de la chambre à coucher. — La décoration des meubles. — Le logis d'un homme de robe. — La maison de la rue de la Voirie. — Une chambre des appartements de la reine régente. — La Chambre bleue. — Le palais Mazarin. — Les différents styles. — La décoration des monuments. — L'abbaye de Cluny. — La sculpture décorative. — La peinture décorative. — La peinture au moyen âge. — Les châteaux sous François Ier. — La décoration sous Henri II. — Versailles. — Marly. — Le style Louis XIV. — Au xviiie siècle. — Oppenort. — Claude Gillot. — J.-A. Meissonnier. — Le vernis Martin. — L'art décoratif contemporain.

ES armoires, les bahuts, les huches, les coffrets étaient les seuls meubles qui pouvaient se fermer, et qui furent d'un usage habituel chez les riches comme chez les pauvres, jusque vers la fin du xive siècle. Avec les lits, les sièges sculptés à grands dossiers et les escabeaux furent les principaux meubles des Francs pendant de longs siècles.

Les *lits* chez les pauvres étaient en métal, en bronze ; chez les riches, on y ajoutait les bois précieux, l'argent, la corne, l'ivoire.

« Les lits, dit Viollet-le-Duc, étaient beaucoup plus élevés du côté du chevet que vers les pieds, de manière que la personne couchée se trouvait presque sur son séant. Nous voyons cette forme persister jusqu'au xiiie siècle. On n'avait pas de matelas, on se couchait sur des amas de coussins plus nombreux vers la tête. »

Les *escabeaux* ont toujours été fort nombreux; ils étaient souvent triangulaires. Les hommes se servaient dans les réceptions, dans les dîners de cérémonies, de grands sièges, de grands fauteuils en bois richement sculptés et garnis souvent de dorures, de pierres précieuses. Dans l'intimité, les hommes se servaient des escabeaux. Les femmes s'en servaient aussi comme de tabourets quand elles travaillaient.

Aux ix⁰ et x⁰ siècles, les tables sur lesquelles on mangeait étaient rondes et posées sur des tréteaux pliants de manière à pouvoir les enlever facilement; les tables étaient entourées d'un rebord de quelques centimètres.

N'ayant ni cuillers ni fourchettes, on mangeait avec les doigts et on buvait à même la bouteille. La soupe se mangeait dans de grands bols.

Vers le milieu du xiii⁰ siècle, le mobilier commença à devenir luxueux. Les meubles furent sculptés et on eut de la vaisselle richement ciselée. Il commence déjà à y avoir de l'étiquette. « La viande, dit Viollet-le-Duc, était servie à chaque convive sur des tranchoirs¹, c'est-à-dire sur des morceaux de pain rassis tout exprès pour cet usage.

« Les écuyers tranchants découpaient les viandes, plaçaient chaque morceau sur des tranchoirs, rangés sur un plat; on les présentait aux convives, qui désignaient le morceau à leur convenance, afin qu'on le plaçât devant eux avec un tranchoir sur la nappe, ou, chez les grands, sur une assiette d'argent. Chacun coupait ainsi sa viande sur ce lit de pain, sans endommager la nappe ou sans faire grincer le couteau sur la vaisselle plate. Chez les petites gens on mangeait avec les doigts. Quant aux potages, aux brouets, ils étaient servis dans des écuelles ou assiettes creuses, communes à deux convives, d'où la locution « à pot et à cuiller », c'est-à-dire dans la plus grande intimité avec quelqu'un. »

*
*   *

A l'époque des croisades, les habitudes des Orientaux apportées en France par les chevaliers changèrent un peu le goût du luxe.

On se mit à manger assis par terre et les jambes croisées à la manière

---

1. Un passage d'Ollivier de la Marche (xv⁰ siècle) mentionne les deux espèces de *tranchoirs*, tranchoirs de pain et tranchoirs de métal: « Si c'est viande qu'il faille trancher, le premier écuyer tranchant doit prendre un tranchoir d'argent et mettre dessus quatre tranchoirs de pain. » On donnait aussi aux tranchoirs le nom de *Tailloirs*.

des Orientaux, mais cet usage fort incommode ne dura que peu de temps. C'est à partir des croisades qu'on commença à recouvrir les meubles de tapis et d'étoffes précieuses et riches, et à faire usage des portières et des tapis moelleux.

A cette époque, « le mobilier de la chambre, dit Viollet-le-Duc, consistait en un lit avec ciel au dais, en une chaire ; des coussins en grand nombre, quelquefois des bois servant de coffres complétaient ce mobilier. Des tapisseries de Flandre ou des toiles peintes tendaient les parois, et sur le pavé, on jetait des tapis sarrasinois, qu'alors on fabriquait à Paris et dans quelques grandes villes. Dans la garde-robe étaient rangés des bahuts renfermant le linge et les habillements d'hiver et d'été, les armes du seigneur ; cette pièce devait avoir une certaine étendue, car c'était là que travaillaient les ouvriers et ouvrières chargés de la confection des habits. On ne pouvait alors se procurer certaines étoffes qu'aux foires périodiques qui se tenaient dans les villes ou gros bourgs.

« Il fallait donc acheter à l'avance les fourrures, les draps, les soieries nécessaires pendant toute une saison. Or, la plupart des seigneurs se chargeaient de fournir des vêtements aux personnes attachées à leur maison, et tout cela se façonnait dans le château.

« Le mobilier de la grande salle se composait de bancs à barres avec coussins, de sièges mobiles, de tapis, ou tout au moins de nattes de jonc, de courtines devant les fenêtres et les portes, d'une grande table fixée au plancher, d'un dressoir, d'une crédence, de pliants et de la chaise du seigneur. »

*

On appelait *buffets*, au moyen âge, les meubles en bois sculpté sur esquels, pendant les dîners et les cérémonies, on plaçait les pièces d'orfèvrerie, les desserts, les confitures et les vins fins.

Les *coffrets* ont été fort en usage pendant le moyen âge ; on les fabriquait en cuivre émaillé, en or, en argent ou en ivoire ; ils étaient souvent finement ciselés, on y serrait les bijoux. Les dames les emportaient avec elles en voyage.

Le bahut, au moyen âge, était d'un usage général. Toutes les familles en possédaient ; ils étaient plus ou moins élégants, selon la fortune du propriétaire. On en voyait dans toutes les chambres. Au besoin, on s'en servait comme de table ou de banc. Il servait même souvent à d'autres usages, parfois même de lit.

« Pour le bourgeois, dit Viollet-le-Duc, l'*armoire* était le meuble principal de la famille, car il est resté tel dans beaucoup de campagnes, où la fille qui se marie apporte toujours l'armoire dans la maison de son époux. Il n'y a guère de maison de paysans en France qui n'ait son armoire de chêne ou de noyer, et ce meuble se distingue des autres par son luxe relatif. L'armoire a toujours été le trésor de la famille du paysan ; il y renferme son linge, l'argenterie qu'il possède, ses papiers de famille, ses épargnes. Ce meuble, qui représente son avoir, est entretenu avec soin, luisant, les fermetures en sont brillantes.

« Pour que cette tradition se soit si bien conservée, il faut que l'armoire ait été, pendant toute la durée du moyen âge, la partie la plus importante du mobilier privé. »

Pendant tout le moyen âge, à partir de l'époque mérovingienne, les voitures ne sont que des *charrettes* non suspendues à quatre roues. On y attelait des chevaux montés par des postillons. On y entrait par derrière.

Ces charrettes, lorsque leurs propriétaires étaient riches, étaient brillamment ornées de dorures, de peintures et d'étoffes.

A partir du milieu du xiii° siècle, on commença à se servir de la peinture pour la décoration des meubles, pour couvrir les sculptures.

Le bois sculpté destiné à recevoir des peintures était souvent couvert de vélin, sur lequel on exécutait des dorures, des gaufrures, des peintures au moyen d'ornements coloriés.

*
* *

Au xiv° siècle, le luxe, œuvre de la bourgeoisie marchande, descend de degré en degré, par l'exemple, et se répand dans la classe nombreuse des mêmes bourgeois, des petits bourgeois et dans le monde des gens de robe.

Un écrivain de la fin du xiv° siècle, Guillebert de Metz, nous raconte ainsi la description du logis d'un homme de robe, Jacques Ducy, qui demeurait rue des Prouvelles[1].

---

1. Rue des Prouvaires.

« La porte de cet hôtel, dit-il, était sculptée d'un art merveilleux ; dans la cour étaient des paons et divers oiseaux de plaisance. La première salle était ornée de divers tableaux attachés aux parois.

« Une autre salle était remplie de toutes les sortes d'instruments que maître Jacques savait jouer, tels que harpes, orgues, vielles, guitares, etc... Une autre salle était garnie de jeux d'échecs, de tables et d'autres sortes de jeux en grand nombre. Il y avait une belle chapelle où étaient de beaux pupitres pour mettre dessus des livres précieux que l'on faisait venir de très loin. Il y avait aussi une étude dont les parois étaient couvertes de pierres précieuses, une chambre pleine de fourrures, plusieurs autres chambres richement garnies de lits, de tables sculptées et couvertes de riches drap et tapis, une autre chambre haute où étaient un grand nombre d'arbalètes peintes de riches ornements, d'étendards, de bannières, d'arcs, de piques, de haches, de mailles de fer, de canons, de boucliers, et toutes sortes d'autres armures et appareils de guerre. »

Quel luxe, comme on voit, pour un homme appartenant à cette petite bourgeoisie qui supplantait insensiblement l'aristocratie de naissance.

Le même écrivain cite la maison de Mlle Baillet, rue de la Voirrie[1], « où il y avait, dit-il, des verrières autant que de jours dans une année ». Il appelait dans son langage imaginé ces bourgeois, « petits rois de grandeur. »

Nous avons parlé là du luxe des habitations et du mobilier bourgeois. Voici maintenant la description par Christine de Pisan[2], de la chambre à coucher d'une simple marchande :

« Avant qu'on entrât dans sa chambre[3] on passait par deux autres chambres bien belles, où il y avait dans chacune d'elles un lit bien et richement recouvert : dans la deuxième était un grand dressoir[4] couvert comme un hôtel, tout chargé de vaisselle d'argent. De cette pièce on entrait dans la chambre à coucher de la dame ; cette chambre était grande et belle, toute garnie de tapisseries au chiffre de la dame, richement décorées avec du fin or de Chypre ; le lit, grand et beau, était garni d'un riche parement ; les tapis qui étaient par terre, autour du lit, étaient ornés d'or. Les grands draps du lit qui passaient par-dessous la couverture étaient de si fine toile de Reims qu'on les estimait 2,000 francs et plus. En cette chambre était aussi un grand dressoir tout paré, couvert

---

1. Rue de la Verrerie.
2. Dans le livre de la *Cité des Dames*.
3. Nous avons mis ici aussi le texte en langage moderne.
4. Buffet.

de vaisselle dorée. Et dans le lit était la dame vêtue de soie teinte ou cramoisie, appuyée sur de grands oreillers de pareille soie, à gros boutons de perles.

« Et Dieu sait les autres choses superflues selon les usages de Paris. » Christine de Pisan, l'auteur de ces quelques lignes, ne raconte pas ceci d'après des racontars, mais bien d'après ce qu'elle a vu elle-même, car elle était allée faire une visite à la dame en question.

*
* *

Catherine de Médicis, par son goût italien luxueux et paresseux, eut une grande influence sur la décoration des appartements.

Un contemporain, Sauval, dans ses *Antiquités de la Ville de Paris*, raconte ainsi la description d'une chambre des appartements de la reine régente au Louvre (après la mort de Henri IV).

« Marie de Médicis, dit-il, fit dorer une chambre et n'oublia rien pour la rendre la plus riche et la plus superbe de son temps. Elle fut ornée de lambris et d'un plafond; on y employa un peu d'or et de peinture. Dubois, Fréminet, Errard, le père Brurel, tous quatre les meilleurs peintres de ce temps-là, déployèrent tout leur art. Errard peignit le plafond, les autres travaillèrent au tableau qui régnait au-dessus du lambris doré dont la cheminée est environnée, et quelques peintres florentins firent, d'après nature, les portraits des héros de Médicis qui sont entre ces tableaux. Chacun pour lors admira ce beau lieu comme le dernier effort de la propreté, de la galanterie et de la magnificence. »

C'est d'un grand luxe, comme on voit, d'un grand effet décoratif.

Ce luxe est égalé, sinon surpassé, par la noblesse d'alors. Le même Sauval nous donne encore la description de la chambre à coucher de la marquise de Rambouillet.

« La Chambre bleue, dit-il, si célèbre dans les œuvres de Voiture, était parée de son temps d'un ameublement (on disait alors emmeublement) de velours bleu, rehaussé d'or et d'argent, et c'était le lieu où la marquise recevait ses visites. Les fenêtres sans appuis qui règnent de haut en bas, depuis son plafond jusqu'à son parterre, la rendaient très gaie et les laissaient jouir sans obstacles de l'air, de la vue et du plaisir du jardin. »

Mais la plus grande merveille architecturale du xviiᵉ siècle, c’était le *palais Mazarin*. Voici comment en parle Félibien :

« Il n’y avait pas une pièce qui ne fût rehaussée d’or et ornée de relief de stuc, de statues, de bustes, de peintures et de tant d’autres choses riches et curieuses, que jamais un tel amas n’en avait été fait depuis que les grands seigneurs avaient pris plaisir à faire éclater la splendeur de leur fortune. »

Comme on le voit, le luxe des habitations aristocratiques avait fait de grands progrès, qui se répandaient dans la bourgeoisie et même dans les demeures des grands magistrats.

C’était Henri IV qui avait donné la mode du *cabinet* ou armoire à compartiments. Au xviᵉ siècle et au xviiᵉ siècle, on avait donné cette dénomination aux armoires montées sur quatre pieds, fermées par deux vantaux et renfermant des petits tiroirs.

Les cabinets servaient à serrer les bijoux, les objets précieux, les correspondances secrètes. M. de Laborde, à propos du cabinet, a dit : « C’était le bahut du moyen âge monté sur quatre pieds. »

A la fin du xviiᵉ siècle et pendant le xviiiᵉ siècle, les cabinets étaient sculptés et les vantaux enrichis de délicieuses peintures de toute beauté.

Aux xviiᵉ et xviiiᵉ siècles, les sièges étaient peu nombreux, mais de différentes espèces. Ce fut sous Louis XIII que naquit la mode du *guéridon*.

*
* *

Sous Louis XIV, la décoration était devenue grandiose et superbe. *Versailles* est le modèle du genre. Ce n’étaient partout que grands et somptueux appartements, ornés de glaces magnifiques et enrichis de dorures à profusion. C’est à cette époque que l’art décoratif règne dans toute sa splendeur.

Sous Louis XV[1] tout s’efémina comme les mœurs; la décoration

1. C’est au musée Carnavalet que l’on peut voir un des plus beaux spécimens de l’art décoratif de la fin du xviiᵉ siècle. Ce spécimen est formé par la restauration du salon de l’ancien *hôtel d’Ormesson*, qui se trouvait au premier étage de l’hôtel d’Ormesson, situé autrefois rue Val-Sainte-Catherine, au fond d’une cour. Ce salon dut être fait vers l’an 1680. Au-dessus de la cheminée se trouve un portrait du cardinal Mazarin.

Le trumeau est décoré de quelques sculptures dorées. Toute la décoration est peinte. Les panneaux sont à fond blanc décorés d’arabesques de couleurs éteintes où le bleu, le rouge, le brun dominent. La décoration est réellement élégante et coquette.

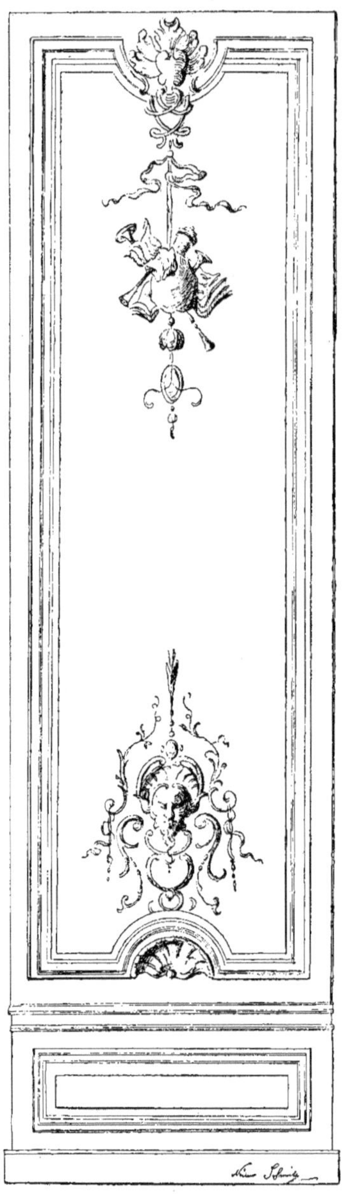

PANNEAU DÉCORATIF D'APPARTEMENT
STYLE DU XVIII° SIÈCLE

(Dessin de Mlle Noémi Schmitt)

devint une décoration de boudoirs; les couleurs tendres, les amours, les cœurs percés de flèches furent choisis de préférence par les peintres décorateurs, qui devaient prendre leurs exemples chez la marquise de Pompadour.

La véritable sculpture décorative se réfugia dans les jardins et les bosquets. Tous les jardins étaient remplis de statues.

Sous Louis XV, ce furent les *formes rondes* et tourmentées qui dominèrent dans les meubles.

Pendant le règne suivant, sous Louis XVI, les meubles eurent des formes droites et maigrelettes; ce furent les bois de rose et l'ébène qui dominèrent.

L'expédition d'Égypte amena en France le *goût de l'antique;* aussi, sous l'Empire on eut l'habitude d'orner les cheminées, les consoles avec des pendules de forme antique et des vases imitant les vases grecs ou les vases étrusques.

Les bahuts et les escabeaux devinrent de mode. Ce ne furent plus partout, comme ornements de meubles, que des têtes de sphinx emprisonnées dans une gaine d'acajou, des chimères dont la tête était celle d'un aigle et qui retroussaient sur les profils des secrétaires leurs queues dorées et levaient leurs pattes devant de maigres trépieds.

Pendant la Restauration, vers 1830, les fabricants de meubles et les artistes décorateurs qui leur prêtaient le concours de leurs ciseaux et de leurs pinceaux ne figurèrent que des postiches du moyen âge et de la Renaissance.

On a imité, à cette époque, jusqu'aux piqûres de vers pour donner au bois l'apparence du vieux chêne.

A l'époque de Charlemagne, la décoration des monuments était tout empreinte des souvenirs de l'antiquité, sur les édifices, sur les Palais, à l'extérieur, à l'intérieur, et représentait souvent les grandes actions de Syrus, les conquêtes du grand Alexandre, des épisodes de la vie de Constantin, les exploits d'Annibal, la vie de l'empereur Théodose. Tout cela se faisait sous l'influence de Charlemagne, qui avait invité les évêques des provinces à l'imiter[1].

Vers le xie siècle, il y eut une véritable renaissance artistique accomplie par les moines. Certains monastères devinrent de véritables écoles de beaux-arts et d'arts industriels.

C'est ainsi qu'en 1094, l'ex-abbé de Quincy, Bernard, fondait près de Chartres le monastère de Saint-Sauveur, où il avait réuni à la fois des sculpteurs sur pierre, sur bois, sur ivoire, des orfèvres, des peintres en miniatures, des peintres verriers, etc.

L'abbaye de Cluny, fondée au xe siècle, propageait aussi l'étude de tous ces arts[2].

Au milieu de la barbarie, les monastères étaient devenus de véritables oasis.

« Vers la fin du xe siècle, dit Viollet-le Duc, au moment où il semblait que la société allait s'éteindre dans la barbarie, une abbaye se fondait à Cluny[3], et du sein de cet ordre religieux, pendant plus d'un siècle, sortirent presque tous les hommes qui allaient, avec une énergie et une patience incomparables, arrêter les progrès de la barbarie, mettre quelque ordre dans ce chaos, fonder des établissements sur une grande partie de l'Europe occidentale, depuis l'Espagne jusqu'en Pologne. Il

---

1. Un des plus curieux et des plus rares monuments de cette époque, où l'on puisse étudier le système décoratif, c'est la petite église de Germigny-les-Prés (Loiret).

2. Les moines de l'abbaye de Cluny furent les grands initiateurs de la sculpture française. Ce fut sous leur impulsion et leur habile direction que travaillaient les *tailleurs de pierres*, dont les plus habiles, appelés *tailleurs d'images*, étaient chargés des œuvres délicates ou importantes. Nul d'entre eux ne signait leurs ouvrages.

3. Dans Saône-et-Loire.

n'est pas douteux que ce centre de civilisation qui jeta un vif éclat pendant les xi° et xii° siècles n'ait eu sur les arts, comme sur les lettres et la politique, une immense influence. Il n'est pas douteux que Cluny n'ait fourni à l'Europe occidentale des architectes, comme elle fournissait des clercs réformateurs, des professeurs pour les écoles, des peintres[1], des savants, des médecins, des ambassadeurs, des évêques, des souverains et des papes ; car rayez Cluny du xi° siècle et l'on ne trouve plus que ténèbres, ignorance grossière, abus monstrueux. Cette abbaye devint une pépinière de grands hommes, de grands savants, de grands artistes. »

En étudiant les sculptures de la période romane, on est frappé par le rapprochement qui existe entre les dessins qui décorent les étoffes et les broderies des tissus byzantins anciens, et les principaux motifs employés dans la sculpture ornementale des édifices religieux.

Il n'y a rien d'étonnant, d'ailleurs, à admettre que les étoffes venant de l'Orient ont dû exercer, à cette époque, une grande influence sur l'imagination des artistes de l'Occident. Ces étoffes avaient déjà atteint une perfection et une renommée qui les faisaient mentionner dans les écrits des Pères de l'Église.

Déjà au iv° siècle de notre ère, leur vogue était si grande, que saint Astérius, s'élevant contre le luxe des chrétiens, s'écriait : « On est avide d'avoir pour soi, pour sa femme, pour ses enfants, des vêtements ornés de fleurs et de figures sans nombre..... de sorte que, quand les riches viennent à se produire en public avec ces peintures, les petits enfants se rassemblent, les montrant au doigt en riant et leur laissant à peine un moment de répit. On voit là des lions, des panthères, des ours, des taureaux, des chiens, des forêts, des rochers, des chasseurs et tout ce que les peintres savent copier dans la nature. — *Ce n'était donc pas assez d'orner ainsi les murailles*, il fallait animer les tuniques mêmes, ainsi que les manteaux qui les couvrent. Ceux qui ont le plus de religion parmi les riches suggèrent aux artistes des sujets tirés de l'histoire évangélique et font représenter Jésus-Christ au milieu de ses disciples ou bien ses divers miracles, etc...[2] »

Athanase le Bibliothécaire, qui assistait en 809 au huitième concile

---

1. Parmi les noms de moines peintres célèbres au moyen âge, la tradition nous a conservé ceux de Ernulfe de Rouen, de Madalulphe de Cambrai, d'Abélard de Louvain, de Thiémon (qui fut aussi sculpteur), de Royer de Reims, d'Herbert de Reims, etc.

2. Comme preuve qu'à cette époque les ouvrages de la sculpture étaient multipliés non seulement dans les églises, mais encore jusque dans l'intérieur des monastères, il suffit de rappeler encore les plaintes de saint Bernard : « On voit de toutes parts, s'écriait-il, une si grande quantité de sculptures, les sujets en sont si variés, les formes si diverses, qu'on peut lire plus d'histoires

général à Constantinople, nous donne dans son *Liber pontificalis* des descriptions semblables.

Ces descriptions nous montrent des étoffes avec des ornements échiquetés et losangés, ou des médaillons circulaires affectant la forme d'une roue ; puis des éléphants, des griffons, des lions, des aigles, des dragons ; des végétaux : l'olivier, la vigne, le myrte, l'hysope, etc...

Ce *symbolisme de l'Orient* nous est venu par les Byzantins, et les Pères de l'Église s'en sont également servis pour mieux graver dans l'esprit des premiers chrétiens les paroles de l'Évangile ; aussi retrouve-t-on les mêmes symboles dans les *volucraires*, les *bestiaires* et les *lapidaires*.

Beaucoup de ces représentations, que l'on rencontre sur les sculptures de la période romane, ont été *empruntées* par les artistes de cette époque *aux tissus anciens* qu'ils avaient sous les yeux.

Les rois carlovingiens possédaient en nombre ces étoffes de soie, et Pépin le Bref les offrait en cadeau à la noblesse de France. Elles servaient aussi surtout à orner les églises et contribuaient par leur richesse à la pompe des cérémonies chrétiennes. Portées par les prélats, elles recouvraient aussi leurs restes, et, suivant l'antique usage qui existe encore aujourd'hui en Orient, étaient étendues sur leurs tombeaux en poêles mortuaires.

Il est bien évident que les dessins variés de ces riches étoffes aux couleurs éclatantes frappaient l'imagination des sculpteurs, et l'on conçoit que ceux-ci s'en soient inspirés en les mélangeant à la flore du pays qu'ils habitaient et aux légendes mystiques de la vie du Christ. Il en était certainement de même pour les ivoiriers, les orfèvres, les enlumineurs.

*
* *

Parlant de la sculpture décorative des xiᵉ et xiiᵉ siècles, M. Bayet dit:

« Auprès de la sculpture historiée, la sculpture monumentale a un rôle plus modeste: elle se contente de chercher des motifs, animaux, fleurs, entrelacs, qu'elle sème sur les moulures, sur les chapiteaux, les parvis, etc. Elle aussi se développe, au xiᵉ et au xiiᵉ siècles, sous

sur ces marbres que dans les saintes Écritures ; et que les religieux consument leurs journées à les admirer plutôt qu'à méditer la parole du Seigneur. Grand Dieu ! si l'on n'est pas honteux de tant de futilités, comment, du moins, ne pas regretter tant de dépenses ? » (S. Bernard, *Apolog. ad Guillelus*, cap. xii, in ejusd., *Op.*, t, I. col. 538, 539.)

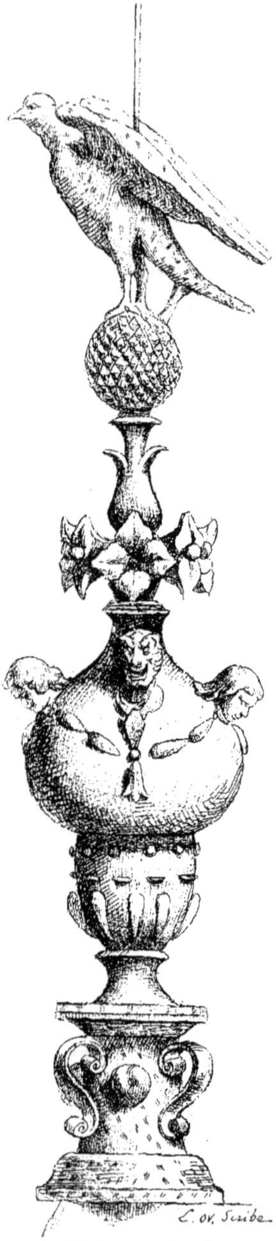

COURONNEMENT D'ÉDIFICE
STYLE DE L'ÉPOQUE GOTHIQUE
(Dessin de L.-Ov. Scribe)

l'influence romaine et orientale. Cette dernière surtout fut très puissante et se maintint long-temps presque partout. Bien des œuvres de ce genre, qui décorent nos églises pourraient passer pour des fragments arrachés à quelque édifice d'Orient. Un des caractères de l'orne-mentation byzantine est que, lorsqu'elle pro-duit une plante ou un animal, elle ne le repré-sente pas avec ses formes réelles, mais le trans-forme au point d'aboutir à une combinaison fantastique où souvent on ne reconnaît qu'avec peine. Les formes de l'original. Peu à peu, l'es-prit plus sain des ornements se dégagea de ces conceptions : ils voulurent revenir à l'imitation des formes naturelles. Il leur fallut un certain temps pour l'oser avec pleine franchise; cepen-dant, dès le milieu du xii° siècle, en bien des endroits, la sculpture ornementale est déjà conçue dans un esprit presque opposé aux idées byzantines. Ce progrès est sensible dans la flore; il l'est moins dans la faune, parce que ces formes bizarres répondent à des croyances ou à des er-reurs qu'enregistrent les *bestiaires*, où sont décrits tous les animaux réels et imaginaires. Parmi ces derniers, beaucoup sont empruntés à l'Orient, d'autres sont nés de la fantaisie des artistes; on les voit courir le long des frises, se tendre autour des chapiteaux. Parfois la forme humaine se combine avec les formes animales : les savants du moyen âge avaient emprunté aux écrivains anciens, notamment à Pline, la descrip-tion de peuplades imaginaires dont l'art adoptait ces types : quadrupèdes à tête de femme, etc...

*
* *

Pendant l'époque du moyen âge, la *peinture française fut architecturale*, c'est-à-dire qu'elle servit surtout comme moyen de décoration aux architectes français et qu'il est impossible de la séparer de l'architecture.

Grégoire de Tours parle souvent des peintures qui décoraient les palais et les édifices religieux de son temps. A l'époque carlovingienne, Frodoard nous apprend dans son *Histoire de l'église de Reims*, que l'Évêque Hincmar, en reconstruisant la cathédrale de Reims, en orna la voûte de peintures, éclaira le temple au moyen de fenêtres vitrées, et le fit parer de marbres.

Vers la fin du xi⁰ siècle, en même temps que l'architecture, la peinture, se dégageant des traditions gallo-romaines, prit un caractère spécial, national.

Jusqu'à cette époque, la peinture recouvrait les ornements, au dedans comme au dehors[1]. Le sol lui-même était peint, les sculptures étaient recouvertes d'un badigeon coloré; les ornements se détachaient sur les fonds rouges et étaient souvent rehaussés de traits noirs ou jaunes.

On avait conservé des traditions romaines la byzantine ; c'est ainsi que les belles peintures de l'église de Saint-Savin, près Poitiers, montrent les traditions de l'école byzantine, mais cependant avec une certaine recherche particulière qui fait présager une émancipation de l'art.

Au xii⁰ siècle, il existait déjà en Auvergne une puissante école de peinture, dégagée des traditions étrangères et ayant un caractère national.

*
* *

Dans les peintures françaises du xiii⁰ siècle, la rigidité du style byzantin est complètement abandonnée, l'art archaïque est complètement laissé de côté. On voit que le faire devient libre et l'observation de la nature plus fine et plus constante.

---

1. Le système de peinture était d'ailleurs à peu près partout le même :

« Les couleurs, dit Mérimée, ont été appliquées par larges teintes plates, sans marquer les ombres, au point qu'il est impossible de déterminer de quel côté vient la lumière. Cependant, en général, les saillies sont indiquées en clair, et les contours accusés par des teintes foncées ; mais il semble que l'artiste n'ait eu en vue que d'obtenir ainsi une espèce de modelé de convention, à peu près tel que celui qu'on voit dans notre peinture d'arabesques. Dans les draperies, tous les plis sont marqués par des traits sombres, quelle que soit la couleur de l'étoffe. Les saillies sont accusées par d'autres traits blancs, assez mal fondus avec la teinte générale. Il n'y a nulle part d'ombres projetées, et quant à la perspective aérienne ou même à la perspective linéaire, il est évident que les artistes ne s'en sont nullement préoccupés. »

Souvent la façade entière était couverte de sculpture où se déroulaient les scènes de la religion.

Au xiiie siècle, les artistes employaient fort souvent la peinture à la gomme pour les menus objets, tels que boiseries, retables, etc. Ces peintures étaient recouvertes d'un vernis foncé de gomme arabique dissoute à chaud dans l'huile de lin; ce vernis donnait aux peintures un éclat extraordinaire.

La peinture décorative française s'appliquait non seulement à orner les parois de l'intérieur des édifices, mais aussi elle jouait un rôle à l'extérieur.

La *coloration* a joué un rôle dans la décoration extérieure de Notre-Dame. « Les artistes au moyen âge, dit Viollet-le-Duc, n'eurent jamais l'idée de couvrir entièrement de couleur une façade de 70 mètres de hauteur sur cinquante de large, comme celle de Notre-Dame de Paris. Mais sur ces immenses surfaces ils adoptaient un parti de coloration. Ainsi à Notre-Dame de Paris les trois portes avec leurs voussures et leurs tympans étaient entièrement peintes et dorées; les quatre niches reliant ces portes et contenant quatre statues colossales étaient également ment peintes. Au-dessus, la galerie des rois formait une large litre toute colorée et dorée. La peinture au-dessus de cette litre ne s'attachait plus qu'aux deux grandes arcades avec fenêtres, sous les tours, et à la rose centrale, qui étincelait de dorures. La partie supérieure, perdue dans l'atmosphère, était laissée en ton de pierre. En examinant cette façade, il est aisé de se rendre compte de l'effet splendide que devait produire ce parti si bien d'accord avec la composition architectonique. Dans cette coloration le noir jouait un rôle important; il bordait les moulures, remplissait des fonds, cernait les ornements, redessinait les figures en traits larges et posés avec un vrai sentiment de la forme[1].

Les artistes peintres du moyen âge avaient une esthétique toute spéciale. A l'opposé des Grecs, qui avaient étudié la forme humaine avant de se préoccuper des sentiments, les artistes du moyen âge cherchaient avant tout l'expression sans tenir compte des proportions du corps

[1]. Un évêque de l'Arménie, étant venu en France, a laissé une narration de son voyage. Il raconte qu'il fut émerveillé devant la grandeur majestueuse et la richesse de la façade de Notre-Dame, éclatante de couleur et d'or.

Voici d'ailleurs une liste de quelques églises connues où il est encore permis de voir des peintures murales du xiiie siècle. La Sainte-Chapelle de Paris; l'église Saint-Georges, à Bocheville,

humain. Les moines n'avaient aucune idée de la construction osseuse et musculaire. Le terme même de figure nue était pour eux synonyme de laideur, et c'est pour cela que dans les représentations de l'Enfer, les damnés sont toujours nus, tandis que dans les représentations du Paradis, les élus sont toujours vêtus. En dehors d'Adam et Ève, dont la nudité est obligatoire, il n'y a qu'une seule représentation où l'on voie le corps humain dans tout son développement, c'est le Christ. Or, jamais un moine sculptant ou peignant le Christ sur la croix n'aurait songé un seul instant que le corps qu'il voulait représenter fût soumis à des proportions déterminées, et qu'il fût susceptible d'avoir une élégance quelconque. Son unique préoccupation était de lui donner l'expression voulue par le sujet, celle du jeûne et de la souffrance.

Pour exprimer le jeûne, il faisait le corps d'une maigreur extrême, et le creusait de profonds sillons, chargés de simuler les côtes, dont il ignorait le nombre.

Pour exprimer la souffrance, il soulignait les plaies et les marques des coups, faisait pendre les coins de la bouche, accusait fortement l'arcade sourcilière, et ne manquait pas de marquer de grosses larmes sous les yeux. En faisant cette image, il traduisait sa pensée intérieure, mais il aurait cru commettre un sacrilège si, pour représenter son Dieu, il avait imité une personne vivante et, par conséquent, indigne d'un tel honneur.

La représentation des saints et des anges n'exigeait pas non plus une bien grande exactitude de formes, puisqu'ils étaient toujours vêtus d'amples draperies. C'est donc sur l'expression des visages que se portait exclusivement l'attention de l'artiste; mais là encore, il s'efforçait de rendre l'idée qu'il avait, sans jamais recourir à la nature. Il savait qu'un saint en prière doit avoir les mains jointes et les yeux levés au ciel, il savait que dans le Paradis les anges sont toujours disposés symétriquement des deux côtés d'un trône où la Vierge est assise, et, respectueux de la tradition, il faisait exactement ce qu'il avait vu faire aux anciens moines de son couvent qui avaient peint les mêmes sujets avant lui.

Les artistes modernes se préoccupent avec justesse de donner au moindre dessin la couleur historique et locale. Un tel souci ne venait

près de Rouen; les églises de Saint-Gaudens et de Saint-Martory (Haute-Garonne); la tour de l'ancien réfectoire des templiers, à Metz; la cathédrale de Clermont d'Auvergne; l'abside du baptistère de Saint-Jean, à Poitiers; l'église de Saint-Aignan (Loir-et-Cher);

Pour le xıv^e siècle, mentionnons l'église des Jacobins à Toulouse et les transepts de la cathédrale de Clermont.

pas à l'esprit des enlumineurs du moyen âge : qu'ils eussent à figurer un départ de troupes, une bataille, un siège, une entrée triomphale ou tout autre fait de guerre, ils composaient une localité de fantaisie et même appropriaient au sujet le lieu qu'ils habitaient eux-mêmes. Dans le premier système, une porte entre deux tours représentait une ville; une route serpentant entre deux montagnes indiquait un défilé; quelques maisons et des bourgeois aux fenêtres suffisaient pour former le décor d'une réception princière. La seconde manière exigeait encore moins de frais d'invention : l'enlumineur plaçait un peu au hasard les édifices d'une ville qui lui était connue, ajoutait un paysage de convention et faisait ainsi une sorte de compromis entre la vérité et la fantaisie.

*
* *

On constate, vers la fin du xvᵉ siècle, une tendance à se rapprocher du réel, la *miniature* se transforme peu à peu en vrai tableau; malgré cela les enlumineurs, même les plus illustres, persévèrent dans l'anachronisme de temps et de lieu, surtout quand il s'agit de contrées et d'époques lointaines. Le célèbre peintre Jean Fouquet, par exemple, ayant à représenter Job sur son fumier, donne, pour perspective à sa miniature la vue de Vincennes. Malgré ces bizarreries, il ne faut pas blâmer trop fortement cet abus, puisqu'il nous a valu des vues de lieux et de monuments qu'on ne trouve pas ailleurs, et qui, aujourd'hui, nous feraient singulièrement défaut, si les miniaturistes d'autrefois s'étaient astreints rigoureusement à la vérité historique et locale.

Peu difficile sur la figuration exacte des lieux, l'enlumineur l'était bien moins encore sur le costume des personnages qu'il avait à représenter. En général, il leur donnait les vêtements de son temps et de son pays, ceux qu'il portait lui-même ou qu'il voyait porter par des gens de distinction. Cet anachronisme plus choquant que le premier s'étendait à toutes les pièces de l'habillement et de l'armement, à tous les accessoires du mobilier et de la vie ordinaire. Les peintres les plus éminents des écoles italienne et flamande l'ont commis sans le moindre scrupule, et on l'a vu se perpétuer au théâtre jusqu'au siècle dernier. Voltaire et Lekain en ont eu raison, mais non sans quelque difficulté, car la recherche du costume est une affaire d'érudition, et l'insouciance des artistes s'accommodait assez des usages qui les dispensaient d'étudier. Il n'y avait guère que le Christ et les apôtres qui fussent en dehors de ces habitudes modernisatrices ; en les représentant généralement d'après certains types consacrés et imités de l'antique, leur costume ordinaire était celui des philosophes grecs, tel qu'on le voit sur les bas-reliefs des monuments de Rome et d'Athènes.

C'est à partir du xvie siècle que la peinture décorative fut uniquement réservée pour l'intérieur des édifices.

Dans l'intérieur des monuments, des édifices, quand les parois et les piles étaient peintes, les sculptures l'étaient aussi, les peintres n'admettant pas la coloration partielle. Les ornements étaient peints de tons clairs, bleus, rouges, jaunes, vert pâle, sur des fonds sombres. Les gaufrures peintes et dorées figuraient des passementeries sur des étoffes brochées. Les fonds des figures étaient peints en brun rouge ou en jaune doré. Comme on le voit, c'était vraiment de l'art décoratif.

Pendant la période romane, le luxe décoratif qui s'épanouissait dans les églises alarmait les grands esprits austères.

Saint Bernard, dans une de ses lettres, condamne avec véhémence « la hauteur immense des églises, leur longueur extraordinaire, l'inutile ampleur de leurs nefs, la richesse des matériaux polis, les peintures qui attirent le regard ».

Et après avoir *signalé le luxe des pièces d'orfèvrerie*, il ajoute : « O vanité des vanités ! mais encore plus insensée que vaine. L'Église brille dans ses murailles, elle est nue dans ses pauvres. *Elle couvre d'or ses pierres* et laisse ses fils sans vêtements. »

Ce bon saint Bernard se mettait colère surtout contre ces animaux étrangers, ces décorations fantaisistes partout multiples sur les frises et les chapiteaux ; car, disait-il, « telle est la variété de ces formes fantastiques qu'on a plus de plaisir à lire sur le marbre que dans son livre, et qu'on aime mieux passer le temps à les admirer tour à tour qu'à méditer sur la loi de Dieu [1] ».

*
* *

A l'époque gothique, la peinture murale occupe un rôle secondaire. Les effets des coloris ne sont point pour cela dédaignés, car les orne-

---

1. Suger n'était pas partisan de ces idées, car il disait : « Que chacun fasse sur ce point ce que bon lui semble. Quant à moi, j'aime me complaire dans cette opinion que plus les choses ont de prix, plus il y a obligation de les consacrer au service du Seigneur. »

ments peints ornent les parois, imitant fort souvent les dessins des tissus, des étoffes, et la polychromie s'étend jusqu'aux moulures et aux chapiteaux. Seulement, dans la période gothique, les vastes surfaces planes n'existent plus comme autrefois, les murailles se trouvent percées d'un grand nombre de fenêtres et d'arcades, et les verreries, les rosaces prennent souvent la place des peintures murales des anciens édifices. Il en est de même dans les monuments civils.

Avec le xvi⁰ siècle, la décoration architecturale devint charmante. On

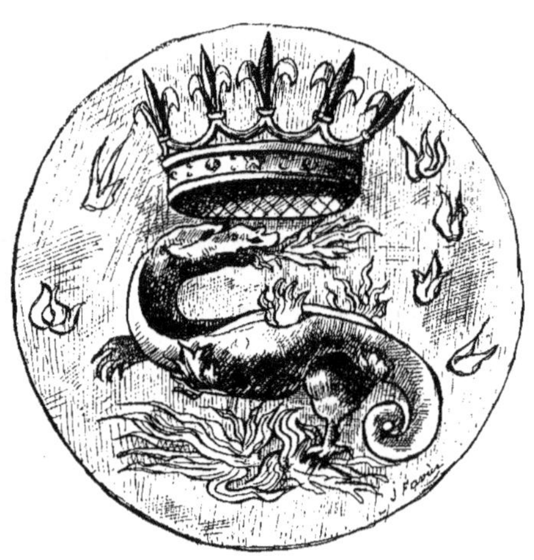

EMBLÈME DÉCORATIF AU CHATEAU DE BLOIS
(Dessin de Mlle Jeanne Favier)

avait trouvé les anciennes demeures tristes, sombres et froides. On voulut de la gaieté, du jour, de la lumière, de la grâce. On perça les murailles de larges fenêtres, on couvrit les murailles de sculptures ornementales délicates et charmantes ; on mit partout des pavillons, des jardins, des parterres, des fontaines, des bassins.

A la fin du moyen âge, aux xv⁰ et xvi⁰ siècles, la décoration des châteaux et des demeures se transforme. Tout semble devenir demeures de plaisance. A l'extérieur comme à l'intérieur, on vit se développer une riche et capricieuse ornementation, où se confondaient ensemble des détails antiques, gothiques et italiens.

Les châteaux d'Amboise (entrepris par Charles VIII), de Blois (sous Louis XII), le château de Gaillon (construit par le cardinal d'Amboise), en sont de merveilleux exemples.

Un des chefs-d'œuvre de sculpture décorative sur bois de la fin du xvᵉ siècle se trouve au musée de Cluny. C'est la grande boiserie sculptée formant grille de clôture, avec partie pleine à hauteur d'appui, barreaux à jour et couronnement dentelé ; le tout en bois sculpté ; provenant de l'église d'Augerolles, département du Puy-de-Dôme.

Cette boiserie, chef-d'œuvre de sculpture en bois, se compose d'une suite de panneaux couverts d'arabesques, d'écussons, d'armoiries et de motifs exécutés avec une rare habileté. Les montants de la grille sont d'une finesse de taille remarquable, et le couronnement dentelé à jour qui la termine dans sa partie supérieure est d'une grande richesse d'exécution.

Cette belle œuvre d'art était placée jadis dans une des chapelles de l'église d'Augerolles, où elle constituait une propriété particulière. Elle a été démontée en 1856 et acquise par le musée de l'Hôtel de Cluny, afin d'en assurer la conservation dans sa forme primitive.

Sous François Iᵉʳ s'éleva encore le merveilleux et séduisant château de Chambord, où les artistes décorateurs ont prodigué tous leurs trésors. Cette merveilleuse construction que Charles-Quint appelait « un abrégé de ce que peut effectuer l'industrie humaine » et dont un ambassadeur vénitien déclarait n'avoir rien vu qui surpassât « ce bel édifice avec ses créneaux dorés, ses ailes couvertes de

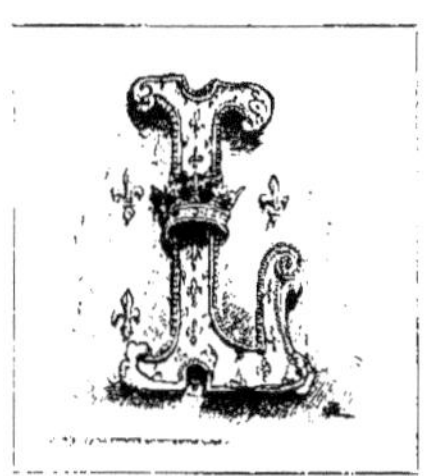

LETTRE DÉCORATIVE SCULPTÉE AU-DESSUS D'UNE PORTE D'ENTRÉE DU GRAND ESCALIER LOUIS XII, AU CHATEAU DE BLOIS

(Dessin de Serendat de Belzim)

plomb, ses pavillons, ses terrasses et ses galeries, ainsi que les poètes décrivent le palais de Mugane d'Alcine ».

La décoration de l'époque d'Henri II fut vraiment charmante. Les sculpteurs décorateurs ont laissé des œuvres d'art d'une rare élégance.

« Les bahuts, les crédences, les cabinets à tiroirs multiples, les grands sièges massifs rangés tout autour de la salle, constituent la plus grande partie du mobilier civil de cette époque. Mobilier artistique plutôt que confortable, qui serait d'un usage difficile dans nos appartements, mais qui, dans les châteaux où il était employé, devait produire un fort bel effet. Le chêne, le noyer et l'ébène sont les bois qu'on rencontre le plus habituellement dans les meubles. La dorure n'apparaît nulle part à cette époque et le métal est presque complètement absent, si ce n'est dans les serrures, où encore il est employé avec une parcimonie remarquable. La belle ferronnerie du moyen âge a déjà disparu, et on n'a pas encore adopté l'usage de la marqueterie de cuivre ou d'écaille, qui donnera tant d'éclat au mobilier de la période suivante.

« L'art pourtant se montre partout, mais c'est dans la structure même du meuble, dont les dispositions architectoniques sont presque toujours heureuses, ou bien dans la sculpture sur bois qui se prodigue et règne partout en souveraine. A aucune époque *le bois* n'a été travaillé avec autant d'amour ; on l'emploie pour tout, on lui fait rendre tout ce qu'il peut donner, plus même qu'il ne devrait donner : colonnettes en saillie supportant de petits frontons, cariatides surgissant de leurs gaines pour garnir les angles, enroulements de feuillages et monstres mythologiques courant sur les panneaux, figurines supportant les entablements, tout est en bois, et comme les essences de bois qu'on emploie sont en somme peu nombreuses, l'ensemble du meuble est, en général, d'un ton monochrome et présenterait une certaine uniformité d'aspect, si les saillies assez prononcées de la sculpture n'étaient là pour rompre la monotonie[1].»

Le caractère principal de l'architecture française à l'époque de Henri II est un mélange du style italien préconisé par les rois de France et du style national qui persiste à garder des allures plus libres, et à s'éloigner d'une imitation trop servile.

« Les châteaux des bords de la Loire nous offrent plusieurs exemples

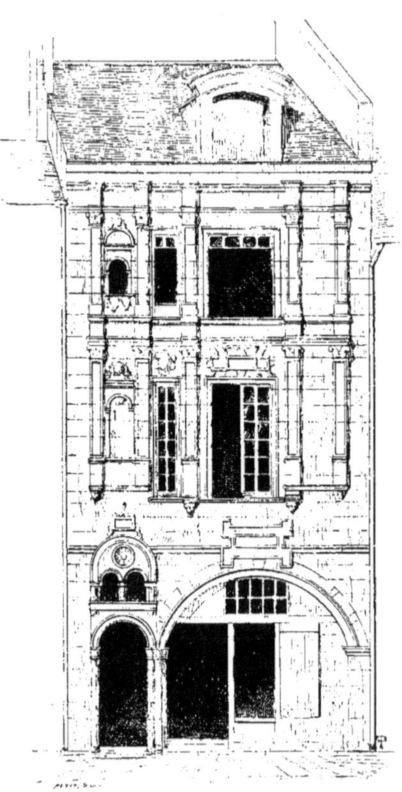

MAISON DITE DE LA COQUILLE, A ORLÉANS
ATTRIBUÉE A J.-A. DU CERCEAU
(Dessin de Félicien Pinon)

remarquables de ce goût national, qui veut vivre en dehors des innovations italiennes ; mais une foule de monuments nous montrent la fusion des idées. Elle n'est nulle part plus apparente qu'au château de Fontainebleau, où la cour faisait sa résidence habituelle, et où sont venus

1. René Ménard.

successivement la plupart des maîtres italiens attachés au service de nos rois. Parmi ceux-ci, il convient de signaler en première ligne Vignole, qui est considéré comme le régulateur des études classiques, et Serlio, élève de Balthazar Peruzzi, et auteur d'un traité d'architecture fort estimé. Vignole, toutefois, est resté peu de temps en France, et on ne voit pas qu'il ait pris une part bien active aux travaux exécutés à cette époque. Il n'en est pas de même de Serlio, qui travailla longtemps au palais du Louvre et au château de Fontainebleau, mais où il est fort difficile de reconnaître ce qui lui appartient en propre, à cause des transformations qu'ont subies postérieurement les parties dont il avait dirigé la construction[1]. »

On peut voir au musée de Cluny un beau spécimen de la sculpture décorative sous le règne de Henri II. C'est la porte d'entrée de la *maison dite de la reine Blanche*[2], rue du Foin-Saint-Jacques, construite sous le règne de Henri II, et démolie en 1858 pour l'ouverture du boulevard Saint-Germain et le dégagement du musée des Thermes et de l'Hôtel de Cluny.

*
* *

C'est le *palais de Versailles* avec ses splendeurs, ses jardins, ses dépendances qui peut nous donner une idée du pompeux et élégant style décoratif du règne de Louis XIV. Avec cette époque arrive l'amour du grandiose et du solennel. Dans la seconde partie du xviie siècle, à l'époque où Louis XIV est devenu l'arbitre du goût, comme il l'est des destinées de la nation, l'amour du grandiose à tout prix entraîne souvent les artistes à une solennité d'emprunt qui est parfois obtenue aux dépens de l'harmonie des proportions. C'est alors que les voussures et les plafonds se remplissent de grandes figures sculptées, trop saillantes pour

1. René Ménard, *le Style Henri II.*
2. La maison de la reine Blanche, située rue du Foin-Saint-Jacques, à l'angle de la rue Boutebrie, possédait une très jolie porte donnant accès dans ses bâtiments, situés au fond d'une cour ouvrant à l'angle des deux rues ; elle possédait en outre, dans son jardin, trois colonnes destinées à supporter un étage en bois. La rue du Foin-Saint-Jacques passait précisément au milieu de l'espace occupé aujourd'hui par les jardins du musée.

Lors de la démolition de la maison de la reine Blanche, la charmante porte d'entrée, flanquée de deux colonnes corinthiennes ornées de cannelures, et dont la décoration se compose d'entrelacs, de cartouches, de figures de génies, d'une excellente exécution du xvie siècle, a été démontée et transportée à l'Hôtel de Cluny, où elle a été rééditiée, et donne passage de la cour du musée dans les jardins qui l'entourent.

le rôle qu'elles sont chargées de remplir, et dont l'attitude presque toujours tourmentée attire inutilement l'attention. C'est alors que l'adulation se mêle partout à l'allégorie dans les compositions peintes, et prête à l'ensemble de la décoration une allure emphatique et pédante qui finit par causer une véritable fatigue. En revanche, les arabesques et le style ornemental sont toujours restés pleins de charme, et c'est de ce côté qu'il faut surtout chercher les belles et incontestables qualités du style Louis XIV.

Si le *génie décoratif de Lebrun* plane sur tout le siècle de Louis XIV et lui impose son style solennel et pompeux, si bien en harmonie avec le goût du roi, il a été étrangement secondé par les hommes de talent dont il a toujours su s'entourer. Bérain occupe dans la partie ornementale de cette époque une place presque égale à celle de Lebrun lui-même dans les grandes compositions à figures. Les portes dont il a dessiné les modèles, pour le grand appartement des Tuileries, peuvent être considérées comme le type le plus complet du style qui a prévalu alors. Chacun des battants de la porte comprend un grand panneau rectangulaire qui en occupe le centre et deux panneaux carrés qui en forment la partie supérieure et inférieure. Tous les emblèmes royaux, le soleil auquel on assimilait le grand roi, les couronnes et les fleurs de lis, les trophées d'armes qui rappellent les grandes guerres, les cornes d'abondance, les gerbes d'épis, les instruments agricoles qui symbolisent les travaux de la paix, se mêlent partout aux arabesques qui décorent les lambris.

La fortune de Lebrun et l'influence colossale qu'il a eue sur les arts décoratifs de son temps ont tenu à deux causes. La première est que par caractère il était un courtisan des plus raffinés; la seconde tient à son tempérament d'artiste qui le portait à un style solennel et pompeux.

Marly avec ses pavillons peut nous donner une idée du style décoratif et architectural de l'époque de Louis XIV appliqué aux lieux de plaisir. « Marly, qui, à proprement parler, n'a jamais été un château véritable, mais un simple pied-à-terre, n'a pas comme architecture une importance bien grande, mais si l'on ne considère que la décoration extérieure, cette résidence devient extrêmement intéressante. Le lieu où habitait le roi était un simple pavillon élevé sur une terrasse, qui n'avait au-dessus du rez-de-chaussée qu'un seul étage, percé de dix-huit fenêtres de chaque côté, recouvert par un toit à l'italienne orné de vases et de balustres. Douze petits pavillons, beaucoup plus petits, formaient l'accompagnement du principal corps de logis, et étaient appelés les

douze signes du Zodiaque, parce qu'ils étaient habités par douze courtisans, rayonnant autour du roi qu'on assimilait toujours au soleil. Ces
pavillons, unis ensemble par des berceaux et des treillages, étaient tous
identiques par leur forme symétrique, mais très différents par leur décoration peinte. »

*
* *

Une grande transformation s'accomplit dans le mobilier et sa décoration, de la Renaissance à l'*époque de Louis XIV*. Le métal et le cuivre
viennent remplacer la belle sculpture sur bois, ce qui donne aux meubles un tout autre aspect.

« Dans les palais royaux, le mobilier est tout d'apparat et semble ne
pas connaître la vie intime, et il en était à peu près de même chez les
grands personnages qui fréquentaient la cour. Évidemment, dans ce
temps-là aussi bien que dans un autre, les bourgeois et les artisans avaient
dans leur logement des meubles usuels, mais ces meubles n'appartiennent
pas aux ouvrages de luxe qui seuls constituent l'histoire artistique du
mobilier. Si nous pénétrons dans la chambre à coucher du roi, dont
l'appartement peut toujours servir de type, puisque ceux des autres
personnages n'en sont que des imitations lointaines, nous trouvons une
grande et luxueuse pièce dont tous les meubles sont disposés suivant
une étiquette rigoureuse et où rien ne fait songer au silence et au repos.
A proprement parler, Louis XIV n'a jamais eu de *chez lui*, dans le sens
que nous attachons à ce mot, et sa pompeuse existence ne serait assurément pas du goût de tout le monde. Il faut se rappeler la manière dont
sont disposés les appartements de Versailles, où toutes les salles sont
en enfilades et sans aucun dégagement, pour comprendre combien tout a
été conçu pour le service des courtisans et non pour celui d'un chef de
famille. »

C'est vers le xii° siècle que la *marqueterie* commença à être en usage
en France[1].

---

1. On sait que la marqueterie est une composition décorative formée par la juxtaposition de
substances diversement colorées. On donne surtout ce nom quand c'est un travail où ne figure
que le bois. La marqueterie diffère de l'incrustation en ce que, dans la marqueterie, on se contente
de creuser des cavités distinctes les unes des autres, dans lesquelles on enchâsse des substances
différentes, tandis que dans l'incrustation la substance qui sert de fond effleure la surface et joue
un rôle dans la composition décorative.

En somme, la mosaïque est une espèce de marqueterie de verre ou de pierres dures.

Au commencement, on ne se servait que de bois noir et de bois blanc. On unissait le bois blanc et le bois de couleur sombre, ou bien le bois foncé avec l'ivoire.

On affectionna ce genre de travail à l'époque de Louis XIII.

Le règne de Louis XIV est l'apogée de la marqueterie d'étain, d'écaille et de cuivre.

Sous Louis XV, la marqueterie fut délaissée pour les laques et le vernis Martin. Il fallut arriver à Louis XIV pour voir avec Riesener (à la fois le plus grand des ébénistes et le plus grand des marqueteurs) le triomphe de la marqueterie. Nul ne sut mieux que Riesener mettre une grâce charmante dans ces corbeilles de fleurs qu'il mît en médaillons marquetés sur les cylindres des meubles, sur les panneaux des meubles.

*
*   *

Au xviiiᵉ siècle, on chercha à introduire dans l'architecture privée du confort et de la grâce.

« Ce qui caractérise principalement l'accroissement que l'architecture a reçu, dit Patte, un contemporain[1], c'est l'art de la distribution des bâtiments. Avant ce temps, on donnait tout à l'extérieur et à la magnificence. A l'exemple des monuments antiques et de ceux de l'Italie que l'on prenait pour modèles, les bâtiments étaient vastes et sans aucune commodité... Toutes ces distributions agréables que l'on admire aujourd'hui dans nos hôtels modernes, qui dégagent les appartements avec tant d'art; ces escaliers dérobés, toutes ces commodités recherchées qui rendent le service des domestiques si aisé et qui font de nos demeures des séjours délicieux et enchantés, n'ont été inventés que de nos jours. »

Dans les profils des ornements architecturaux, on se mit à fuir la ligne droite, qui semblait trop monotone et trop sévère, et on multiplia en revanche les lignes courbes, onduleuses et contournées.

Ce style que l'on a appelé, souvent avec mépris, *style rocaille* ou *rococo*, a produit cependant des œuvres charmantes, seulement un peu trop maniérées.

Le plus habile architecte décorateur de la Régence, du xviiiᵉ siècle,

---

1. *Monuments érigés en France à la gloire de Louis XV*, 1765.

fut *Gilles-Marie Oppenort*, né à Paris en 1672, mort en 1742. Il était le fils d'un ébéniste et eut le titre de : « Directeur général des bâtiments et jardins de S. A. R. Mgr le duc d'Orléans, régent du Royaume. »

Il avait une grande fécondité. On a donné le nom de « *Petit Oppenort* » à un album de fragments d'architecture recueillis par Oppenort à Rome.

On lui doit d'innombrables modèles de frises, de panneaux, de pendules et de cartouches, de consoles, de cheminées, de dessus de portes, etc.

Le maître de Watteau[1], *Claude Gillot*[2], fut un des plus charmants artistes décorateurs du xviiiᵉ siècle. Il est l'auteur de nombreux modèles : tapisseries, portières, trophées, arquebusières, dessus de clavecins, culs-de-lampe.

Il a publié un livre sous le titre : *Nouveau livre des principes d'ornements*.

Jean-Aurèle Meissonnier fut un des grands dessinateurs ornemanistes du xviiiᵉ siècle (1694-1750). Il eut le titre de « Dessinateur de la chambre et du cabinet du Roi ». C'est lui qui fut le grand maître du style Louis XV. Son style fut le triomphe de la rocaille.

Les estampes comprennent un nombre incalculable de modèles de meubles, de vaisselle, flambeaux, cadres, décoration générale, etc.

Il a publié même un livre de « Légumes », où toutes les ressources de formes végétales sont employées pour la décoration.

*\
* *

Une branche toute spéciale de l'art décoratif prit naissance au commencement du xviiiᵉ siècle, et se termina avec lui. Nous voulons parler du *vernis Martin*, découvert par Martin, afin d'affranchir l'industrie française du tribut payé à l'Orient pour ses laques, si recherchées par les amateurs de l'époque. En travaillant à surprendre les procédés orientaux de la laque, la famille Martin découvrit une composition nouvelle qui eut un succès inouï. Ils l'appliquèrent primitivement à la décoration des carrosses et des chaises à porteurs; mais bientôt elle s'étendit aux

---

1. Voir notre *Histoire des arts en France.*
2. 1673-1722.

meubles et aux ustensiles de la vie privée. En 1748, les divers établissements de Martin furent déclarés « Manufacture nationale ». Ces fabriques étaient au nombre de trois : faubourg Saint-Denis, faubourg Saint-Martin, rue Saint-Magloire. De 1749 à 1756, l'un des Martin fut employé à des peintures décoratives dans les appartements du Dauphin et de la Dauphine à Versailles.

On peut voir au musée de Cluny nombre de voitures, de traîneaux décorés par le procédé de Martin.

Le style des meubles sous Louis XVI se ressentit de l'antiquité. Un mélange d'emprunts faits à l'antiquité, se cachant sous un goût purement français, et d'emblèmes empruntés la plupart du temps à la vie champêtre, tels furent les caractères distinctifs de la décoration des meubles sous Louis XVI.

Les lignes tortueuses de l'époque Louis XV furent délaissées en grande partie, et la ligne droite domina.

Des ciselures délicates, des plaquettes encastrées dans le corps même du meuble, l'emploi du cuivre, vinrent mettre un cachet tout spécial. La peinture décorative prit aussi un grand développement dans les meubles.

*
* *

Pour l'histoire des arts décoratifs et des arts industriels de notre époque, nous ne saurions mieux faire que de citer les lignes écrites en 1867, par un belge, M. Romberg, et en 1872, par M. Octave Lacroix, dans son rapport sur l'Exposition universelle de Londres.

« *La France*, écrivait M. Romberg, *est toujours le pays du grand art industriel.* Malgré les déviations et les débauches de goût, on rencontre encore en France, au suprême degré, le sentiment de la forme élégante, l'harmonie et la grâce dans les contours et la délicatesse de l'exécution. Lorsque d'autres pays, comme l'Angleterre et la Russie, par exemple, montrent des meubles qui brillent par la réunion de ces diverses qualités, on peut être certain d'y trouver l'invention de dessinateurs ou la main d'ouvriers français.

« C'est Paris qui est l'école souveraine du goût; c'est dans ses ateliers, c'est par la vue de ses musées, de ses collections publiques, de ses monuments, c'est au contact de sa société élégante et polie que se forme cette multitude d'artistes et d'artisans, non seulement français, mais venus

de tous les pays du monde dans la grande capitale, et qui en rapportent
partout les leçons et les impressions, lesquelles ne se conservent pures,
cependant, qu'à Paris même, où l'inspiration se rafraîchit et se retrempe
sans cesse. »

Quant à l'ornementation et à l'art décoratif français, voici ce qu'en
disait M. Octave Lacroix :

« Là où la main, nous ne disons pas d'un artiste, mais seulement
d'un ouvrier français, a touché, il demeure une empreinte que ne
laissent pas les autres mains, un je ne sais quoi sur la toile, sur la
pierre, sur le bois ou sur les métaux, qui rappelle, comme disaient les
anciens, le passage d'une Muse ou d'une Grâce, et qui ressemble à un
rayon : *c'est le goût.* »

CHAPITRE II

LE MOBILIER CIVIL

Le mobilier civil. — Les lits. — Les tables. — Les sièges. — Les chaises. — Les cheminées. — Les cheminées à tablettes. — Les armoires. — Les bahuts. — Les bancs.
— Les chaufferettes. — Les chandeliers. — Les chaises à porteurs. — Les carreaux
céramiques. — Les canapés. — Les fauteuils. — Les commodes. — Les coffres. —
Les secrétaires. — Les écrans. — Les cabinets. — Au musée de Cluny. — Le château
d'Écouen. — Visite au Garde-Meuble.

A décoration des premiers *lits* connus en France consistait
en ciselures, en incrustations de substances précieuses. Les
lits du peuple étaient des lits bas formés d'un cadre où un
réseau de cordes soutenait le matelas.

Plus tard, à l'époque latine, le lit présentait souvent une
pente de la tête aux pieds, les montants affleuraient le niveau de la
couche. Le plus souvent une pièce d'étoffe s'étendait sous le personnage
et s'élevait au chevet.

Pendant l'époque romane, le lit eut une forme architecturale avec
arcades, plein-cintre, s'appuyant sur des colonnettes trapues. Les riches
broderies, les peintures, les sculptures géométriques ornaient les lits de
cette époque, dont les formes sont très variées. On parfumait alors la
literie.

A l'époque gothique, les lits devinrent d'un grandeur extraordinaire.
Il y en avait qui mesuraient jusqu'à 4 mètres et servaient parfois à une
famille entière et au besoin à ses hôtes. Les bois de lits étaient fouillés
de sculptures.

La literie était le plus souvent en paille, ainsi qu'on le voit dans cette
note datée de 1444: « Pour acheter de la paille pour mettre dans le lit
de Monseigneur le duc d'Orléans. »

C'était alors le *meuble principal*. Il trônait dans les vastes salles des demeures, sous son dais, d'où pendaient de riches étoffes brodées, et était placé soit contre le mur, soit avec une ruelle sur le côté, soit encore élevé sur une estrade et entouré d'une balustrade.

Au xvi⁰ siècle, les montants vinrent former d'élégantes colonnes dites quenouilles qui supportèrent le baldaquin rectangulaire orné de rideaux[1].

Au commencement du xvii⁰ siècle, les étoffes surchargèrent le lit jusqu'à en masquer le bois.

C'est alors que vint l'usage des *alcoves*.

Le lit alors était séparé du reste de la chambre par une balustre[2].

Au xviii⁰ siècle, époque de luxe, les lits affectent les formes les plus diverses. Il y eut des lits à la dauphine, à la turque, à couronne, duchesse, etc.

Avec l'Empire vint la mode du lit à bateau qui dominera pendant la première moitié de ce siècle. La corne d'abondance en sera l'ornement le plus ordinaire. De nos jours on se contente de reproduire les types des époques précédentes.

*
* *

Au moyen âge, les *tables* étaient petites, rectangulaires, en bois, posées sur des tréteaux. Elles étaient souvent placées loin de la muraille.

On ne s'y rangeait que d'un côté. Le banc des convives touchait au mur. L'autre côté était libre pour le service.

Dans une miniature du manuscrit des *Chroniques* de Froissart, à la Bibliothèque nationale, figurant l'arrestation de Charles le Mauvais, on voit une table rectangulaire, fixée sur des tréteaux, avec des convives sur un seul rang entre la table et le mur.

Au xvi⁰ siècle, les sculptures furent prodiguées sur les bords de la

---

1. Le musée de Cluny possède de l'époque François I⁰ʳ un superbe grand lit à baldaquin.

Ce beau lit, remarquable par la profusion des détails de son ornementation, est surmonté d'un baldaquin que soutiennent les figures de Mars et de la Victoire. Le dossier à fronton est enrichi d'ornements habilement sculptés. La couronne ducale occupe le milieu du chevet et les enroulements sont surmontés de dauphins en haut-relief. La corniche à modillons, d'une grande richesse de décoration, porte à l'intérieur la même couronne ducale ; la frise est également couverte d'ornements.

La garniture, la courte-pointe, le ciel et les gouttières sont postérieurs de quelques années ; cette tenture provient du lit de Pierre de Gondi, premier évêque de Paris, de ce nom ; elle était conservée jadis au château de Villepreux.

2. Voir au musée du Louvre la *Chambre de Henri IV*.

tablette, sur la ceinture et sur les pieds qui prirent des formes d'animaux, de chimères, de bustes.

A l'époque Louis XIII, on vit derrière les colonnes torses, les lourdes entre-jambes, les boules sous les pieds, les balustres pansus.

Sous Louis XIV, les tables furent en bois doré[1].

Avec le style Louis XV, les pieds recourbés devinrent fragiles.

Sous Louis XVI, prédomina la marqueterie dans l'ornementation du

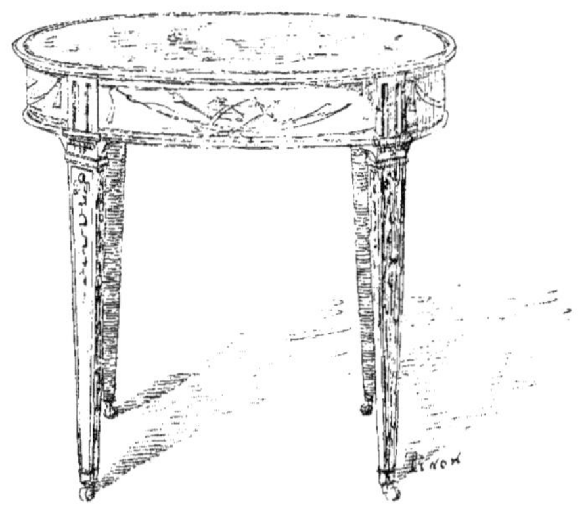

TABLE A ÉCRIRE DE LA PRINCESSE DE LAMBALLE AU « SOUTH KENSINGTON MUSEUM »
(Dessin de Félicien Pinon)

dessus des tables. On y vit apparaître des petites galeries de cuivre à jour, des tablettes de marbre blanc. La ceinture des tables fut ornée de petits panneaux en rectangles allongés encadrés d'une étroite bordure à petits oves.

Les plaques de biscuit de porcelaine prirent place sur ces ceintures.

Sous l'Empire, les formes des tables devinrent solides, trapues.

*
*   *

A l'époque romaine, les *chaises* furent cubiques, à montants carrés, sans cannelures ni moulures, dépassant parfois le siège et formant bras. Des coussins les couvraient.

1. On peut en voir des spécimens à la galerie d'Apollon, au Louvre,

L'entre-jambes n'était pas évidée et des panneaux bouchaient les espaces entre les pieds.

A l'époque gothique, au-dessus du dossier très élevé, s'éleva un *dais* en bois sculpté orné des armes du propriétaire. Le velours, les franges de soie, le cuir, les clous, la peinture même se mirent à orner les nombreuses chaises « à laver », « à peigner », « à atours ».

Les chaises en X continuèrent à être en usage sous le nom de « chaises ployantes ».

Des tabourets accompagnèrent les chaises du moyen âge et ces chaises étaient souvent mises contre le mur.

Une draperie pendante appelée *dorsal*, servait d'appui au dos.

A la Renaissance, les chaises furent richement sculptées et hautes de dossier.

Au xvii° siècle, les étoffes prirent une grande place dans la chaise. Les clous et les galons aidèrent à l'ornementation.

Sous Louis XIV, la dorure commence à couvrir les bois : des tons violents servent de fonds.

A la fin du xvii° siècle, les tapisseries d'Aubusson et de Beauvais furent employées à les décorer.

Sous Louis XV, les dossiers porteront des mailles et des coquilles.

Avec Louis XVI l'ornementation des chaises revient à la ligne droite.

Avec le style Empire, les formes antiques reviennent à la mode : l'acajou fut le bois habituel. Les accotoirs formés par des cous de cygne furent fréquents.

De nos jours, tous les styles sont employés.

CHAISE A DOSSIER
DU MOYEN AGE
Collection du musée
de Cluny.
(Croquis de François
Bournand)

*

* *

La véritable *cheminée* n'apparaît guère que vers le xi° siècle. Jusqu'alors, le feu s'était fait sur le sol.

Ce fut l'invasion des Normands (1066) qui importa l'usage de la cheminée.

Pendant tout le moyen âge, les cheminées affectèrent des dimensions considérables.

L'historien Sauval[1], parlant du xviie siècle, disait : « Les cheminées tenaient presque toute la largeur des salles. » On y mettait des escabeaux et des bancs et on s'asseyait dedans et dessous[2]. On y employait diverses matières : le marbre, l'albâtre, la pierre, le bois.

L'été, on garnissait la cheminée de feuillages naturels, de branches d'arbres, de verdures. Brantôme disait, en parlant du xvie siècle : « On avait mis des branches et des feuilles dans la cheminée, ainsi *qu'est la coutume de France.* »

Au xvie siècle, la cheminée devint un véritable monument à façade architecturale, avec colonnes, arcades, niches, statues, écussons, armoiries, chiffres, devises[3].

Vers la fin du xviie siècle, apparaissent les petites cheminées dites *cheminées à tablettes*[4], dans le genre de nos cheminées actuelles[5].

Au xviiie siècle, les décorateurs cherchaient surtout à allier les courbes de la cheminée avec celles des moulures des lambris et des panneaux.

Sous Louis XVI, les cheminées ont une coupe plus linéaire, plus droite, à cannelures parallèles.

De nos jours, on en fait de tous les styles.

*
*   *

Les anciens avaient connu l'usage de *l'armoire*[5], qui était à rayons horizontaux et à portes pleines, ces portes étaient parfois à deux feuilles comme des volets.

Le moyen âge avait gardé la même forme d'armoire, mais sans brisure dans les portes.

Vers les xiiie et xive siècles, les armoires eurent de belles formes avec des panneaux peints et historiés.

Au xviiie siècle, la Normandie a donné son nom à de belles armoires à portes pleines, ornées de fort belles sculptures.

---

1. Voir notre *Histoire de l'art en France.*

2. On peut voir au musée de Cluny une cheminée ayant 4 mètres de largeur.

3. On peut en voir un superbe exemple au musée de Cluny avec la cheminée en pierre signée : « Hugues Lallement, 1562 », large de plus de 3 mètres.

4. Dans une lettre datée de 1677, Madame de Sévigné en constate la mode.

5. Du latin *armarium.*

Il nous faut aussi parler spécialement des *armoires Jacob* qui eurent la vogue au commencement de ce siècle. Elles étaient en acajou avec moulures et cannelures de cuivre.

*
* *

Le *bahut*, qui servait souvent d'armoire au moyen âge, était un meuble en forme de coffre rectangulaire[1].

A l'origine, c'était un coffre portatif, où, en voyage, on enfermait ses bagages. Témoin le passage suivant du *Roman de Jean de Paris*, qui date du xv⁰ siècle « ... Et quatre mille archiers, avec les costillons et pages, pour conduire et garder le grant nombre des coffres et *bahuts* qu'il menoit, car dedans iceulx furent mis habillemens, draps d'or et de soye, bagues et aultres richesses inumérables. »

Les faces latérales et du dessus des bahuts représentèrent les sujets les plus divers : animaux, feuillages, guerriers, hommes, chasses, personnages religieux[2].

Les motifs d'architecture variaient suivant les différents styles.

La période gothique fut la plus belle pour les bahuts.

Le bahut d'ailleurs, au moyen âge, était d'un usage général. Toutes les familles en possédaient; ils étaient plus ou moins élégants, selon la fortune des propriétaires. On en voyait dans toutes les chambres. Au besoin, on s'en servait comme de table ou de banc. Il servait même souvent à d'autres usages, parfois même de lit.

*
* *

Au moyen âge, les *bancs*[3] furent très usités.

Le *Glossaire* de Laborde mentionne un inventaire où figure un banc de vingt pieds de long. Le dossier, orné de peintures, de sculptures, était plat et vertical. Souvent une pièce de tapisserie y retombait et formait dorsal. Le haut se garnit d'une sorte de ciel ou baldaquin à sculptures, pendentifs, etc., qui suivent le style de l'époque. Des mar-

---

1. De nos jours, on retrouve encore de ces *coffres-vestiaires* dans quelques petites églises de village.

2. Le musée de Cluny est très riche en jolis bahuts du moyen âge.

3. Les Romains ont connu le banc sous le nom de *subsellium*.

ches permettaient de monter au banc, plus ou moins nombreuses selon le plus ou moins de noblesse des personnages assis.

Une miniature du *manuscrit* de Lancelot du Lac représente un jeune seigneur devisant avec une châtelaine, assis tous deux sur un banc sans dossier ni accoudoirs et recouvert d'une étoffe qui cache complètement le bois. Un groupe sculpté dans la voussure d'un des portails de Notre-Dame, et datant du xiiie siècle, représente également un banc en forme d'autel, sur lequel sont assis le Christ et la Vierge. Il n'y a ni dossier ni accoudoirs.

Lorsqu'au xive siècle, Charles le Mauvais fut arrêté sur l'ordre de Jean II, son beau-père, il était à table avec trois amis, assis tous trois sur un même banc (selon la miniature du Froissard de la Bibliothèque nationale). Ce banc est simple, sans sculptures. Au dos pend, le long du mur, le dorsal. Longtemps, en effet, on s'assit sur des bancs pour manger. Ces bancs sont le plus souvent d'un seul côté de la table de forme rectangulaire; les autres côtés, qui sont libres, servent pour le service.

Le banc de la table à manger, durant le moyen âge, faisait partie de la table et y était fixé: il fallut arriver au xvie siècle pour avoir à table un siège mobile.

*
* *

La *chaufferette* ne semble être apparue qu'à l'époque du moyen âge.

Le moyen âge a donné à cet objet la forme que nous lui donnons. Il a même figuré dans les armoiries et dans le blason. Voltaire (*Essai sur les mœurs*, chapitre des Tournois) dit en parlant du roi René (xve siècle) : « La devise de ce galant prince était une *chaufferette pleine de charbons*, avec ces mots : « Porté d'ardent désir, » et cet ardent désir n'était pas pour ses États qu'il avait perdus, c'était pour Mlle Gui de Laval dont il était amoureux et qu'il épousa après la mort d'Isabelle de Lorraine. » Ainsi, dès la première moitié du xve siècle, la chaufferette était une chose d'un usage assez courant. La grandeur des salles, la difficulté de les chauffer suffisamment, l'emploi du carrelage pour paver les pièces rendaient nécessaire l'emploi de la chaufferette. Les parquets du xviie siècle durent le restreindre, mais ne le supprimèrent point.

C'était toujours la boîte en bois à couvercle sculpté à jour avec récipient intérieur en tôle. Voir un échantillon au musée de Cluny. On en fit cependant en métal : au même musée, voir une chaufferette de cuivre repoussé et découpé à jour avec le nom de la propriétaire (xviii° siècle). Nous donnons encore à certaines chaufferettes le nom de gueux : ce sont des sortes de seaux de tôle, portatifs grâce à une anse, garnis de poussier ardent ou de charbon de Paris dans de la cendre.

On peut voir au musée de Cluny, une chaufferette du xvii° siècle, en terre cuite.

*
* *

Au moyen âge, les *chandeliers* eurent des formes animales. L'émaillerie s'y répandit comme d'ailleurs sur toute l'orfèvrerie.

A cette époque, les flambeaux d'église eurent les pieds formés de dragons. C'était évidemment le symbole de la victoire, de la lumière sur les esprits des ténèbres.

Au xiii° siècle, Limoges produisit des chandeliers champlevés[1].

A la Renaissance, beaucoup de chandeliers furent à grisailles d'émaillerie peinte[2], Rouen produisit de beaux chandeliers en faïence[3].

Au xviii° siècle, Pierre Germain, Roëttiers, Meissonnier, laissèrent des modèles renommés de chandeliers de toute beauté.

*
* *

La *chaise à porteurs* fit partie du mobilier pendant les xvii° et xviii° siècles.

Elle était formée d'une caisse plus haute que large avec vitres sur le devant et sur les côtés.

La personne y était assise.

Il y avait des chaises à porteurs publiques et des chaises à porteurs particulières. Elles y étaient richement décorées, peintes de sujets agréables ou recouvertes d'étoffes.

1. On peut en voir un au musée de Cluny.
2. Au musée du Louvre, on en voit deux de Pierre Raymond.
3. Spécimens au musée de Cluny.

Bérain a dessiné de gracieux modèles de ces chaises à porteurs.

Au xviii° siècle, les plus grands artistes peignirent des panneaux de chaises à porteurs.

*
* *

Pendant le moyen âge et pendant tout le xiv° siècle, le sol et les murailles des monuments furent revêtus de *carreaux céramiques émaillés*.

Au début, chaque carreau était d'une seule couleur, rouge, blanche, noire ou jaune.

Au xiv° siècle, la tradition du moyen âge se continua et s'étendit même. On employait pour l'ornementation des carreaux de faïence peinte : carreaux gravés, carreaux vernissés, émaillés, céramolés de terre de couleurs différentes, émaux multicolores, grisailles sur fonds blancs, tout ce que l'art décoratif pouvait suggérer pour le plaisir des yeux. Les initiales, les armoiries, les devises même se mêlèrent aux ornements empruntés à la flore.

Le château d'Anet, le château d'Écouen virent leurs murailles disparaître sous les carreaux émaillés.

Il y en avait tellement au château de Madrid qu'on l'appelait « *le Château de faïence* ».

De nos jours, on a réveillé les splendeurs de cet art endormi et la production actuelle des carreaux céramiques ornés est des plus actives.

*
* *

Le *canapé*[1] ne date que du xvi° siècle. Rabelais parle de précieuses *conopées*.

Quand il parle de l'envoi des œuvres de Claude Ballois à la fonte, Voltaire note la perte de « grands canapés d'argent » (1689).

Au xvii° siècle, le canapé fut un meuble de luxe, en bois et en étoffe.

---

1. Le mot *canapé* vient d'un terme grec qui veut dire moustiquaire. En effet, le « conopéion » servait à protéger contre la piqûre des cousins.

Au xviiie siècle, le canapé devint un meuble très répandu. En effet, ce siècle fut un siècle de salons, de causeries.

C'était alors, comme aujourd'hui, un meuble allongé à la face postérieure duquel s'élève un dossier continu terminé par deux accoudoirs rabattus sur les deux côtés.

Le canapé suivit ces modifications générales du style. Il faut noter tout particulièrement le canapé Pommier de forme rectangulaire qui fut en vogue sous le Directoire.

*
* *

Pendant la période romane, le *fauteuil* eut des formes pleines, peu dégagées, très peu découpées. Les montants et les pieds le plus souvent étaient cylindriques. Des cercles les terminaient fréquemment. On les garnissait de coussins mobiles.

A l'époque gothique, les fauteuils eurent la forme architecturale. Le dossier s'éleva et se surmonta d'un dais à fines dentelles de bois, avec clochetons, nervures.

Des matières précieuses prirent souvent la place du bois.

C'est ainsi que dans les comptes royaux on voit citer des fauteuils d'argent et de cristal, garnis de pierreries, enluminures, devises, perles, etc.

A la Renaissance, l'ornementation sculptée des fauteuils comprit des arabesques. On y voit des colonnes torses, des bras plus déliés, des moulures ornées, etc.

Au xviie siècle, les fauteuils devinrent plus confortables.

A la place du cuivre, l'étoffe prit une place fixe sur le siège et le dossier. La dorure y apparut.

Sous Louis XV, les fauteuils prirent les signes caractéristiques du style de l'époque. Les pieds furent en S; les rocailles, les coquilles ornementales y abondèrent; le dossier affecta le plus souvent la forme violonnée avec la garniture rembourrée qu'il encadra.

Sous Louis XVI, les pieds devinrent droits à cannelures longitudinales parallèles. Les pieds en toupie devinrent fréquents. Le dossier fut souvent ovale, souvent accoté de deux colonnettes nommés balustres, au haut desquelles se plaçait une pomme de pin.

Dans les garnitures, on vit apparaître les tapisseries de Beauvais, d'Aubusson à tons doux, à scènes pastorales, les lampas pâles à bandes ou à fleurettes.

Sous Louis XVI, le fauteuil devint plus froid, plus sévère de lignes.

Sous l'Empire, le fauteuil fut d'acajou avec des formes romaines très sévères ; des annelets de bronze doré mat se mêlèrent au bois, surtout au haut des colonnes cylindriques sans cannelures.

Les tapisseries eurent alors souvent pour sujet, des couronnes de laurier ou de chêne, en vert sur des fonds foncés.

A partir de la fin de l'Empire, les fauteuils furent fabriqués sur les modèles de styles précédents : néanmoins, il faut remarquer que l'objet qui préoccupa le plus dans sa fabrication, fut celui du confortable.

*
* *

La *commode* date du xviiie siècle. C'est un meuble à hauteur d'appui, presque toujours plus large que haut et muni de tiroirs superposés. « Dans un dictionnaire de 1760, on dit que c'est un meuble d'invention nouvelle, et que sa commodité a rendu bien vite très commun [1]. »

Boulle a dessiné des commodes solides, mais d'aspect massif. Cressent mit des appliques de bronze aux coins du meuble. Avec Caffieri, les bronzes formèrent sur la panse des ornementations capricieuses.

Sous Louis XVI, la marqueterie domina dans les commodes.

*
* *

Pendant la période romane, le *coffre* a été un objet usuel d'ameublement. Les arcades étaient à plein centre avec personnages.

Plus tard, à l'époque gothique, on fit un grand nombre de coffres en ivoire [2].

Au moyen âge, les coffres devinrent luxueux. On vit de beaux coffres de bois à armures et personnages encadrés dans des motifs architecturaux présentant de simples ferrures découpées.

Pendant la Renaissance, les coffres furent décorés de personnages

1. Littré.
2. On peut voir à la cathédrale de Sens, un merveilleux coffre en ivoire sculpté et peint.

allégoriques, de cartouches, de colonnes. Il y eut un coffre de mariage lors des fiançailles.

Le musée du Louvre possède un ancien coffre de mariage, rectangulaire, en émail champlevé où sont représentées les fiançailles et l'échange de l'anneau. Sur la frise qui forme le fond du couvercle, on voit une inscription épargnée sur fond d'émail bleu : « Dosse dame, ie vos aym leaument. Por Diu, vous pri que ne moblic mie. Vet si mon cors a vos commandement sans mauvesté et sans nulle folia. » C'est-à-dire : « Douce dame, je vous aime loyalement. Pour Dieu, vous prie que ne m'oubliez pas. Voici mon cœur à vos commandements sans méchanceté et sans péché. »

Sous Louis XIV, l'ébéniste Boulle dessina deux coffres pour le mariage du Dauphin. Le coffret d'Anne d'Autriche, offert à cette reine par Mazarin se trouve au musée du Louvre. Il est d'or sur taffetas bleu.

On en voit d'autres au musée de Cluny où les écussons et les armoiries des familles se mêlent au décor.

*
* *

Le *secrétaire*, meuble qui comprend une tablette à écrire et des tiroirs où l'on enferme ses papiers, date de la fin du xviie siècle.

C'est à l'époque du premier Empire que le secrétaire eut son apogée.

Le mobilier de cette époque a produit de beaux et sévères secrétaires d'acajou à intérieur étaminé. Beaucoup sont *à secret*.

De nos jours, on donne ce nom indifféremment à tous les bureaux *à tiroirs fermants*.

*
* *

Au moyen âge, les *lampes* à huile et à mèche s'appelaient « lumières de cuivre » ou simplement lumières.

Les lampes de terre cuite, vernissée ou non vernissée, à anses nombreuses, à bec, les lampes de fer gravées d'ornements avec des devises gothiques étaient nombreuses.

A l'époque de la Renaissance, le métal domina.

Au xviie siècle, on fit des lampes en verre, en cuivre, en fer avec des becs nombreux. Les unes étaient destinées à être suspendues, les autres à reposer sur un pied. Les églises possédaient des lampes suspendues.

Les lampes d'église de Pierre Germain sont des œuvres remarquables. Depuis, les lampes affectent des formes de tous les styles, et sont faites avec toutes sortes de matières.

*
* *

On sait que *l'écran* est un meuble destiné à protéger contre la trop grande ardeur du feu.

L'écran consiste soit en un panneau de tapisserie fixe, dressé sur quatre pieds et que l'on place devant le foyer, soit en un morceau d'étoffe flottante qui tombe de la tablette de la cheminée.

Sous le nom *d'écran à feu* il figure dans les inventaires du moyen âge.

Il y en avait aussi en osier, où l'on se mettait les jambes pour les garantir du feu des grandes cheminées qui existaient alors. Les écrans ont suivi comme décoration les différents styles.

*
* *

A la fin du xvᵉ siècle et pendant le xviᵉ siècle, le *cabinet* était un meuble très élégant et surtout très répandu.

C'était une sorte de bahut dressé sur quatre pieds, comprenant un grand nombre de petits tiroirs que cachaient deux grands battants de bois formant armoire, et généralement décorés d'élégantes arabesques.

L'armoire différait du cabinet en ce que les quatre pieds qui formaient la base du cabinet étaient remplacés dans l'armoire par deux vantaux.

*
* *

Comme spécimen d'un riche mobilier du xviiᵉ siècle, on peut voir au musée de Cluny le *mobilier du château d'Effiat*. On peut y admirer la chambre du maréchal avec grand lit à baldaquin garni de ses rideaux, pentes, courtines et plafond en velours ciselé de Gênes, alternant avec des soieries brodées en relief.

Le château d'Effiat, démoli dans ces dernières années, avait été construit par Antoine Coiffier Ruzé, marquis d'Effiat, maréchal de France,

4

né en 1581 et mort en Lorraine en 1632. Placé à quelques pas de
la petite ville d'Aigueperse, dans le département du Puy-de-Dôme, le
château d'Effiat avait gardé son caractère complet et l'ensemble de
ses constructions était demeuré intact. L'ameublement du temps, conservé avec grand soin, garnissait encore les anciens appartements du
château, fermés et inhabités depuis de longues années, lorsqu'au prin-
temps de 1856 château, terres, domaine, mobilier, tout fut mis à l'encan
et les débris de la demeure du maréchal et de son fils, le malheureux
Cinq-Mars, furent dispersés en vente publique. La plus grande partie
du domaine, les parcs, jardins et terres avoisinantes, avaient déjà été
aliénés; mais le château restait debout avec son architecture des premières années du xviie siècle, son enceinte et surtout sa décoration intérieure. Ce fut alors que les pièces principales de ce mobilier, la chambre
du maréchal, celle dite du Cardinal et la chambre Verte, furent acquises
pour les collections de l'Hôtel de Cluny, et qu'un certain nombre de
sièges d'apparat allèrent prendre place comme modèles dans les magasins
du mobilier de la couronne.

*
*   *

On sait qu'au xvie siècle, la Normandie eut un grand renom pour
ses meubles sculptés. La sculpture sur bois y était en grand honneur.

Les riches armateurs y aimaient le luxe à outrance, ils menaient
train de princes et se faisaient bâtir pour demeures de véritables palais.
Les manoirs, les abbayes et les églises avaient comme eux, et avaient
eu avant eux du reste, le goût de la grande architecture et des somptueux mobiliers. Les boiseries les plus finement sculptées et dorées
ornaient les intérieurs, encadrant çà et là des tableaux de maîtres, et
montaient du plancher au plafond formé lui-même de précieuses char-
pentes. Le bois y était si bien employé qu'il constituait dans bien des
cas, avec un caractère tout à fait original et pittoresque la façade des
maisons.

Selon M. de Champeaux : « La caractéristique des meubles de la
Normandie est la fermeté de l'exécution et l'expression dramatique des
figures. Cette vigueur est due en grande partie à la résistance du bois
de chêne dans lequel les menuisiers rouennais travaillaient leurs œuvres.
Cette essence, d'un aspect sévère, aux fibres longues, se prête moins
que celle du noyer aux caresses de l'outil dans lesquelles se complai-

saient les artistes du Midi. Cette observation est fort importante pour la détermination des œuvres des diverses écoles françaises, et, *à priori*, on peut affirmer que tout meuble de chêne doit provenir de la région septentrionale, s'arrêtant vers l'Ouest, des bords de la Loire aux limites de l'Orléanais et de l'Ile-de-France, et vers l'Est, ne franchissant pas les confins de la Bourgogne, province où le noyer était communément employé. Mais, pour être générale, la règle n'était pas exclusive, et l'on a des exemples de meubles de chêne travaillés dans le Midi et réciproquement, de sculptures de noyer émanant du nord de la France. »

La Bretagne, elle, ne se distingue pas par la perfection de son mobilier. Ses ouvriers marquants sont peu nombreux, on ne cite guère que Martin Thomas et Nicolas Deshourmes.

« Le *meuble breton* — dit carrément M. Bonnaffé — est une imitation assez grossière du meuble normand; il n'a pas le caractère d'une création indigène. »

« D'ailleurs, ainsi qu'on l'a remarqué, l'ouvrier breton n'a pas la souplesse de main que demande la Renaissance; s'il manie adroitement l'outil de charpentier, s'il peut à l'occasion, comme à Morlaix, sculpter des maisons de bois et décorer de grandes surfaces, il ne sait pas se plier aux délicatesses de la menuiserie et taille ses meubles à grands coups comme il ferait d'une façade... Le décor, brutalement découpé dans le chêne, se compose de cercles, de dents de scie, de rosaces et d'ornements géométriques dont l'origine romane et scandinave atteste combien le Breton reste fidèle à ses traditions primitives. »

Ce que produit l'industrie bretonne, ce sont des coffrets épais et lourds, des lits, des buffets, des dressoirs où les balustres en bois tourné jouent un certain rôle décoratif, tantôt disposés en rosaces, tantôt en carrés, tantôt en arcades.

M. de Champeaux confirme sur la sculpture en bois de la Bretagne, le sentiment émis par M. Bonnaffé, toutefois il y apporte certaines réserves.

« Cependant, — écrit-il, — les sculpteurs qui ont ciselé, dans l'église de Sambadère, le superbe jubé de bois dont les dentelures égalent les plus étonnants ouvrages des derniers temps de l'époque ogivale, ne le cédaient sur aucun point à leurs prédécesseurs, créateurs du dressoir de Saint-Pol-de-Léon. Les ouvrages des menuisiers bretons se confondent parfois avec ceux de leurs voisins de Normandie; mais leur fabrication n'eut jamais la même activité prolifique que dans cette dernière contrée plus riche et plus curieuse peut-être en productions artistiques. On rencontre fréquemment, parmi les meubles de la fin du xv° siècle, des coffres et des chaires aux armes de France et de Bretagne; la dernière duchesse Anne étant restée sur le trône pendant les deux règnes de Charles VIII et de Louis XII, il n'y a aucune raison pour en faire hommage à l'école de la Bretagne. Ce qui semble lui appartenir sans conteste, c'est un beau coffre faisant partie de la collection de M. Basilewski, dont le devant représente Saint-Yves, accompagné par la Force, la Justice, la Prudence et la Tempérance. Chacune de ces figures est séparée par des pilastres à grotesques surmontés de petits génies, et porte des insciptions latines. Ce meuble rappelle le style des sculptures que Michel Colomb a exécutées pour la sépulture du duc François de Bretagne, aujourd'hui déposé dans la cathédrale de Nantes. »

*
* *

Pour étudier l'histoire du mobilier, on ne saurait trop faire de nombreuses visites au musée du Louvre à travers la collection Sauvageot, au musée de Cluny dans toutes les salles, au musée des Arts décoratifs, actuellement installé au Palais de l'Industrie, au *Garde-Meuble*. Dans ce Garde-Meuble il y a un musée unique en ce genre, où se trouvent d'admirables merveilles.

Je laisse la parole à un écrivain compétent, M. Paul Rouaix, qui a fait une étude toute spéciale de ce magnifique musée :

« Le *Garde-Meuble* (ou Administration du mobilier national) est chargé de l'ameublement des divers palais et bâtiments de l'État, de la conservation et de l'entretien du mobilier national, de la surveillance générale du Garde-Meuble, des achats et des réparations, du marquage et du catalogue des objets faisant partie de ce mobilier, des travaux d'aménagement des fêtes officielles, etc. Le conservatoire des meubles d'art, établi dans les dépendances du Garde-Meuble (quai d'Orsay, au coin du Champ-de-Mars), comprend : 1° des ateliers où les artistes peuvent être autorisés par l'administrateur à faire des reproductions (modelées, dessinées ou photographiées) ; 2° une bibliothèque avec les archives du mobilier national. Le mobilier national comprend : 1° les meubles disponibles ou employés (décoration des palais nationaux); 2° les meubles exposés au public au quai d'Orsay.

« Ce petit musée, organisé par l'administrateur général actuel,

M. Williamson, est ouvert gratuitement au public les jeudis, dimanches
et jours fériés, de dix heures à quatre heures. Le catalogue actuel
contient 209 numéros (du n° 51 au n° 453, avec de nombreuses lacunes).
Les meubles sont exposés dans deux salles ; à gauche de l'entrée est
une petite salle où se trouvent des pièces de céramique dont la vraie
place serait plutôt à Sèvres, et des objets divers qui seraient mieux
placés au Louvre.

« La première des deux grandes salles consacrées au mobilier est
occupée par des pièces de style Louis XVI, sauf les tapisseries d'époque
Louis XV qui décorent les murs. Celles de droite, cataloguées sous le
n° 151, ont été tissées aux Gobelins sur les cartons de Boucher. Des fonds
roses à deux tons avec guirlandes encadrent des médaillons où sont
représentés des sujets mythologiques en camaïeu gris : *Psyché et l'Amour,
Vertumne et Pomone, Amphitrite, Aurore et Céphale*. Celles de gauche
sont également des Gobelins. Les deux 281, beaux sujets mythologiques
d'après Ch. Coypel. Du même, les deux 282 (*le Sommeil de Renaud,
l'Abandon d'Armide*). Revenons à la porte d'entrée et faisons le tour. Au
mur, n° 339, jolies appliques Louis XVI en bronze ciselé et doré. Un
chiffonnier (286) en belle marqueterie de bois. Deux candélabres, d'après
Clodion, faune et bacchante soutenant une corne d'abondance qui forme
girandole (394). Une pendule en portique avec cadran horizontal ; au-
dessus un sujet en biscuit (328). Le n° 314, petit bureau de dame, marqueterie. Deux candélabres, n° 392, dans le genre des 394. Le n° 309,
un fauteuil couvert en lampas et estampillé Jacob. Commodes (382) en
acajou moiré avec plaques de biscuit de Sèvres, genre Wedgwood ;
estampille de l'ébéniste Beneman. Pendule fin Louis XVI (390) avec une
figure de divinité tenant une sphère où est le cadran tournant. Entre les
portes de la salle suivante : une pendule à joli sujet en bronze (389),
petits faunes jouant. Au-dessus de la porte (284), panneau de tapisserie
de Beauvais d'après Boucher. En tournant vers la gauche, un fauteuil
garni d'une vieille tapisserie. Consoles n° 323, commode Directoire avec
plaques de biscuit Wedgwood. Les n°ˢ 382, commodes du célèbre Beneman. La forme caractérise absolument la manière de cet ébéniste : le
devant forme une arcade. La ceinture est ornée de belles arabesques.
Médaillons de Sèvres. Sur ce meuble est une curieuse boîte à musique
(386) ornée d'appliques de cariatides en bronze doré, avec arabesques et
griffons. Le n° 304 est un fauteuil en bois sculpté et peint céladon, garni
d'une tapisserie de Beauvais. Revenu vers la porte d'entrée nous trouvons,
entre deux guéridons du genre dit Somno, un lit de pied (312) dont la

garniture en soie brochée de Lyon est des plus belles. Cette garniture, décorée de feuillages et de grappes de groseilles sur fond gris, a été dessinée par le célèbre Philippe de Lasalle. Le milieu de la première salle d'exposition est occupé par de belles pièces. En face du lit, le n° 316 est une commode qui porte l'estampille de l'artiste Riesener. Plus loin, une jolie table à ouvrage (320) en acajou ronceux avec élégantes ciselures de bronze. L'inscription gravée donne : « Fait et présenté à la reine par M. de Fontanieu, intendant général des meubles de la couronne en 1781. » Plus loin une console (321) avec pieds gracieux au haut desquels se détache une double sirène : meuble souvent copié. Sous le n° 313 est le meuble peut-être le plus élégant du musée. Ce meuble, digne de Riesener, est représenté par la figure 200 du *Dictionnaire*. Plus loin (391), candélabre du célèbre Thomire. Le n° 315, bureau à cylindre, en acajou moiré avec appliques de bronze ciselé et doré. Le paravent (311) en lampas de Lyon, bouquets, vases et rubans sur fond gris. Divers feux Louis XVI.

« Seconde salle. — De droite à gauche. Près de la porte, appliques Louis XV et Louis XVI. Encoignure d'ébène (207), avec panneau de laque par l'ébéniste Carlin dont elle caractérise le style. Sous le n° 68, plusieurs meubles d'appui, marqueterie cuivre et écaille, boule et contre-boule, du style, mais non de la fabrication de Boule. Au mur, n° 138, une belle pendule-cartel Louis XV, deux bras d'applique de même style. Plus loin, un fauteuil Louis XIV couvert en velours de Gênes (51). Les 70 sont deux armoires basses, de Boule, l'une en boule, l'autre en contre-boule. Plus loin, une grande et riche commode en marqueterie cuivre et écaille avec pâtes de couleur dessinant des fleurettes. Au mur, sous le n° 59, sont de célèbres tentures des Gobelins de la suite de l'*Histoire du roi Louis XIV*, d'après Lebrun et Van der Meulen. Dans le bas des superbes bordures décoratives, un cartouche porte une inscription (tissée) donnant le sujet : *Entrevue de Louis XIV et de Philippe d'Espagne, Défaite des Espagnols à Bruges, Baptême du Dauphin en 1668.* — Mur du fond : support en gaine style de Boule avec tablier lambrequiné bleu (69). Il y a plusieurs pendants dans la salle. Pendants des meubles d'appui genre Boule, vus plus haut (68). Au-dessus (n° 58), tapisserie des Gobelins (fond jaune quadrillé, attributs royaux), d'après Lebrun. N° 162, belle pendule du salon de l'Œil-de-Bœuf à Versailles (style Louis XV). A côté, une tapisserie de Beauvais, d'après Oudry, à médaillon central (camaïeu gris) entouré d'une large bordure à fond parsemé de guirlandes et de trophées de chasse. Dans le coin de la salle, une torchère qu'on appelait « guéridon » sous Louis XIV, et dans le style de celles qu'a dessinées

Loir. Au mur de gauche de la salle, suite de quatre tapisseries des Gobelins sous le n° 152 : le sujet est l'histoire de Jason. Les cartons sont du peintre De Troy et de Gravelot. On lit la signature tissée des chefs d'ateliers à qui elles sont dues (Audran et Cozette). Parmi les meubles, notons les feux Louis XV à chinoiseries (174), une console rocaille (157), une commode en marqueterie estampillée Dautriche (154), une pendule Louis XV, de la forme dite « religieuse », avec caisse décorée en vernis Martin et appliques rocailles (161). Plus loin, le n° 209, jolie console en bois sculpté et doré dont la tablette à belle mosaïque de pierres dures est soutenue par deux gracieuses sirènes dont les queues s'enlacent et forment pied unique ; les n°ˢ 216 et 218, bras d'applique Louis XVI ; le n° 202, petit canapé Louis XVI, que reproduit la figure 501 du *Diction- naire ;* le n° 211, chiffonnier sévère en marqueterie, par Œben, formant pendant au n° 210, secrétaire par le même ; le n° 201, autre petit canapé Louis XVI, garni de soie décorée de fleurs et fougères ; le n° 225, casso- lette Louis XVI par le célèbre ciseleur Gouthière ; le n° 156, commode d'une belle marqueterie Louis XV avec bronzes et poignées en sarments ; le n° 229, vase décoratif en marbre antique, style Louis XV, que repro- duit la figure 516 du *Dictionnaire*. Dans l'entreporte, un curieux cadre en bois doré, style mixte (Louis XV et Louis XVI) garni d'une tapisserie de Beauvais (épisode de guerre d'après Casanova) avec, dans le haut, un écusson aux armes de France (rapporté et provenant d'une tapisserie des Gobelins).

« Le milieu de la salle est garni d'un grand tapis (n° 57) à colorations criardes, d'époque Louis XIV, provenant de la Savonnerie. Les meubles qui sont placés là sont : n° 64, une table en bois sculpté et doré dont la figure 492 du *Dictionnaire* donne le dessin ; le n° 285, console d'applique, style Louis XVI, forme arrondie, marqueterie, tablette d'entre-jambes en marbre ; n°ˢ 53 et 54, commodes Louis XIV en belle marqueterie (mais d'un effet assourdi et triste) ; n° 55, console Louis XIV avec tablette en mosaïque de marbres ; n° 71, mosaïque de pierres dures d'époque Louis XIV ; n° 52, écran Louis XIV en tapisserie brodée au point de Saint-Cyr ; n° 60, châlit d'un lit de repos ; n° 66, console d'applique Louis XIV ; n° 67, table Louis XIV d'un style très caractérisé ; n° 56, console d'applique du xvii° siècle, à sculptures compliquées d'une belle facture ; n° 62, écran, avec garniture en tapisserie de Beauvais (moderne) ; n° 179, jolis vases chinois céladon, dans une monture Louis XV. Le n° 55 est une console de milieu, style Louis XIV. Sous le n° 205, bureau à cylindre d'un style sévère (Régence) ; n° 208, console à tablette demi-circulaire, en marqueterie, style Louis XVI ; n° 131, une commode ventrue à beaux bronzes en sarments détachés. Une très belle table-bureau de style Cressent, dont la figure 429 du *Dictionnaire* donne le dessin. Le n° 132 est également un bureau plat, mais de l'époque Louis XV : jolis motifs rocailles dans les garnitures de bronze ciselé. Quatre plaques de bois pétrifié, sous le n° 354. Jolie petite table à ouvrage (n° 206) en marqueterie avec belles ciselures en bronze doré. Le dessus porte la marqueterie losangée affectionnée par le style Louis XVI. Meuble digne de Riesener, son signataire. N° 100, long bureau plat avec une sorte de cartonnier à chinoiseries laquées. Les bronzes des montants sont dans le style de la Régence. Face au cadre de l'entreporte, grand bureau à cylindre d'un style sévère, bien que signé Riesener. La clef en fer forgé passe pour un ouvrage de Louis XVI.

« En quittant les deux salles d'exposition, et en face de la porte d'entrée de la première de ces salles, est une porte menant dans une petite salle à deux vitrines. On y trouve des curiosités historiques comme le drageoir et l'écritoire de Louis XVIII. Sur cette dernière, on remarque la présence du coq gaulois debout sur le couvercle du récipient. Autres souvenirs historiques : vases d'onyx montés en bronze, provenant d'un surtout de table offert à Napoléon Ier par Charles IV d'Espagne. Cette petite collection possède aussi des échantillons de céramique, notamment des pièces de pâte tendre, curieuses par leurs grandes dimensions et, quelques-unes, par leur date : un vase fait à Sèvres en 1793 montre que la fabrication fut continuée par la Révolution. Quelques pièces des vitrines sont des pâtes tendres décorées par des artistes étrangers à Sèvres et vendues comme du Sèvres. A noter, des vases en une porcelaine colorée dans la pâte même, porcelaine qui offre peu de solidité et est d'une substance friable. Dans la vitrine de gauche, sont un buste de Napoléon, un sujet allégorique à personnages (*l'Amour fait passer le Temps*), un sujet mythologique (*Ganymède et l'aigle de Jupiter*), le tout en biscuit. Ces pièces, dont la dernière est d'un modelé remarquable et décorée de belles dorures, proviennent de la fabrique de porcelaine des frères Nast, qui, établis à Paris en 1783, devinrent les protégés de l'impératrice [1]. »

1. *Dictionnaire des Arts décoratifs*, article *Garde-Meuble*.

CHAPITRE III

LE MOBILIER RELIGIEUX

Le mobilier religieux. — Les autels. — Les autels portatifs. — Les retables. — Les parements d'autels. — Les tabernacles. — Les diptyques et les triptyques. — Les châsses. — Leurs formes. — Les reliquaires. — Les vestiaires. — Les ciboires. — Les dais. — Les stalles. — Les miséricordes. — Les encensoirs. — Les chandeliers. — Les luminaires. — Les pyxides. — Les pupitres.

Dans le mobilier religieux, *l'autel* occupe la première place.

L'autel se nommait, dans les textes du moyen âge, *altare*. Les autels étaient alors habituellement placés sur une sorte d'estrade élevée de quelques degrés au-dessus du sol des églises.

Les autels ne datent pas seulement de l'ère chrétienne ; chez les païens, il y avait des autels dans tous les temples ; ils avaient la forme de carrés sur lesquels on offrait des libations. Les premiers chrétiens, probablement pour se distinguer des païens, ne semblent pas avoir regardé l'autel comme un objet indispensable au lieu du culte.

On lit même dans les textes païens des reproches graves adressés par eux aux chrétiens à ce sujet[1]. Plusieurs textes des premiers siècles de l'ère chrétienne montrent qu'il était même permis de se dispenser d'autel pour la célébration de la messe ; il fallait simplement qu'un prêtre (ou au besoin un simple diacre) tînt dans ses mains le calice ou l'oblation[2].

---

1. Dans son Pénitentiel (cap. II), l'archevêque de Cantorbery, Théodore (mort en 690), fait observer qu'on peut parfaitement dire la messe en pleine campagne, sans autel, si un prêtre ou un diacre tient le calice ou l'oblation entre ses mains.

2. Dans son histoire religieuse, Théodore, évêque de Cyr (au ve siècle), dit qu'à la prière du saint ermite Maris, il célébra le mystère eucharistique sur les mains de ses diacres.

« ... Ego vero libenter obtemperavi et sacra vasa ad ferri jussi nec inem procul aberat locus. Diaconumque manibus utens pro altari, mysticum et divinum ac salutare sacrificium obtuli. »

Quoique l'usage de l'autel ne fût pas absolu, cependant, le plus grand nombre des églises (on pourrait dire les neuf dixièmes) eurent, dès les temps les plus reculés, des autels. Il y avait même souvent plusieurs autels.

Saint Germain de Paris avait consacré quatre autels dans l'église de Saint-Germain des Prés. Dans la basilique de Latran, il y avait sept autels. Dans le sceau de l'église de Saint-Gall on voit figurer une vingtaine d'autels. On trouve mention, en lisant les écrits de saint Grégoire de Tours, d'une église où se trouvaient treize autels.

Toutefois, l'habitude primitive était qu'il y eût, dans le plus grand nombre des églises, au moins trois autels ; l'un dans l'abside générale, les deux autres dans les absidiales du Transept.

Plus tard, le nombre des autels devint égal au nombre des absidiales: chaque absidiale eut un autel à l'époque gothique. Dans le principe, les autels devaient être de simples tables en bois. On conserve à Rome[1] deux tables en bois sur lesquelles la tradition veut que saint Pierre ait célébré les saints mystères[1].

Au VIᵉ siècle, les autels en bois étaient en usage en Afrique et en Egypte[2]. Dans les églises riches, ces autels étaient dissimulés derrière des revêtements en matières précieuses, en or, en argent, émaux, etc. ; c'est ainsi qu'il faut comprendre (et non autrement) les textes où il est parlé d'autels en or, en argent et en émaux, etc[3].

On ne retrouve pas un grand nombre de ces autels : cela se comprend aisément, car ces autels recouverts de matières précieuses étaient naturellement faits pour ne pas durer longtemps. Ils ont tenté la cupidité des conquérants et des barbares.

Le plus ancien de ces autels est l'autel conservé à Saint-Ambroise de Milan et fait par l'artiste Volvimus, pour le compte de l'évêque Engilbert. Il a été fait vers 836.

Il est magnifiquement décoré d'émaux, de pierres précieuses et de figures en bas-relief.

Nous n'avons malheureusement en France aucun monument comparable à ce chef-d'œuvre. Cependant le musée de Cluny, à Paris, possède un devant d'autel en or. C'est le devant d'autel qui provient de la cathé-

---

1. L'une dans l'église Pudentienne, l'autre à Saint-Jean de Latran.

2. On lit dans saint Augustin que l'évêque Maximin (à Bagaï, en Afrique), fut assassiné sur un autel de bois que les Donatistes enfoncèrent sur lui.

3. C'est ainsi qu'étaient les deux autels que le pape Adrien Iᵉʳ avait dans la basilique Saint-Pierre-et-Saint-Paul.

drale de Bâle. On y voit représenté le Christ entouré de saints et d'anges en pied sur des arcades[1].

Les textes parlent d'autres revêtements d'autels qu'ont possédés autrefois nos grandes églises des Vosges.

Les autels que l'on rencontre dans la grande majorité de nos églises sont simplement des autels en pierre dont l'usage date d'une ordonnance du pape saint Sylvestre (316).

Dès l'époque de Constantin, on avait commencé à installer des autels en pierre dans les basiliques.

Un usage tout particulier s'étendit rapidement, ce fut celui d'encastrer dans tous les autels, en quelque matière qu'ils fussent, une pierre consacrée, bénie par l'évêque et renfermant des reliques. A certaine époque même, l'autel ne fut composé que de cette pierre, à laquelle on a donné le nom *d'autel portatif*[2].

Les évêques et même les simples prêtres allant en voyage emportaient avec eux ces autels portatifs[3]. Saint Anselme s'éleva contre l'abus des autels portatifs : « Je n'en condamne pas l'usage, dit-il, mais je trouve préférable qu'on ne consacre pas des tables d'autels non fixes[4] ».

La France ne possède pas un grand nombre de ces autels.

Le fameux trésor de l'église de Concques, dans l'Aveyron, en possède deux. En Allemagne, dans la région rhénane, la plupart des églises en possèdent un certain nombre[5].

*
*   *

La coutume de célébrer les saints mystères au-dessus des reliques des martyrs remonte au Ier siècle de l'ère chrétienne (Anasthase le Bibliothécaire en parle). On trouve dans les catacombes de Rome des preuves nombreuses de cet usage.

Quand on abandonna les catacombes, on voulut conserver les reliques des martyrs. C'était, d'ailleurs, une règle journalière dans les églises chrétiennes, et un concile tenu à Carthage au Ve siècle ordonna de briser les autels qui ne contiendraient pas de reliques. Quand il fallut plu-

---

1. Une tradition veut que cet autel ait été donné à la cathédrale de Bâle par l'empereur Henri Ier.
2. L'ordre romain désignait les autels portatifs sous le nom de *Tabulas Itinerarias*.
3. Dans son *Histoire des Anglais*, Bède dit que les deux Ewaldes emportaient avec eux, partout où ils allaient, des autels portatifs (voir Ducange, *Gloss.*).
4. Lib. III, epist. 150.
5. Le musée de Darmstadt en possède trois.

sieurs autels dans les églises, on adopta l'usage de séparer les reliques, chaque autel devant en avoir une partie, souvent même des portions très minimes.

L'autel des chrétiens eut donc un double caractère : celui d'une table, la table eucharistique, et celui du tombeau d'un saint[1] ; d'où il résulte qu'on a donné aux autels deux formes : la forme d'un tombeau et la forme d'une table.

Les autels ayant la forme d'une table sont d'une époque très reculée. Primitivement, c'étaient des tables de pierres soutenues sur un seul pied. A Rome, dans la confession de Sainte-Cécile, on voit des autels soutenus par un pied unique.

Dans les miniatures des missels des v° et vi° siècles, on voit assez souvent représentés des autels de cette espèce.

En dehors du style de l'ornementation, il y a un caractère général auquel on peut distinguer les tables d'autels antérieurs au x° siècle et celles des siècles suivants : avant l'an 1000, la table de l'autel était habituellement creusée, tandis qu'après, la surface est unie.

Ce n'est guère qu'à la fin de l'époque romaine et surtout à l'époque gallo-romaine que l'on commença à donner aux autels des dimensions considérables. On trouve dans un grand nombre de nos églises du xiii° siècle des autels portant comme ornements des colonnettes, de petites bases et d'élégants chapiteaux.

Les autels en forme de tombeaux sont d'origine aussi ancienne que les autels en forme de tables.

Assez souvent, on a transformé en autels des baignoires antiques, en recouvrant la partie supérieure d'une table de marbre ; on peut en avoir des exemples à Sainte-Marie-Majeure, dans la basilique de Saint-Eustache. Cette forme d'autel a donné naissance, à l'époque carlovingienne, aux autels en forme de blocs ou de pierres maçonnées, parfois ornés de sculptures.

*
* *

Les lambris placés au-dessus des autels ont reçu les noms de *rétables* ou *retables*.

La décoration sculptée et peinte qui est appliquée à ce lambris a

---

1. On peut voir représenté d'une manière véritablement naïve la réelle signification de l'autel chrétien sur un bas-relief de la porte Sainte-Anne, à Notre-Dame de Paris. Ce bas-relief appar-

reçu le nom de *contre-rétable :* cependant, par extension, on lui a donné
aussi le nom de retable.

C'est vers le x⁰ siècle seulement que commença l'usage d'unir les
autels au moyen de retables.

Les premiers furent d'abord de petites dimensions, mobiles et portatifs : cela dura jusqu'au xiv⁰ siècle. C'étaient des bas-reliefs de pierre ou
de bois sculpté, représentant quelque épisode de la vie du Sauveur.

Au commencement du xv⁰ siècle, les retables sculptés eurent les
proportions de véritables édifices posés sur l'autel. Vers la fin du même
siècle, on peignit aussi et on dora le bois ou la pierre. Souvent, ces
retables avaient la forme de triptyques, dont les deux volets, sculptés à
l'intérieur et à l'extérieur, se repliaient sur le motif central. Ces volets
étaient parfois peints. Albert Dürer, Hans Holbein, n'ont point dédaigné
de peindre de ces volets.

On peut voir au musée de Cluny un grand retable du xv⁰ siècle, en
bois sculpté, peint et doré, de 2 mètres de haut sur 2ᵐ,50 de large.
Au centre est sculpté le *Crucifixus,* avec, à gauche, le *Portement de
croix* et, à droite, le *Christ au tombeau,* le tout dans des motifs d'architecture ogivale : sur les volets, sont peints les *Onze Apôtres,* sur fond
d'or, ainsi que des saints personnages tenant des phylactères. A l'extérieur, sont peints les *Quatre Évangélistes,* la *Salutation angélique,* avec
le donateur à genoux devant son saint patron. Sur le volet de droite et
sur le bord du vêtement d'un des apôtres, on lit le nom du peintre et du
donateur : « A fait *Lucas Loïs,* peintre du donateur Domiraut. »

Pendant la Renaissance, les Italiens firent des retables en terre
cuite émaillée[1].

A partir du milieu du xvi⁰ siècle, les retables prirent les formes
architecturales.

*
*   *

Le *parement d'autel* est de tulle, de métal, de bois ou d'étoffe, que l'on
posait et que l'on pose encore aujourd'hui devant les autels des églises.

---

tient au second linteau de la porte Sainte-Anne ; c'est une adjonction faite au xiii⁰ siècle à ce
linteau qui date du xii⁰.

Des arcs expriment la crypte ; trois petites baies qui s'ouvrent à la partie supérieure de la
crypte montrent la place de la châsse du saint ; l'autel, adossé, s'élève sur la châsse ; il est recouvert de ses nappes ; un ciboire est passé sur la table, une lampe se trouve suspendu au-dessus de
l'autel.

1. Les plus renommés sont ceux exécutés par Andréa della Robbia.

Les parements d'autels étaient souvent très riches en peinture et en broderie[1]. Autrefois les parements tombaient jusqu'au socle.

On a conservé jusqu'à nos jours l'usage des parements d'autel; on les change suivant les différentes fêtes de l'année.

*
* *

Le *tabernacle* est d'origine récente[2]. Les premiers dont il est fait mention datent du xiiie siècle et avaient la forme de tours.

C'est une petite armoire, le plus habituellement en forme de temple, d'édifice, dans laquelle on enferme le calice. On le place sur l'autel, au milieu, et le plus ordinairement porté par des gradins.

Le tabernacle est toujours richement décoré d'ornements dorés et son intérieur est tapissé d'étoffes précieuses.

*
* *

Les *diptyques*[3] sont des espèces de tablettes doubles réunies par une lanière ou par une charnière longitudinale. L'église adopta les *diptyques* pour glorifier les saints et les martyrs; on y inscrivait le nom du saint et du martyr avec ses titres à l'amour des fidèles.

Les particuliers offrirent souvent aux églises des diptyques pour orner les autels; une inscription donnait le nom du donateur et invoquait la protection du saint patron de l'église.

Il y eut des diptyques en ivoire, en métal, émaillés; au xive siècle, le bois remplaça l'ivoire.

*
* *

C'est à l'époque des Croisades que se répandit l'usage des *triptyques*.

On sait qu'un triptyque est un tableau d'autel, formé de trois panneaux peints et sculptés, réunis par des charnières de façon que

---

1. On voit au musée de Dresde deux parements d'autel d'étoffe brodée représentant, l'un, l'Arbre de Jessé, l'autre le Couronnement de la Vierge.

2. Notre-Dame n'en possédait pas encore sur son autel au xviie siècle.

3. L'antiquité connaissait les diptyques. A l'origine, ils servaient de carnets et étaient garnis de cire afin de pouvoir y écrire.

les deux panneaux latéraux forment volets et se rabattent sur le panneau central. Ce dernier occupe une espace double de celui de chacun des volets, de manière que ceux-ci, une fois rabattus se rejoignent et le couvrent.

Très souvent l'intérieur seul du triptyque est sculpté et le dos des volets est peint.

Les artistes byzantins ont sculpté de jolis triptyques en ivoire ou en bois, et on repoussé ou ciselé des triptyques en métal[1].

Au xve siècle, en Allemagne, on fit de grands triptyques en bois sculpté, qu'on peignit et qu'on dora.

Au xviie siècle, l'émaillerie peinte produisait des triptyques dont les volets forment de grandes plaques fixées sur bois[2]. Du reste, l'union de l'industrie des orfèvres avec celle des émailleurs apparaît dès les temps antiques. Au moyen âge, la fabrication des émaux se perfectionna singulièrement, et elle eut pour siège principal la ville de Limoges. Le moine Théophile, qui a parlé des incrustations de pierres précieuses et de perles dans les ouvrages d'orfèvrerie, a donné des détails sur la fabrication du verre d'émail, sur la fusion et le polissage de l'émail. Les applications d'émaux sur l'or, sur l'argent, sur le cuivre, étaient très en usage au xiie, au xiiie, au xive siècle. Les belles châsses de Chamberet, de Maussac, de Saint-Viam (Corrèze), du Chalard, sont enrichies d'émaux. Il y avait à Limoges, en 1235, une confrérie du Saint-Sacrement entre les orfèvres-émailleurs, dans la paroisse de Saint-Pierre du Queyroix-Montpellier possédait, en 1317, une manufacture d'émail sur or. Pendant longtemps, cependant, l'orfèvrerie fut plutôt un métier qu'un art. C'est par exception qu'on peut citer des morceaux achevés, comme la Vierge en or tenant Jésus dans ses bras dont Jeanne d'Evreux fit présent à l'abbaye de Saint-Denis, en 1339, et qui est aujourd'hui conservée au musée du Louvre. Les lois somptuaires, fréquemment renouvelées,

---

1. Il faut se rappeler qu'il y avait aussi des triptyques religieux en dehors des églises, des triptyques de famille qui se trouvaient pendus dans les chambres à coucher et qu'on ouvrait au moment de la prière. Ces triptyques se donnaient en cadeau comme on donne aujourd'hui des bénitiers. Sur un des triptyques du musée de Cluny on lit: *Et luy feut donée l'an 1592, au moys de décembre par ses frères et sœur et oi cosuté XVIII l. Je prie à tous ceuls et celles qi y viendront devron ce gardest de le gaster et prie por moy et pour ceuls qui me l'ont donée. Sc{er} Perrette Dolray.*

2. Il faut remarquer cette union de l'émaillerie et de l'orfèvrerie qui commence dès le moyen âge. Le moine Théophile, qui a parlé des incrustations de pierres précieuses et des perles dans les ouvrages de l'orfèvrerie, a donné aussi des détails sur la fabrication du verre d'émail, sur la fusion et le polissage de l'émail. Les applications d'émaux sur l'or, sur l'argent et sur le cuivre étaient très en usage au xiie et xiiie siècles. Il y avait à Limoges, en 1235, une confrérie du Saint-Sacrement entre les orfèvres-émailleurs, dans la paroisse de Saint-Pierre du Queyroix. Montpellier possédait en 1317 une manufacture d'émail sur or.

nuisirent beaucoup au développement de l'industrie et du commerce des orfèvres. Au xiv⁰ siècle, on défendit de fabriquer des pièces d'orfèvrerie pesant plus d'un marc ; à moins que ce ne fût pour les églises, pour le roi, pour les princes de sa famille. Les Valois usèrent au reste largement du bénéfice de cette exception. Charles V possédait des pièces d'argenterie et d'orfèvrerie en grand nombre et d'une très grande valeur. Sa vaisselle d'argent se composait de quatre cent quarante-huit pièces ; la vaisselle d'or de deux cent quatre-vingt-neuf pièces ; la vaisselle d'or enrichie de pierreries, de deux cent quatre vingt-douze pièces.

*
*   *

La *châsse* [1] était un coffre destiné à contenir des reliques et que, pour cette raison, on appelait aussi « écrin à reliques » pendant le moyen âge.

Les premières châsses avaient la forme d'un tombeau, l'usage étant primitivement de célébrer la messe sur un autel contenant des reliques de saints, de martyrs.

Par la suite, les reliques quittèrent l'intérieur de l'autel et furent placées dans les coffrets ayant la forme architecturale de l'époque de leur construction. Très souvent les châsses eurent la forme d'une véritable église toute petite, avec toit, clochetons, arcatures, colonnes, fenêtres découpées. On les promenait dans les processions pendant les calamités publiques ou aux jours de grande fête.

Il y eut parfois des châsses en bois [2], ornées de plaques d'ivoire ; mais le plus souvent, les châsses sont plutôt des objets d'orfèvrerie.

Pour la construction de ces châsses on employa les matières les plus précieuses. Ce qui explique la rareté des châsses retrouvées. On mit même souvent à la fonte des châsses d'une époque antérieure [3].

Beaucoup de châsses étaient d'une grande richesse, car il arrivait que les rois et les grands seigneurs en faisaient don aux églises ou aux monastères pour l'exécution de vœux, le rachat de fautes, les remerciement de guérisons miraculeuses.

---

1. Le mot *châsse* vient du latin *capsa*, cassette.
2. On peut voir au musée de Cluny une châsse en bois peint datant de 1666.
3. C'est ainsi que François I⁰ʳ fit fondre la châsse de Saint-Martin, en 1522 ; il en fut de même de la châsse de Sainte-Geneviève, deux œuvres de saint Éloi.

A l'époque romaine, les châsses affectèrent la forme de maisons ou de monuments romans avec des toits, et dont les faces étaient ornées de petites colonnes qui soutiennent des arcades en plein cintre, où s'abritent des personnages; le tout forme un angle très ouvert. A l'époque gothique les toits deviennent plus hauts et plus aigus.

Vers la fin du xii⁰ siècle, Limoges fabriqua un grand nombre de châsses de cuivre doré à émaillerie champlevée[1].

Au xv⁰ siècle, des châsses furent exécutées avec grande finesse; les fonds furent plus fouillés et les crêtes plus découpées. La signification des épisodes représentés devint plus symbolique.

Dans la décoration des châsses, il faut remarquer que la forme des pieds est le plus souvent à griffes de dragons personnifiant l'esprit du mal qui est terrassé par le saint de la châsse.

Les *reliques* (*reliquiæ*, restes) sont les restes des corps des martyrs, des saints. On donne également ce nom aux objets ayant appartenu au Christ, à la Vierge et aux saints. Le culte des reliques a été établi au iv⁰ siècle; il a pour principe un sentiment de respect religieux, et aussi la douce croyance à une protection efficace exercée par elles contre les maux et les fléaux. C'est à cause de cela que, dans les grandes calamités, on promenait en procession les reliquaires, les châsses que l'on sortait des églises. Un serment prononcé en étendant la main sur des reliques avait plus de valeur. C'est pour cela que le pieux roi de France Robert, dans la crainte qu'un parjure ainsi commis ne profanât les reliques, faisait jurer sur un reliquaire contenant pour toute relique... un œuf de grive. Outre les châsses et les reliquaires qui séjournaient dans les églises et auxquels les croyants allaient demander secours et protection, on fit des reliquaires de dimension plus petite et que l'on portait sur soi pour détourner les sortilèges, les maladies, les accidents. Les amulettes avaient une destination analogue, mais ne portaient que des images gravées, des signes cabalistiques le plus souvent inspirés par la pensée des puissances diaboliques et non de la protection divine. « Les corps saints sont habités par le Saint-Esprit jusqu'à la Résurrection, » écrit Pascal au xvii⁰ siècle, et l'on sait que le roi Louis XIV avait toujours ses habits garnis de reliques.

« Les châsses[2] étaient des reliquaires de grande dimension et de forme le plus souvent architecturale. On garde le nom de reliquaire pour

---

1. On voit un superbe spécimen au musée de Cluny dans la châsse de Sainte-Fausta, qui possède de beaux émaux, des cabochons de cristal et une inscription latine du xv⁰ siècle.

2. Paul Rouaix, *Dictionnaire des arts décoratifs*.

les autres objets destinés à contenir des reliques. Les formes sont des plus variables. C'est parfois une statue de saint personnage ou d'ange, tenant dans les mains un coffret, un monument minuscule, dans lequel se trouve un fragment de la croix, une partie de la couronne d'épines, un os de martyr, etc. Dans un inventaire est mentionné un reliquaire contenant du lait de la sainte Vierge. On donnait même d'abord le nom de reliquaire, non à la pièce entière, mais à la partie contenant la relique. « Un ange d'argent doré qui tient une petite chapelle d'or, où il y a plusieurs reliquaires (Inventaire). » Parfois l'objet prenait la forme de la relique elle-même. (Musée du Louvre, série D, n° 722 : Statuette reliquaire du xiv° siècle, représentant un martyr couché sur un gril : le personnage tient à la main un objet ayant la forme d'un grand pouce dont le côté est ouvert et où était enfermé la relique (le pouce du saint). C'est surtout pendant les xiv° et xv° siècles que la forme statuette prédomine.

Souvent la relique est enfermée dans une pièce d'orfèvrerie représentant le saint ou le martyr lui-même, comme nous venons de le voir; souvent c'est seulement la tête du saint. (Musée de Cluny, n° 746, une tête de bois sculpté peint et doré : le dessus du crâne s'ouvre et forme couvercle: à l'intérieur étaient les reliques.) On rencontre de nombreux reliquaires en forme de berceaux.

Le musée de Cluny, sous le n° 731, possède une curieuse statuette équestre en bois représentant Jeanne d'Arc. Cette statue était probablement destinée à être promenée pendant les processions : le ventre du cheval s'ouvre et forme reliquaire.

Les objets dont nous venons de parler sont des châsses modifiées; ils sont de grande dimension et ne sont portatifs que dans les cortèges, les jours de fêtes religieuses. On fit également des reliquaires plus petits, qui affectaient la forme de véritables bijoux que l'on portait sur soi de façon à ne jamais être dépourvus de la protection des reliques. Ils étaient attachés à des colliers comme des médaillons, ou pendaient au côté à quelque chaîne de métal précieux. On en trouve de nombreuses mentions dans les inventaires du moyen âge et du xv° siècle : « Une pomme d'argent à reliquaire pour être suspendue au côté », « un reliquaire d'or à porter au col », « un reliquaire en façon de pomme, » etc. Les personnes qui n'étaient pas assez favorisées du sort pour posséder des reliques se contentaient d'images pieuses qui affectaient la forme des reliquaires. C'étaient des lettres en bois, sculptées de sujets religieux et s'ouvrant à charnières, véritables diptyques minuscules. C'étaient des fleurs de lis d'ivoire, s'ouvrant aussi et contenant des sujets religieux sculptés. Des statuettes d'or ou d'ivoire représentant Dieu, le Christ ou la Vierge se divisaient en deux sur charnières, et laissaient voir à l'intérieur des sculptures dont les sujets étaient empruntés aux Livres Saints. Il est très fréquent de rencontrer dans les inventaires du moyen âge des « images ouvrantes », en bois ou en ivoire, représentant la Vierge dont le ventre s'ouvre et contient une image de la Trinité : « Un joyau où est l'Annonciation et le ventre de Notre-Dame ouvrant, où est dedans la Trinité. (Inventaire du xive siècle.) » « Une image de Notre-Dame ouvrant par le ventre auquel est la Trinité dedans (Inventaire du xve siècle). »

*
* *

Au moyen âge, il y avait un coffret renfermant les habits sacerdotaux. Il avait reçu le nom de *vestiaire* (*revestiaire*, revestouère).

Beaucoup de petites églises d'alors ne possédaient pas de sacristies. On renfermait alors les habits religieux du desservant dans un grand coffre ou dans une grande armoire qui se trouvait derrière l'autel.

De nos jours, l'armoire dans laquelle on renferme les effets sacerdotaux a reçu le nom de *chasublier*.

*
* *

Le mot *ciboire* vient du latin *cibus* (nourriture), parce que ce vase était destiné à contenir les hosties, la nourriture spirituelle des fidèles.

Primitivement, le ciboire était une espèce de baldaquin supporté ordinairement par quatre colonnes et formant une sorte de pavillon sur l'autel. Ce mot de *ciboire* lui venait de ce que le vase (appelé aussi ciboire) y était suspendu[1].

L'usage du ciboire commença au xe siècle en Occident, lorsque la sainte communion abandonna le pain pour l'hostie[2].

---

1. Le plus fréquemment, il était suspendu au bec d'une colombe en métal précieux. Cette colombe symbolisait le Saint-Esprit.

2. On donnait le nom de *lustrade*, pendant le moyen âge, au voile qui enveloppait le ciboire appendu à la suspension.

Les ciboires n'étaient pas fait de n'importe quelle matière : ils devaient être en or ou en vermeil. Il en est de même encore de nos jours.

Le couvercle du ciboire est surmonté d'une croix et recouvert d'un petit pavillon de soie [1].

« Longtemps, dit M. Paul Rouaix [2], les calices ont été ornés de deux anses ou oreilles et l'on peut en voir un exemple dans un calice du vi° siècle faisant partie du trésor de Gourdon et actuellement à la Bibliothèque nationale, sous le n° 2539. L'usage de ces anses était nécessité par les dimensions des calices, alors que la communion avait lieu sous les deux espèces : pain et vin ; le moine Théophile (xii° siècle) consacre un chapitre à leur fabrication. Les dimensions sont parfois telles, qu'il est malaisé de voir dans certains calices d'autre destination que l'ornement de l'autel. On cite un calice (donné par Charlemagne) qui pesait près de soixante livres. Pour les calices, comme pour l'orfèvrerie religieuse en général au moyen âge, le titre du métal précieux était spécial afin d'empêcher le vol et de permettre d'en découvrir plus facilement les auteurs, même après la fonte de l'objet volé. D'ailleurs, des inscriptions sur le pied du vase prononçaient l'anathème contre ces sacrilèges. Témoin le calice de saint Remi (Bibliothèque nationale, n° 2541), sur le pied duquel on lit ces deux lignes en latin, précédées d'une croix : « Quiconque aura pris ou distrait ce calice de cette église de Reims, soit anathème ! Que cela soit ainsi ! Amen ! »

A Valence, en Espagne, on conserve sous le nom de « *saint calice* » un calice que l'on prétend être celui dont le Christ se servit à la Cène. Ce vase, qui ne remonte probablement guère au delà du xi° siècle, est composé de deux sardoines avec monture d'or. Des arabesques en émail noir le décorent et des cabochons de perles, de rubis et de saphirs en ornent le pied.

L'historien anglais, Bède le Vénérable (viii° siècle), dit que, de son temps, on pouvait voir, à l'église du Saint-Sépulcre à Jérusalem, le calice d'or qui avait servi à la Cène. Ce calice était à deux anses. A Gênes, on conserve un vase de verre de forme hexagonale, beaucoup plus large que profond. Ce vase, rapporté à Gênes après les croisades, est connu sous le nom de *Sacro catino*. Le *Sacro catino* aurait servi à la Cène.

---

1. Les musées du Louvre et de Cluny possèdent de magnifiques ciboires du moyen âge.
2. *Dictionnaire des arts décoratifs*, par Paul Rouaix.

On pourrait citer bien d'autres exemples d'une tradition analogue, touchant de nombreux calices gardés dans les trésors des églises.

Le calice est accompagné d'une sorte de disque appelé *patène*.

*
* *

Les *paix* devinrent en usage à partir du v° siècle. C'étaient des sortes de patènes ou plaques de métal que les fidèles baisaient au lieu de s'embrasser. Le célébrant leur présentait cette plaque, en leur disant : « *Pax tecum*, Que la paix soit avec toi », d'où vient ce nom. On faisait des *paix* en émaux, en ciselures, en niellures et on en faisait même en ivoire [1]. Les sujets qu'on y représentait étaient des sujets religieux. Certaines paix servaient à la bénédiction des bénédictions.

*
* *

On donne le nom de *dais* [2] à un pavillon soutenu ou suspendu qui forme comme un abri. Il y a des dais en bois, en pierre, en étoffe. Souvent, quand le dais est supporté par des colonnes, on lui a donné le nom de *baldaquin*.

Les *dais portatifs* ont reçu le nom de *poêles* : c'étaient ordinairement des pièces d'étoffes, de tissus ornés que deux personnes soutenaient avec les mains au-dessus de la tête d'un ou de deux personnages.

Au moyen âge et à l'époque gothique, les dais abritèrent les trônes, les sièges, les stalles, les chaires. On eut alors des dais avec de véritables dentelures de bois [3].

*
* *

On donne le nom de *stalles* à des sortes de sièges en bois ou en pierre sculptés, avec siège qui se relève.

---

1. On en voit une au musée de Cluny.

2. Dans la sculpture romane et gothique, les statues de saints et de rois placées sur les façades des églises et des édifices étaient abritées par un dais sculpté qui avait, suivant l'époque, des ornements romans ou gothiques.

3. Au musée de Cluny on peut voir deux beaux modèles en ce genre. Dans une belle châsse, l'orfèvre de Nuremberg *Hans Greiff* a représenté sainte Anne sur un trône à dais ciselé et la chaire du musée, aux armes de France et de Bretagne, est un véritable bijou.

Ces sièges sont le plus souvent établis soit au banc d'œuvre, soit sur le tour de l'abside.

Les stalles sont divisées en plusieurs places par des accoudoirs. Il y a aussi des stalles à deux rangs.

Le dossier continu des premières est bas et le dossier du rang le plus haut est orné de sculptures, de sujets religieux et ordinairement surmonté d'un baldaquin en bois très ouvragé.

C'est vers le commencement du xie siècle qu'on fit usage des stalles collectives dans les églises.

A l'époque ogivale, les stalles furent richement sculptées et surtout pendant la période du gothique flamboyant.

Sous Louis XII, la décoration des stalles fut plus sobre[1].

On a donné le nom de *miséricorde* à une partie de ces sièges appelés stalles. Lorsque le siège est relevé, on voit une sorte de petit appui en forme de cul-de-lampe, sur lequel on peut s'asseoir. C'est cette partie qui a reçu le nom de *patience* ou de *miséricorde*.

Au moyen âge, les artistes y ont multiplié souvent les sujets grotesques. C'est ainsi que sur une des miséricordes qui se trouve au musée Cluny on voit sculpté un organiste avec un âne pour souffleur et un porc qui touche de l'orgue.

*
* *

L'*encensoir* est une cassolette[2] suspendue à des chaînettes que l'on balance pour activer la combustion de l'encens et en répandre les émanations dans l'église.

C'est surtout pendant l'époque gothique qu'on vit de superbes encensoirs aux formes architecturales et riches, à pinacles, à fenestrages, avec des découpures et des dentelles délicates à forme gothique[3].

*
* *

La *chaire* est la tribune élevée où parle le prédicateur.

Dès le moyen âge, elle a été surmontée d'un abat à voix, espèce de dais qui servait à rabattre la voix du prêtre sur l'auditoire.

---

1. On peut voir de magnifiques stalles au musée de Cluny, au musée du Trocadéro. Les stalles de l'abbaye de Saint-Denis sont de véritables chefs-d'œuvre d'art.
2. C'est le *thymiaterion* des Grecs et le *thuribulum* des Latins.
3. L'artiste allemand *Martin Schongauer* a dessiné et gravé de beaux modèles d'encensoir.

Il y a eu et il y a des chaires de forme ronde, carrée ou polygonale.

On a donné aussi au moyen âge le nom de *chaire* ou *charére* aux siè-ges, chaises ou fauteuils[1].

*
* *

La *cape* ou *chape* ecclésiastique était une robe à capuchon ecclésias-tique. Le luxe en était fort grand[2]. L'orfèvrerie, la joaillerie et la bro-derie en faisaient des merveilles artistiques.

Les trésors des églises en possèdent de superbes datant du moyen âge.

La couleur changeait suivant les cérémonies. Pendant le carème, les chapes étaient violettes; rouges aux fêtes de la Pentecôte et des Martyrs; blanches à Noël, à l'Épiphanie, à Pâques.

*
* *

Les *crosses* ont été faites primitivement en bois, ainsi que le cons-tate un poète du moyen âge :

> Au temps passé du siècle d'or,
> *Crosses de bois*, évèques d'or;
> Maintenant, changeant les lois,
> *Crosses d'or*, évèques de bois.

Après le bois, vint l'ivoire[3].

Au XIIIe siècle, l'ivoire fut remplacé par le cuivre émaillé[4].

Au moyen âge, la décoration du *crosseron* (volute de la crosse) consiste en figures et en feuillage. A l'époque gothique, les motifs architecturaux devinrent les sujets de décoration.

A partir du XVIIe siècle, la forme du crosseron, qui avait été circulaire,

---

1. C'est ainsi qu'au XVIIe siècle on a employé aussi le mot chaire et chaise comme syno-nymes. Dans les *Femmes savantes* (V), nous voyons Molière dire : « *Prêcher en chaise.* »
2. On en voit la preuve dans les édits somptuaires portés par la royauté.
3. On peut voir au musée de Cluny une crosse en ivoire en forme de T.
4. Nombreux spécimens au musée du Louvre.

s'aplatit dans le sens de la verticale et la courbe du haut devient une fraction d'ovale.

*
* *

Au moyen âge, on a donné le nom de *pyxide* à une petite cassette qui fut l'origine du tabernacle et du ciboire. Elle avait la même fonction. On y renfermait l'hostie consacrée. On lui donna souvent la forme d'une colombe.

De transformation en transformation, la pyxide est devenue la cavité formée d'un double disque placé au milieu de l'ostensoir.

Le *pupitre* est le meuble à plan incliné, destiné à supporter un livre ouvert.

Le *lutrin* était une espèce de pupitre dressé sur un seul pied et mobile sur un pivot. Il était en bois ou en métal. Le motif le plus habituellement sculpté ou ciselé était un ange ou un aigle aux ailes ouvertes.

Le pupitre de forme circulaire était appelé *roue* ou *roue d'estrade*.

*
* *

L'emploi des *luminaires* dans les différentes cérémonies du culte catholique remonte à l'origine même de l'Église; la grande quantité de lampes trouvées dans les catacombes, les splendides candélabres en bronze et en marbre datant des premiers siècles de l'ère chrétienne et conservés dans les musées et les églises d'Italie, notamment au Vatican, et surtout les nombreux et précieux témoignages empruntés aux auteurs sacrés, montrent le grand rôle que les luminaires ont joué dans les pratiques religieuses.

Avec l'art chrétien, les candélabres deviennent nombreux; il y en eut une profusion dans les cérémonies religieuses. C'est ainsi qu'à Sainte-Sophie de Constantinople, il y eut six mille candélabres.

L'ornementation des candélabres suivit l'évolution des différents styles.

La cathédrale de Milan possède un candélabre en bronze doré datant de l'époque byzantine; dans le panneau sont figurés, parmi des entrelacements de feuillage de style byzantin, la Vierge et l'Enfant-Jésus.

Au xviie siècle, les candélabres des églises eurent surtout comme ornementation des formes végétales.

Les chandeliers des églises furent primitivement en bronze et en fer. Au moyen âge, ils affectèrent des formes animales et l'émaillerie s'y répandit.

A cette époque, les flambeaux d'église eurent les pieds formés de dragons; on pense que c'était soit un souvenir des quatre animaux de la vision d'Ézéchiel, soit un symbole de la victoire de la lumière sur l'esprit des ténèbres.

Pendant la Renaissance, beaucoup de chandeliers furent à grisailles d'émaillerie peinte. Au xviie siècle, les formes en devinrent géométriques et un peu lourdes [1].

Il y eut aussi, dans l'ameublement d'églises, des chandeliers appelés *chandeliers itinéraires*. Ces chandeliers s'emboîtaient les uns dans les autres; ils étaient composés d'une demi-sphère creuse sur laquelle était fixé un binet [2] conique. Ces chandeliers légers et petits s'emboîtaient binet dans binet et demi-sphère dans demi-sphère. Ils servaient aux autels portatifs : on y plantait des cierges pour les offices.

Limoges a produit un chiffre considérable de ces chandeliers en émaillerie champlevée avec les armoiries des propriétaires.

Au xve siècle, on employait aussi une sorte de couronne de lumières montée sur une tige verticale, au sommet de laquelle se trouvaient des cercles garnis de pointes et de bobèches destinées à recevoir des cierges.

Ces sortes de candélabres devaient spécialement servir au culte des saints ou à quelque autre pratique exclusivement observée par les fidèles. Cette coutume est encore en usage de nos jours dans certains sanctuaires et dans quelques chapelles spéciales.

---

1. Voir au musée de Cluny et au musée du Louvre.

2. On donne le nom de *binet* à une sorte de bouchon muni d'une pointe sur laquelle on fixe, en la plantant, la chandelle ou la bougie.

CHAPITRE IV

LA TAPISSERIE

La tapisserie au ixe siècle. — L'offrande de la reine Adélaïde. — Une commande de Léon.
— L'abbé de Saint-Riquier. — Les merveilles de la tapisserie au moyen âge. — Les
nombreuses tapisseries. — La manufacture des Gobelins. — La manufacture de Beauvais. — La haute lisse. — La basse lisse. — Au musée de Cluny, — Les tapisseries
remarquables.

'EST seulement à partir du ixe siècle qu'on trouve trace en
France de fabrication de tapisseries[1].

Au moyen âge, les tapisseries servaient à la décoration
des églises. Saint-Angelme de Norvège, évêque d'Auxerre, fit
exécuter vers 840 un grand nombre de tapis pour son église.

En 984, à l'abbaye de Saint-Florent de Saumur, l'abbé Robert
commanda une masse de dosserets, de banquiers, de tapis de muraille,
de tapis de pied et de courtenis, le tout en laine. Les comptes de l'abbaye
nous apprennent que cet abbé fit exécuter deux grands tissus dans la
composition desquels entrait de la soie et qui représentaient des éléphants ; dans d'autres on voyait des lions, se détachant sur un fond
rouge ; le premier de ces ouvrages était évidemment un vêtement sacerdotal, puisque la chronique raconte que l'abbé s'en parait aux grandes
fêtes[2].

---

1. Sans aucun doute, l'art de broder les tissus doit tenir son origine de l'Orient. Un passage
de Pline nous renseigne à ce sujet.

« Les Phrygiens, dit-il, ont découvert l'art de broder à l'aiguille, c'est pour cela que ces
ouvrages sont appelés phrygioniens. C'est encore en Asie que le roi Attale a découvert le moyen
de joindre les fils d'or aux broderies, d'où ces étoffes ont été appelés attaliques. Babylone est
très renommée pour la fabrication des broderies de diverses couleurs, d'où le nom de broderies
babyloniennes. Alexandrie a inventé l'art de tisser à plusieurs lisses les étoffes qu'on nomme brocarts ; la Gaule, les étoffes à carreaux. »

2. Ces étoffes n'étaient pas brodées, mais tissées, ainsi que le dit le mot « *texere* ».

En 989, la reine Adélaïde, épouse de Hugues Capet, offrait à l'abbaye de Saint-Denis, une tapisserie représentant le globe terrestre, l'*orbis terrarum*.

Au XIe siècle, la France possédait à Poitiers une grande et renommée manufacture de tapisseries, dont les produits étaient alors très appréciés.

En 1025, Léon, un évêque italien, demandait au comte de Poitou, Guillaume V, de lui envoyer un « *tapetum mirabile* »; et celui-ci lui demandait de lui en fixer les dimensions.

Ce tapis devait être orné de portraits d'empereurs, de rois, de figures d'animaux et même de sujets tirés des écritures saintes.

Vers 1050, l'abbé de Saint-Riquier, Jervin, commandait à la même fabrique des tentures destinées à la décoration de son monastère; son zèle même se manifestait « Tam in palliis adquirendis, quam in tapetibus faciendis[1]. »

En 1135, Mathieu de Lundun, nommé abbé de Saint-Florent, à Saumur, fit exécuter deux « dosserets » destinés à être suspendus dans le chœur de Saint-Florent les jours de fêtes solennelles, et représentant, l'un, les vingt-quatre vieillards de l'Apocalypse, avec des voiles et des cithares; l'autre, différents sujets tirés du même livre.

Le même abbé orna en outre la nef de tentures représentant des lions et divers animaux ainsi que des sagittaires[2].

Au XIIe siècle, Limoges possédait une fabrique de tapis, nous en avons la preuve écrite dans le roman d'*Erec* et d'*Enide* :

> Puis s'en monta en unes loges
> Et fist un *tapis de Limoges*
> Devant lui à la terre estendre...
> Erec s'assit de l'autre part
> Dessus l'ymage d'un lupart[3]
> Qui el tapis estoit portraite.

La tapisserie était non seulement une des merveilles, mais encore une des nécessités de la vie durant le moyen âge[4].

Les tentes, les chapelles, les hôtels, les châteaux, les palais étaient ornés de tapis et de tentures que les nobles transportaient même avec

---

1. F. Michel. *Recherches*, t. Ier, p. 71.
2. Jubinal. *Recherches*, p. 14.
3. Léopard.
4. « Il est sans cesse question au moyen âge, des tissus brodés ou brochés que multipliait l'industrie byzantine. Les étoffes de soie, les tissus historiés comptaient parmi les principaux objets du commerce avec l'Occident. Nos poèmes du moyen âge les mentionnent souvent et en indiquent la provenance. » (Ch. Bayet.)

eux en voyage. Tous les romans de chevalerie et les chroniques de l'Europe en font foi.

Au xiiie siècle, la plus grande et la plus belle fabrique de tapisseries était à Arras.

La réputation de cette fabrique était telle que son nom servait en Italie à désigner les tapis, qu'on y appelait *Arrazzi*.

En 1395[1], lorsque le comte de Nevers et ses soldats eurent été faits prisonniers par Bajazet à la bataille de Nicopolis, Froissart raconte : « que l'amorath[2] prendrait grand plaisance à vir draps de hautes lices ouvrées à Arras en Picardie, mais qu'ils fussent de bonnes historiées anciennes ».

Il entrait beaucoup d'or dans la décoration des tapisseries d'Arras.

D'ailleurs, un fait à noter, c'est que *dans les tapisseries françaises du moyen âge, la décoration est conforme et identique à celle des miniatures et des peintures murales.*

Vers le xiiie siècle la tapisserie prend une extension plus grande encore et s'associe à la fresque pour la décoration des monuments religieux.

Si nous pénétrons dans les églises et les cathédrales, il n'en est pas, si petite qu'elle soit, qui, aux jours de fête, ne se revête de tapisseries. Les voiles (*vela*), les courtines (*cortinæ*), les *aulæa*, sont destinés à servir soit de portières, soit de tentures; les espaliers (*spaleriæ*), les dosserets (*dorsalia*), les banquiers (*bancalia*), recouvrent les sièges et les dossiers des bancs; des pailes (*pallia*), recouvrent les autels. Le mobilier ecclésiastique comprend aussi les *tapetes*, les *substratorias*, qui sont des tapis de pied, des faldistoires, des baldaquins, tous recouverts de tapisseries.

Guillaume Durand, évêque de Mende, qui vivait au xiiie siècle, et qui a laissé un traité qui faisait autorité, nous apprend que chaque catégorie de tissus avait une signification particulière. Le symbolisme s'étendait même aux courtines : les courtines rouges représentaient la charité; les blanches, la pureté des mœurs; les noires, la mortification de la chair; les livides, les tribulations; les vertes, la contemplation.

Tous les anciens inventaires nous montrent combien on prodiguait les tapisseries pendant les xve et xvie siècles[3]. Les églises en étaient remplies; tout ce que l'architecte avait laissé de surface plane, murs en

---

1. On peut voir au musée de Cluny, parmi les récentes acquisitions, un spécimen de tapisserie française du xive siècle représentant la légende de saint Marc et de saint Jean.

2. L'Émir.

3. Tous les châteaux étaient remplis de tapisseries, depuis la salle du *Parement*, où se trouvait le dais, sous lequel s'asseyait le seigneur pour exercer ses droits de justicier, depuis la grande salle où se faisaient les réceptions jusqu'aux chambres intimes.

dessous des fenêtres dans les bas-côtés, dossiers des stalles, faces des piliers, tout disparaissait les jours de fêtes sous les tapisseries.

Et bien souvent encore, cela ne suffisait pas pour satisfaire le grand désir qu'on avait de parer la maison du Seigneur, de disposer des tentures *panni paramenti*. On en suspendait à des cordes, tendues au travers du chœur ou bien dans le sens de la longueur d'un pilier à l'autre. Et, telle était dans certaines églises et dans certains monastères la richesse et la prodigieuse quantité de tapisseries, de *draps à parer*, comme on disait, qu'on cherchait où on pourrait bien encore en suspendre d'autres.

*
* *

Vers 1543, le roi François Ier créa la *manufacture royale de Fontainebleau*. Les premiers directeurs de cet établissement furent : l'architecte et peintre *Sébastien Serlio* et *Philibert Babin de la Bourdaisière*.

Les artistes de cette manufacture travaillaient surtout d'après les œuvres de Primatice et de Nicolo del Abbate. On peut citer parmi eux : Francisque Cachenemis, Charles Carmoy, Lucas Romain, Claude Budanger; le maître supérieur était Salomon de Herbanies.

Le roi Henri II confia la direction de cette fabrique à Philibert Delorme[1] et créa une deuxième fabrique de tapisseries à Paris, à l'hôpital de la Trinité, rue Saint-Denis.

Henri IV donna, lui aussi, une grande impulsion à la tapisserie; des ouvriers furent établis au faubourg Saint-Martin dans la maison des jésuites expulsés et, lors du rappel des jésuites en 1603, ils allèrent habiter dans les galeries du Louvre.

D'autres ouvriers tapissiers furent installés dans les galeries des Tournelles, où ils travaillèrent à imiter les tapisseries des Flandres.

Considérée dans ce qu'on pourrait appeler son rôle social[2], la tapisserie reste, pendant le xviie siècle, en possession de tous ses privilèges, quoique l'enthousiasme de la période précédente ait fait place à des sentiments plus calmes, plus réfléchis. On lui confie, comme par le passé, le soin de perpétuer le souvenir des événements les plus marquants; à côté des compositions religieuses et surtout des compositions

---

1. Voir notre *Histoire de l'art en France*. (Gedalge, éditeur.)
2. Dit M. Eugène Müntz.

mythologiques et allégoriques, qui prennent naissance à cette époque, on rencontre en grand nombre les sujets tirés de l'histoire contemporaine :

En 1630, sous le roi Louis XIII, les ouvriers établis au Louvre et ailleurs furent réunis et installés dans un endroit, que les tapissiers n'ont pas quitté depuis, dans la *Maison des Gobelins*, qui avait été fondée au xv° siècle.

*

La *Manufacture des Gobelins* doit son nom à d'anciens teinturiers qui étaient établis à l'extrémité du faubourg Saint-Marcel, à Paris, près de la Bièvre. Une vieille tradition attribuait à la rivière de la Bièvre de précieuses qualités pour la teinture en écarlate.

Un teinturier, nommé *Jean Gobelin*, venu de Reims, vint, au xv° siècle, s'établir autour de la Bièvre et y fonda un établissement qui prospéra.

En 1667, Colbert acquit cette fabrique avec tous les terrains et la transforma complètement.

Dans la pensée de Colbert, dit M. René Ménard, la manufacture, qui comprenait tout ce qu'on appelle aujourd'hui les arts industriels, devait être une école en même temps qu'un centre de production, et pour lui maintenir son caractère d'art, elle devait toujours être dirigée par un peintre ou un sculpteur et non par un fabricant. L'Académie de France à Rome, aujourd'hui à la villa Médicis, formait les architectes, les peintres et les sculpteurs chargés de construire ou de décorer les palais, établissements ou maisons de plaisance du roi, en même temps que la manufacture royale fabriquait les meubles et tous les objets usuels ayant la même destination, et comme la direction des études était aux mains des mêmes artistes, il s'établissait ainsi, dans la production en tous genres, un rapport et une connexité intime qui constituent le caractère d'une époque.

Mais quand survinrent les revers de la fin du règne, le plan de Colbert fut jugé trop vaste, et le grand établissement auquel avaient été attachés tant d'artistes différents et du plus grand mérite fut, pour des raisons financières, transformé en une manufacture de tapisseries. C'est sous cette forme spéciale qu'il est resté célèbre.

Au mois de novembre 1667, Louis XIV rendit un édit par lequel fut créée la *Manufacture royale des meubles de la couronne*.

Les termes mêmes de cet édit, les minutieux détails qu'il contient, les immunités et privilèges considérables qu'il accorde aux ouvriers, tels que la maîtrise, les droits réservés à la naturalisation, et une juridiction toute spéciale attestent l'importance que, dès l'origine, le roi Louis XIV attachait à l'établissement des Gobelins[1].

Colbert donna à Lebrun[2], premier peintre du roi, la direction de la manufacture royale, où bientôt furent appelés quelques hommes qui ont laissé une réputation soit dans les arts, soit dans l'industrie. De ce nombre, nous citerons le célèbre graveur Sébastien Le Clerc, auquel Colbert fit accorder par le roi, en 1669, un logement à l'hôtel royal des Gobelins, avec une pension de 600 écus. Le Clerc, qui épousa en 1673 une des filles de M. Vandenkerchoven, teinturier du roi dans cet établissement, est mort aux Gobelins, le 25 octobre 1714, âgé de soixante-dix-sept ans, après y avoir demeuré plus de quarante années.

Pour composer les ateliers de tapisserie, seule industrie dont nous ayons à nous occuper, Colbert fit venir des ouvriers de la manufacture de Bruxelles, renommés alors pour leurs copies d'après les cartons de

---

1. « En 1662, Colbert groupa tous les tapissiers dans la maison des Gobelins. On y installa aussi des brodeurs, des mosaïstes, des orfèvres, des graveurs, des ébénistes, etc. L'établissement ainsi formé prit le nom de « Manufacture royale des meubles de la Couronne ». L'hôtel fut acheté en 1667 pour 40,000 livres. Le tout s'éleva à la somme de 90,000 livres, soit à peu près 550,000 francs.

Le peintre Ch. Lebrun, nommé directeur en 1663, resta à la tête de la manufacture jusqu'à sa mort en 1690. Pendant ces vingt-sept ans, la manufacture entretint deux cent cinquante ouvriers tapissiers qui fabriquaient dix-neuf tentures de haute lisse, mesurant 4,110 aunes carrées et coûtant 1,110,000 livres, et trente-quatre tentures de basse lisse ayant 4,300 aunes de surface et coûtant 694,000 livres. Ces chiffres représentent plus de dix millions de francs d'aujourd'hui.

A cette époque, les tapisseries s'exécutaient à l'entreprise, à l'aune carrée, à un prix variable suivant la difficulté du travail et le talent de l'ouvrier. On décomposait pour cela chaque dessin, suivant les différentes espèces de travail, en parties très petites, mesurées par *le bâton* (xvi⁰ siècle) et payées suivant un tarif naturellement assez compliqué. Le maître ou entrepreneur sous-traitait ensuite avec ses ouvriers ou apprentis, dont il dirigeait et garantissait le travail. Les meilleurs ouvriers de haute lisse obtenaient, par aune carrée, 450 livres, qui feraient aujourd'hui 2,700 francs, ce qui équivaut à 1,915 francs par mètre carré. La basse lisse se payait moins cher. Les laines, importées en grande partie d'Angleterre, filées en Picardie et teintes aux Gobelins, revenaient à un écu la livre. Les soies valaient de 14 à 38 livres, suivant la couleur.

Les premières tapisseries avaient un caractère décoratif et ne visaient pas à remplacer la peinture; en général on n'employait que trois tons d'une même couleur, en y joignant au besoin du blanc. A l'aide de hachures transversales qui avançaient d'une teinte sur la voisine, on obtenait tous les modèles désirables et une teinte de couleurs semblable à celle qui se produit réellement sur la palette du peintre. On ne se servait ainsi que de quelques teintes franches et très résistantes.

Aussi les vieilles tapisseries se sont admirablement conservées. C'est à ce petit nombre de teintes et à la décoloration générale des lumières, qui était de principe et que le temps a augmentée, qu'il faut attribuer l'aspect harmonieux des tapisseries anciennes. » (Henri de Parville, *La Manufacture nationale des Gobelins*.)

2. Voir notre *Histoire de l'art en France*. (Gedalge, éditeur).

Raphaël[1] et de Jules Romain. Parmi eux se trouvait Lefèvre père, qu'on plaça à la tête des ateliers avec Jans, employé déjà depuis longtemps aux Gobelins. A ces deux habiles ouvriers fut en outre confié le soin de former des élèves.

Colbert chargea Lebrun[2], ainsi que les meilleurs peintres de l'époque, de composer des tableaux pour être exécutés en tapisserie. Aussi cette fabrication, restée jusqu'alors à peu près dans l'état d'imperfection qui avait marqué ses premiers essais en France, devint-elle à cette époque véritablement un art. La manufacture royale, bien dirigée, visitée par Louis XIV, admirée du public, ne tarda pas à voir ses produits recherchés par toute l'Europe, comme ils le sont encore aujourd'hui. En 1694, sa prospérité commença à décroître. La pénurie à laquelle la guerre de la succession d'Espagne réduisit le trésor, fit suspendre les commandes et congédier, l'année suivante, une partie des ouvriers, des élèves et des apprentis. Sous le règne de Louis XV, les ateliers furent momentanément fermés. Toutefois, quelques commandes d'ameublements destinés aux maisons royales donnèrent plus tard une nouvelle activité aux travaux.

Jusqu'à cette époque, la tapisserie s'était faite à l'entreprise. Le roi payait après la livraison des pièces commandées; seulement, il prêtait les ateliers, les métiers, et avançait aux entrepreneurs la chaîne, la laine et la soie. Tous ces objets étaient notés sur le registre du garde-magasin, et lorsque les entrepreneurs lui livraient la tapisserie, le garde-magasin déduisait la valeur des matières avancées. La manufacture des Gobelins n'était pas exclusivement occupée par la couronne; elle avait toute la liberté d'un établissement particulier et faisait commerce de la tapisserie. Tous ceux qui désiraient un ameublement s'adressaient aux entrepreneurs et traitaient avec eux.

En 1791, les ouvriers furent payés à l'année, et l'on supprima les différents corps d'état que Colbert avait réunis, pour ne plus fabriquer que de la tapisserie. En 1793, les travaux subirent un ralentissement considérable par suite de l'enrôlement d'une partie des ouvriers et du renvoi des élèves. Cette crise dura peu; bientôt après, le jury des arts réorganisa la manufacture.

---

1. Voir notre livre : Trois artistes chrétiens : *Michel-Ange, Raphaël et H. Flandrin.*

2. Sous la direction de Charles Lebrun, la manufacture, qui comptait deux cent cinquante tapissiers, fabriqua de 1663 à 1690, dix-sept tentures de haute lisse d'une superficie de 4,110 aunes carrées et trente et une tentures de basse lisse d'une superficie de 4,300 aunes carrées. A la mort de Charles Lebrun, en 1690, ce fut le peintre *Mignard* qui lui succéda ; il créa à la manufacture une *académie de dessin.*

La suppression de la tâche eut pour premier avantage de laisser aux artistes un plus libre emploi de leur temps, et de leur permettre ainsi de s'appliquer à la qualité plus qu'à la quantité des produits. Des améliorations remarquables justifièrent leurs efforts. Des hommes de mérite se perfectionnèrent ; l'étude du dessin et de la peinture, en développant leur goût, contribua puissamment à leurs progrès. Le tapissier se fit artiste ; la laine, sous ses doigts, se métamorphosa en peinture, et les tapisseries devinrent véritablement des tableaux [1].

Les Gobelins subirent à l'époque de Mignard une mauvaise passe, et les ateliers ne reprirent leur activité qu'en 1699, lorsque *Jules Hardouin-Mansart* devint surintendant et *Robert de Cotte*, directeur de la manufacture.

En 1733, le peintre *Jean-Baptiste Oudry* [2] eut à son tour la direction des travaux.

A l'époque de la Révolution, les Gobelins passèrent de mauvais jours. Depuis le premier Empire, la manufacture a consacré spécialement sa fabrication à faire des produits pour orner les résidences des cours, puis les résidences nationales.

L'Empire ramena l'activité des travaux de la manufacture des Gobelins délaissés durant la Révolution.

On y vit par exemple, recommencer à propos des tableaux de David et de ses imitateurs qu'il fallait copier, les mêmes querelles entre tapissiers et peintres qui avaient éclaté sous la direction d'Oudry, et avec le même résultat d'ailleurs.

« Sous la Restauration, dit M. Darcel, l'ancienne école de dessin, créée jadis par Mignard, fut rétablie ainsi que l'école des tapisseries que Soufflot avait instituée, et les cours de chimie appliquée à la teinture furent commencés par M. Chevreul, directeur, depuis l'année 1825, des ateliers de teinture des Gobelins. Enfin les tableaux, qui jusqu'alors

---

1. Deux cent cinquante maîtres tapissiers, dit un historien du temps, tissaient les riches tentures, dont le premier peintre du roi ou ses élèves avaient donné les dessins et dont l'habile Jacques Kercoven avait teint les laines et la soie. Des sculpteurs sur métaux et des orfèvres fondaient et ciselaient le bronze en torchères, en candélabres, en appliques, dont les dessins concordaient avec ceux des tentures. Des ébénistes sculptaient, tournaient et doraient le bois des meubles.

« Des Florentins, dirigés par Ferdinand de Magorini, assemblaient le marbre, l'agate, le lapis pour composer ces mosaïques précieuses, ornées d'oiseaux, de fleurs et de fruits que l'on admire encore aujourd'hui sur les tables de tous les palais du temple de Louis XIV. Enfin, il n'y avait pas jusqu'aux serrures des portes et aux ferrures des fenêtres qui ne fussent des chefs-d'œuvre d'exécution faits d'après les dessins de l'universel Lebrun, qui semblait se multiplier pour suffire à tout. »

2. Voir ses tableaux décoratifs au musée du Louvre. On en a pris beaucoup pour modèles.

avaient roulé sur des cylindres pour être développés peu à peu aux yeux de l'ouvrier tapissier, furent exposés tout entiers, montant suivant les progrès de la fabrication, d'une grande fosse creusée au pied des murs.

« En même temps, la manufacture de la Savonnerie, établie sous Louis XIII, pour occuper les enfants pauvres de l'hôpital fondé par Marie de Médicis, fut supprimée. Ses métiers remplacèrent aux Gobelins ceux de basse lisse que l'on transporta à Beauvais.

« Au milieu des vicissitudes administratives que la manufacture eut à subir à travers trois ou quatre révolutions successives, M. Chevreul commença et poursuivit ses belles recherches théoriques et pratiques sur le contraste simultané des couleurs. Puis sous l'influence des études dont tous les arts décoratifs ont été l'objet, l'on revint à peu près des erreurs qui avaient dominé la fabrication depuis plus d'un demi-siècle. L'on comprit qu'il y avait mieux à faire que de copier des tableaux. Les tapisseries que l'on exécute aujourd'hui sous la surveillance de M. Badin, directeur actuel des Gobelins et de Beauvais, réduites à des couleurs plus simples et mieux liées ensemble, ne sont plus guère destinées qu'à former d'agréables tentures, au lieu d'être d'inutiles chefs-d'œuvre d'adresse ! »

« L'établissement actuel des Gobelins possède un budget de 208,000 francs, dit M. Henri de Parville. Sur cette somme, l'Administration absorbe environ 25,000 francs : les salaires des artistes tapissiers 95,000 francs ; le personnel de la teinture 16,000 francs ; l'École de dessin et de tapisserie 10,000 francs ; les matières premières et les frais de modèles 32,000 francs. Une somme à peu près égale est réservée pour travaux auxiliaires, primes, encouragements et frais généraux.

De là, il résulte que pour obtenir le prix de revient d'une tapisserie des Gobelins, il faut ajouter environ 120 pour 100 au prix de la main-d'œuvre.

La manufacture des Gobelins ne possède plus que cinquante-trois ouvriers, dont trente et un seulement travaillent aux tapisseries de haute lisse, les vingt-deux autres forment l'atelier des tapis de la Savonnerie.

L'atelier des tapisseries de haute lisse est dirigé par un chef payé 2,700 francs. Deux sous-chefs reçoivent 2,300 et 2,100 francs. Puis viennent dix ouvriers à 2,000 francs, qui n'ont obtenu ce traitement qu'après une vingtaine d'années de service. Sept ouvriers touchent de 1,700 à 1,900 francs ; quatre de 1,200 à 1,400 francs et les sept autres de 500 à 1,000 francs. L'atelier des tapis de la Savonnerie a deux sous-chefs à 2,100 francs, cinq ouvriers à 2,000 francs, cinq à 1,900 francs, cinq de 1,600 à 1,800 francs, trois de 1,100 à 1,400 francs et les trois derniers de 500 à 900 francs.

Le traitement des artistes tapissiers a été relevé de 400 francs, et celui des chefs et sous-chefs en proportion (par décret du mois de décembre 1878). Les apprentis sont définitivement reçus et classés comme élèves, après examen, au bout d'une année d'essai ; on peut leur donner alors, à titre de récompense, une gratification de 100 francs, et ils restent ensuite deux ou trois ans à l'École de tapisserie avec une indemnité annuelle de 400 francs, pour débuter enfin comme ouvriers, ou plutôt comme artistes tapissiers, à 500 francs.

L'atelier de teinture possède quatre chefs touchant ensemble près de 11,000 francs, pour commander trois ouvriers qui ne reçoivent pas la moitié de cette somme. Aussi en coûte-t-il 23 francs pour teindre un kilogramme de laine. Et ce n'est pas la matière colorante qui explique ce chiffre, car on doit soigneusement proscrire les nouvelles couleurs dérivées de la houille.

Les ouvriers des Gobelins sont presque tous logés. Ceux qui ne le sont pas reçoivent une indemnité de logement de 200 francs. Chaque ouvrier de la manufacture a la jouissance d'un petit jardin, dans un immense terrain de plusieurs hectares dépendant de la manufacture. Ce jardinet, au milieu d'un quartier pauvre et triste, joue un grand rôle dans l'existence des Gobelins et augmente leur prestige parmi la population ouvrière des environs. Aussi faut-il voir comme il est soigné, ce petit jardin. Le tapissier se fait honneur de montrer ses fleurs et ses légumes aux visiteurs ; aussi bien la perspective de cette jouissance future a-t-elle contribué à déterminer des vocations hésitantes. « J'aurai un jardin, j'aurai une pension », se disent les apprentis au seuil de leur carrière.

Le recrutement des ouvriers paraîtrait impossible au premier abord, si certaines considérations ne donnaient à réfléchir aux commençants.

En effet, un ouvrier d'élite, gagnant moins de 2 francs par jour, sans espoir sérieux d'arriver à 3 francs avant trente ans, n'est-ce pas invraisemblable, dans une ville où le moindre des manœuvres de maçons gagne 4 fr. 50 cent., et où la plupart des ouvriers du bâtiment peuvent atteindre 6 à 7 francs à vingt ans, sans apprentissage bien difficile ? Mais le travail aux Gobelins est doux et propre, il dure tout au plus huit heures, aucun chômage n'est à craindre, aucune journée n'est perdue ; le salaire, très maigre d'abord, ira en croissant avec l'âge, et finira par atteindre celui d'un plombier ou d'un peintre. Enfin, dans sa vieillesse, le tapissier des Gobelins touchera une retraite de 1,000 à 1,200 francs, quelquefois plus, tandis que l'ouvrier d'industrie, une fois brisé par le travail et rejeté de l'atelier, reste souvent sans aucune ressource.

Il y a d'ailleurs des familles qui travaillent aux Gobelins de père en fils et qui font pour ainsi dire partie de la maison. C'est une des causes de la solidarité qui unit tout ce petit monde et qui assure à chacun un soutien et un refuge en cas de malheur. Ainsi, la veuve et les orphelins d'un tapissier des Gobelins trouvent presque toujours un abri ou même une carrière dans la maison.

L'une des plus intéressantes parmi ces familles de gobelinants, c'est celle de M. Duruy, l'ancien ministre de l'instruction publique de l'empire. Son père fut chef d'atelier; lui-même a été apprenti tapissier; il compte encore aujourd'hui dans les divers degrés hiérarchiques du personnel trois cousins et plusieurs parents. L'un d'eux, M. Camille Duruy, a tissé l'un des panneaux exposés au Champ-de-Mars, en 1878, les Glaces d'après *Mazerolle*[1].

*
* *

« Les sujets que Lebrun[2] a composés pour servir de modèles à des tapisseries des Gobelins se rattachent à deux séries bien distinctes : les *Châteaux*, les *Mois*, les *Saisons*, les *Éléments*, sont conçus dans une donnée franchement décorative et parfaitement conforme aux moyens d'exécution dont la tapisserie dispose. Au contraire, l'*Histoire d'Alexandre* et les *Actes de la vie du roi* sont conçus comme de véritables tableaux. Les bordures de quelques-unes de ces tapisseries, composées de fines arabesques et de figurines reliées par des cartouches chargés d'emblèmes ou encadrées dans des moulures simulées, sont toujours de la plus merveilleuse richesse d'invention. En substituant le modèle peint à l'huile aux anciens cartons dessinés ou simplement peints à l'eau, Lebrun entraîna la tapisserie à des pratiques beaucoup plus compliquées, et lorsque plus tard la manufacture des Gobelins voulut reproduire en tapisserie des tableaux qui n'avaient pas été composés dans ce but,

---

1. M. *Mazerolle* est un de nos grands peintres décorateurs. On lui doit le plafond du Théâtre-Français. On peut voir de lui de très jolis modèles décoratifs au musée des Arts décoratifs.

2. Dit M. René Ménard.

elle fut obligée de se plier à des exigences souvent contraires au principe même de la décoration, et commença à dévier absolument; aussi, malgré l'habileté de plus en plus grande de l'exécution, elle entra rapidement dans une *voie de décadence.* »

*
* *

La *galerie d'Apollon*, au musée du Louvre, possède *vingt-huit tapisseries des Gobelins* qui ornent les panneaux entre les fenêtres de gauche et de fond, ou entre les portes de droite et d'entrée.

Ce sont des merveilles de tableaux tissés représentant les rois protecteurs des arts et les grands artistes.

Ces portraits sont, en partant de l'entrée :

A droite : Pierre Lescot, Le Nôtre, Bullant, Romanelli, Lemercier, Jean Goujon, Henri IV, Louis XIV, Charles Lebrun, Dupérac, Anguier, Pilon, Sarrasin, Lesueur (Eustache).

A gauche : Perrault (l'architecte), François Girardon, Chambiche[1], Visconti, Percier, Mignard, François Ier, Philippe-Auguste, Hardouin, Mansart, Philibert Delorme, J. Couston, Coysevox, Poussin, Ducerceau.

*
* *

La Manufacture nationale de Beauvais.

C'est du xviie siècle que date la manufacture de tapisserie de Beauvais.

Cette manufacture de tapisserie de haute et basse lisse fut établie par un édit du roi Louis XIV en 1664.

Colbert voulait, par cette création, tâcher d'acclimater en France un art dont les Flandres avaient eu jusqu'alors le monopole.

Un tapissier de Paris, *Louis Hinart*, fut le premier auquel on concéda le premier privilège.

Son successeur, *Béhacle*, fit prendre à la manufacture une grande importance.

Chaque année, la manufacture devait fabriquer une tapisserie pour le roi et les commandes pour les particuliers devaient, pour être exécutées, obtenir l'autorisation royale.

---

1. Ou Chambige, architecte du xvie siècle.

Malgré cette dernière restriction, cette manufacture fabriqua un grand nombre de tapisseries pour les particuliers et répandit ainsi le goût de la tapisserie en France.

Ce fut surtout à partir de la nomination de *Jean-Baptiste Oudry*, en 1726, que la manufacture de Beauvais prit un grand essor. Oudry commença par augmenter le nombre des ouvriers et rétablit l'école de dessin.

Aux anciens modèles, il substitua de nouveaux modèles pleins de

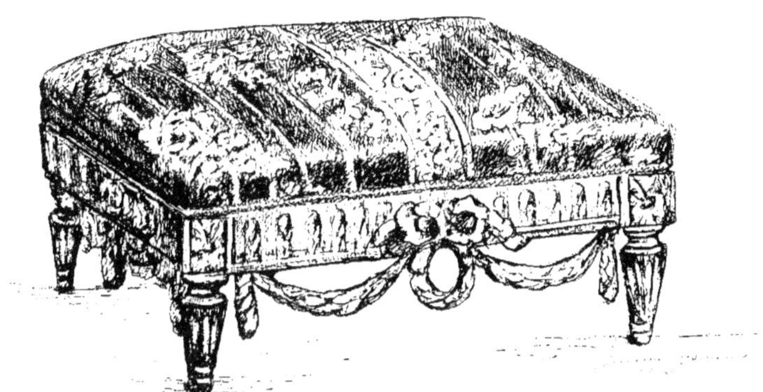

TABOURET DE PIEDS DE L'ÉPOQUE LOUIS XVI.
TAPISSERIE DE BEAUVAIS. — COLLECTION DU MUSÉE DE LONDRES
(Dessin de Mlle Jeanne Gerderès).

grâce et de fraîcheur : on fabriqua les *Chasses*, les *Fables de la Fontaine*, les *Amusements champêtres*, les *Comédies de Molière*, d'après ses propres compositions; l'*Iliade*, d'après Delhais ; les *Bohémiens* et les *Fêtes russes*, d'après Casanova ; la *Fontaine chinoise*, d'après Dumont.

En 1780, De Menou joignit à la fabrication des tapisseries celle des tapis.

Nous savons que pendant longtemps, les manufactures des Gobelins et de Beauvais fabriquèrent toutes deux indistinctement le même genre de tapisseries.

Ce fut en 1825 qu'on fit une séparation, que l'on transporta aux Gobelins les tapisseries de haute lisse et que la manufacture de Beauvais ne fabriqua plus que des tapisseries pour sièges, canapés, meubles ou des panneaux de tenture décorative.

« La tapisserie de Beauvais, dite « *tapisserie de basse lisse* », se fabrique à l'envers sur un métier horizontal, à peu près semblable à

celui qu'emploient les femmes, dit Henri de Parville. Les anciens métiers
étaient en bois; depuis quelques années on les a remplacés par des
métiers en fonte beaucoup plus solides et moins volumineux. Le tissu
de tapisserie appelé *chaîne* est formé de fils de coton cordonnés retors,
tendus au moyen de rouleaux placés à chaque extrémité du métier. La
tension de la chaîne est telle, que chaque fil qui la compose peut
supporter séparément le poids d'un kilogramme. Deux pédales placées
sous le métier, mises en communication par de petits nœuds liés avec
chaque fil de la chaîne et manœuvrés alternativement par l'artiste
tapisssier, lui permettent d'ouvrir la chaîne et de faire sa passée ou
dentée, c'est-à-dire de prendre avec ses coulisses (soie et laine), dévi-
dées sur de petites navettes, les fils nécessaires à la reproduction du
modèle qu'il veut imiter. L'emploi de la laine dans la fabrication de la
tapisserie est limité aux ombres et aux demi-teintes. Les claires et les
rehauts sont en soie. L'artiste a toujours autour de sa chaîne le décalque
au trait du modèle qu'il reproduit. Ce dessin lui permet de se tenir,
pour le contour des objets, dans les proportions exactes du modèle. »

*
* *

Le plus souvent, les tapisseries des Gobelins des XVIIe et VXIIIe siècles
portent comme marques le nom de l'entrepreneur dans l'atelier duquel
elles ont été faites. Ce n'est qu'au XIXe siècle que les Gobelins ont
adopté définitivement une marque spéciale, un G traversé par une
broche.

Voici d'ailleurs la liste des entrepreneurs des Gobelins dont on
retrouve marqués les noms :

Jean Jans (haute lisse), 1662-1668); Henri Laurent (haute lisse),
1663-1670; Jean Lefebvre père (haute lisse), 1663-1700; Jean de la Croix
(basse lisse), 1663-1712; J.-B. Mosin (basse lisse), 1663-1693; Jean Jans
fils (haute lisse), 1668-1723); Dominique de la Croix fils (basse lisse),
1693-1737; Souctte (basse lisse), 1693-1724; Jean de la Fraye (basse
lisse), 1693-1729; Lefèvre fils (haute lisse), 1697-1736; Étienne Le Blond
(basse lisse), 1701-1727; L.-O. de la Tour (haute lisse), 1703-1734;
J.-J. Jans (haute lisse), 1723-1731; E. Claude Le Blond (basse lisse),
1727-1751; Mathieu Monmerqué (basse lisse), de 1730 à 1736 (haute
lisse); de 1736 à 1749; Michel Audran (haute lisse), 1733-1771; P.-F.

Cozette (basse lisse), 1736-1749; (haute lisse), 1749-1792; Jacques Neilson (basse lisse), 1749-1788; D.-M. Neilson fils (basse lisse), 1775-1779; Joseph Audran (haute lisse), 1772-1792; M.-H. Cozette (basse lisse), 1788-1792.

*
* *

La *manufacture de Lille* avait comme marque un lis d'argent sur champ de gueules, avec les lettres L. F., et les noms de Delalombe, de Pannemaken et de G. Werniers.

Les *fabriques d'Amiens* avaient pour marque un double S entortillé.

Celle de Beauvais un cœur rouge avec un pal blanc au milieu et deux B. Plus tard, on y vit l'écu de France avec le nom de l'entrepreneur.

Ces entrepreneurs furent :

Hinard (Louis), 1664-1684; Béhacle ou Béhagle, 1684-1704; Béhacle (le Cintreur), 1704-1711; Filleul frères, 1711-1722; De Meroux, 1723; Duplessis, peintre de l'Opéra, démissionnaire; Oudry et Besmès, 1726-1755; Charron et Damon, peintres, 1755-1780; De Menou, 1780-1791.

*
* *

Le musée de Cluny possède un beau spécimen de tapisserie française du xvi⁰ siècle, une tête de saint Pierre, fragment d'une des douze tapisseries de l'église de Saint-Merri, faites par Dubourg, en 1594, d'après les dessins de Lerambert, à l'hôpital de la Trinité, dans la salle occupée jadis par les confrères de la Pasion.

Dubourg était Parisien et enfant de la Trinité, (comme le dit Sauval, page 505, livre IX). Ses *tapisseries de Saint-Merri* firent si grand bruit en leur temps, que Henri IV voulut les voir, et que, les ayant vues, il les trouva tellement à son gré, qu'il résolut de rétablir à Paris les manufactures de tapisseries que les désordres des règnes précédents avaient abolies. Ce fut alors qu'il fit venir à Fontainebleau Dubourg et Laurent (V. Sauval). Les cartons de Saint-Merri, dus à Lerambert, appartinrent à l'église jusqu'à la Révolution ; ils furent, à cette époque, donnés à la bibliothèque du roi, où ils sont encore au cabinet des estampes. Quant aux tapisseries, qui avaient 13 pieds de hauteur sur 20 de largeur, la dernière existait encore en 1852, mais dans un état déplorable ; on s'en servait pour boucher les trous faits aux fenêtres par la grêle ou le vent, en attendant les réparations. Les onze autres étaient tellement mutilées que c'est à peine si quelque débris ont pu être conservés; la tête de saint Pierre est de ce nombre; elle a été recueillie par M. Jubinal, député au Corps législatif, qui l'a donnée au Musée en 1861.

Les tapisseries antérieures au xvi⁰ siècle possédaient des *légendes* ou *grandes inscriptions en caractères gothiques*, placées en plein dans la tapisserie et indiquant longuement les sujets représentés. Les tapisseries de Saint-Remi, à Reims, en fournissent un exemple. Ces tapisseries consacrées à illustrer la vie de saint Remi, contiennent, en plus des noms des personnages, sur le fond même, des légendes placées en forme d'écriteaux ou de papiers déroulés où on lit, par exemple :

> Mathilde royne à saint Remi envoye
> Diligemment pour le cœur esmouvoir
> Du roy Clovis afin qu'il se pourvoye
> De saincte foy qu'un chacun doilt avoir.

A partir du xvi⁰ siècle, ces légendes ne prennent plus guère place que dans la bordure, puis finissent par disparaître complètement.

*
* *

Nous empruntons à M. Lacordaire la description de la mise en travail de *haute lisse* :

« Les métiers de tapisserie ont de 4 à 7 mètres de longueur; ils se composent d'une paire de forts cylindres en bois de chène ou de sapin, dits *Ensouples*, disposés horizontalemennt, dans le même plan vertical, à quelque distance (de 2^m,50 à 3 mètres d'axe en axe) l'un de l'autre, et supportés par de doubles montants en bois de chène appelés *Cotrets*. Les ensouples sont munies, à chacune de leurs extrémités, d'une frette dentée en fer et d'un tourillon; elles s'engagent par ces tourillons dans des coussinets en bois et y tournent librement quand cela est nécessaire. Ces coussinets sont mobiles dans l'intérieur des cotrets, au moyen de rainures dans lesquelles ils glissent. La chaine du tissu des tapisseries et des tapis se fixe sur les ensouples dans une situation parfaitement verticale, tous les fils ou brins exactement à la même distance l'un de l'autre, et de plus avec une division de dix en dix, ou même tout à fait arbitraire, par un fil autrement coloré que les autres quand il s'agit de tapis ; chaque fil de la chaîne a été préalablement arrêté sur une tringle de bois, dite le *Verdillon*, et ce dernier, logé dans une rainure creusée dans toute la longueur des ensouples.

« Quand on veut tendre la chaîne, enrouler ou dérouler des parties de tapisserie, on fait tourner les ensouples au moyen de leviers en fer, ou même en bois, qui s'engagent dans des trous pratiqués à cet effet à chacune de leurs extrémités. La portion de tissu fabriquée s'enroule sur l'ensouple inférieure, en amenant et développant de l'ensouple supérieure une nouvelle portion de chaîne et ainsi, partie par partie, jusqu'à ce que la pièce en cours de fabrication soit terminée. Le dernier degré de tension est donné par une vis de pression qui est logée dans les cotrets ; placée entre deux coussinets elle force et fait monter. Les ensouples sont maintenues par les déclics engagés dans les dents des frettes. »

On se sert de la *broche* (*navette bobine*) pour faire les « *passées* ». Deux passées, de sens contrarié, forment une « *duite* ». On emploie un peigne d'ivoire pour serrer les passées.

*
* *

Dans la *basse lisse*, le métier est disposé horizontalement avec sa chaîne à plat comme le métier de tisserand. Cette chaîne s'enroule sur deux rouleaux horizontaux et parallèles dont l'un reçoit à mesure la partie faite, comme dans un métier à broderie.

Pour obtenir un passage à la broche de laine, il est nécessaire d'élever les fils de la chaîne de deux en deux, ceux de rang impair par exemple.

Ce travail se fait en appuyant avec le pied sur l'une des deux pédales placées sous le métier.

Chacune de ces pédales fait marcher des lames de bois qui, à leur tour, font manœuvrer les deux ensembles de lisses ou ficelles bouclées qui pincent et soulèvent alternativement, l'une les fils de rang impair, l'autre les fils de rang pair.

La broche, lancée dans l'espace laissé ainsi entre les deux nappes de fils de la chaîne, y laisse un fil de laine ; c'est ce qu'on appelle une *passée*.

Deux passées, en sens inverse, forment la *duite*.

La seconde passée qui complète une duite, se fait en appuyant du pied sur la seconde pédale.

Les lisses agissent dans l'autre sens et produisent un entrecroisement des fils de la chaîne où ceux qui, tout à l'heure, étaient en bas sont maintenant en haut et inversement.

Le tassement de chaque duite, son égalisation se fait au moyen d'un instrument en forme de peigne ou grattoir.

Dans le métier de basse lisse, l'ouvrier travaille en effet, d'après un *carton* ou *modèle* qu'il voit au-dessous, à travers la chaîne.

*
* *

Parmi les tapisseries les plus célèbres et les plus remarquables qui se trouvent en France, citons :

Une tapisserie de haute lisse, au musée de Lyon;

La tapisserie de la cathédrale de Bayeux représentant la conquête de l'Angleterre par les Normands est connue sous le nom de *Tapisserie de Bayeux* ou *Tapisserie de la Reine Mathilde*[1];

L'histoire de saint Pierre, à la cathédrale de Beauvais;

L'histoire de saint Remi, dans l'église Saint-Remi, à Reims;

L'histoire de Diane au château d'Anet;

La Présentation au Temple, au musée des Gobelins;

La vie de Don Quichotte, au Garde-Meuble;

Les Résidences royales, au Garde-Meuble;

Les tapisseries du xv° siècle au musée de Cluny;

A Orléans, la tapisserie relative à l'histoire de Jeanne d'Arc;

A Beauvais, une suite de tapisseries du xvi° siècle;

A l'hôpital d'Auxerre, une tenture de la légende de saint Germain, d'une fort belle conservation; peut-être est-ce celle donnée par Jean Baillet, évêque d'Auxerre, de 1477 à 1513;

Dans le trésor de la cathédrale de Sens, un *antependium* ou devant d'autel, remarquable par sa finesse et sa conservation;

A Conques, une tenture de la légende de sainte Foy;

A Saint-Maurice de Chinon, une tenture composée de sept pièces;

A Nancy, une des tapisseries de Charles le Téméraire;

A l'hôpital de Beaune, les fragments de la tapisserie donnée par Grégoire de Salins, en 1460.

---

1. Elle à 70 mètres de long sur 0^m,50 de haut et comprend 350 figures.

CHAPITRE V

LA VERRERIE

L'art de la verrerie en France. — Un éloge de Ronsard. — Dans le Poitou. — Les
verreries de Lorraine. — Les gentilshommes verriers. — Les verreries célèbres au
XIXe siècle.

'ART de la *verrerie* a toujours été en honneur en France. Les
poètes le chantaient. Le charmant Ronsard en a fait un long
éloge à propos d'un verre qu'un de ses amis, Jean Brisson,
lui a « pour étrennes donné ». Ce « gentil verre » a le « rond,
le creux et la couleur du ciel », dit-il.

> Si tu n'étais aux hommes si commun
> Comme tu es, par miracle, un chacun
> T'estimerait de plus grande value
> Qu'un diamant et qu'une perle élue !

Dès le VIIe siècle, il y eut un centre important de verrerie en Normandie. La verrerie française était déjà renommée et cette renommée
dura longtemps, car le moine Théophile, en plein XIIe siècle, fait ainsi
mention de l'habileté et du talent des verriers français : « Les Français,
dit-il, très habiles en ce genre de travail, font du verre couleur saphir;
ils y mêlent un peu de verre transparent et blanc et en font de belles
plaques de saphir qu'on emploie utilement dans les garnitures des
fenêtres. »

C'est à la France que le reste de l'Europe demandait ses verrières.

On cite au XIe siècle, la verrerie du monastère de Constance. On a
même conservé les noms d'artisans célèbres : Ragenut, Baldène.

Au Xe siècle, saint Bernard, évêque d'Hildesheim, s'occupe de verrerie.

Les verreries de France étaient alors nombreuses en Normandie.

Au xiii° siècle, la Vendée, l'Aisne, le Poitou étaient des centres actifs.

Un très ancien document du xiv° siècle nous fait voir une verrerie qui s'établit en Dauphiné avec privilèges, et nous montre les objets que l'on demandait à cette verrerie : « Verres évasés, verres en forme de clochers, amphores, coupes à pied, urinals, écuelles, plats, pots, aiguières, salières, lampes, chandeliers, tasses, barils, *bottes*[1] pour le vin. »

Au xv° siècle, les *verreries de Lorraine* devinrent célèbres. Ces verreries s'établissaient dans les forêts et les bois, d'où sont venues ces fréquentes dénominations de « *bois de verrières* », le mot verrière étant alors employé comme synonyme de verrerie[2].

Au xvi° siècle, la verrerie française était remarquable par la simplicité élégante des formes. L'ornementation émaillée consistait en devises, médaillons et personnages. On peut voir au musée de Cluny un joli verre façonné de cette époque, en verre bleu, semé d'or avec des émaux blancs et dorures avec armoiries.

Une autre belle coupe du même musée porte les armes de Louis XII et d'Anne de Bretagne en émail avec rehauts d'or.

*
*   *

Henri III, qui avait voyagé à Venise, en avait rapporté un goût fort vif pour la verrerie, aussi la protégea-t-il vivement.

Cette estime singulière d'un art mis à part, en dehors et au-dessus des autres métiers, dit un célèbre critique, nous amène à l'histoire des « *gentilshommes verriers* ». Les gentilshommes verriers jouissaient de singuliers privilèges : ils travaillaient l'épée au côté. Et d'abord il est hors de contestation que le noble, en se mêlant de verrerie, ne dérogeait pas. Mais la question n'est pas de rechercher si l'on restait noble en se faisant verrier. Il s'agit de savoir si l'on devenait noble par le seul fait de se faire verrier. Ce privilège de ne pas déroger s'appliquait à des professions bien diverses. Louis XIV admet que l'on ne « dérogera pas en étant acteur à l'Académie de musique », et l'on sait pourtant le mépris

---

1. Bouteilles.

2. On parlait de certains verres célèbres dans les chroniques. Le roi René en possédait un curieux. Sur le fond était figurée la Madeleine aux pieds du Sauveur. Une inscription amusante mêlait la religion aux choses de cabaret : — Qui bien boira — Dieu verra. — Qui boira tout d'une haleine — Verra la Magdeleine.

dans lequel étaient tenus les acteurs. D'un autre côté, on a beaucoup d'idées fausses sur la façon dont s'obtenaient les titres de noblesse. Sans parler des premières lettres d'anoblissement, qui furent accordées par Philippe le Hardi à un orfèvre, ne voit-on pas Louis XIV, en 1696, vendre (et à un taux peu élevé) des lettres de noblesse à qui veut les acheter. En fait, il n'y a pas d'acte authentique établissant d'une façon générale que « qui se fera verrier sera noble »; mais un document de 1597, adressé au duc de Lorraine par « les gentilshommes verriers des verrières du bailliage de Clermont » n'établit aucune distinction entre les verriers nobles et les verriers non nobles ; cependant il est difficile d'admettre que dans les « verrières » de ce bailliage il n'y ait eu que des verriers d'extraction noble. Et si le document n'établit pas de distinction, ne serait-ce pas parce qu'il n'y en avait pas à faire et que tous les verriers étaient nobles? D'autre part, voici, à ce sujet, un passage de Bernard Palissy : « L'état est noble et les hommes qui y besognent sont nobles ; mais plusieurs sont gentilshommes pour exercer (c'est-à-dire, parce qu'ils exercent) ledit art, qui voudraient être roturiers et avoir de quoi payer les subsides des princes. » A moins de supposer une erreur de la part de Palissy, le sens de ce passage semble catégorique et formel : « Plusieurs sont gentilshommes parce qu'ils exercent ledit art... » D'ailleurs, à Venise, les verriers marchaient égaux aux patriciens. Le gouvernement de la République, qui estimait la verrerie « comme la prunelle de ses yeux », tenait le *Livre d'or des verriers.* Ces derniers pouvaient s'unir par le mariage aux familles nobles. La question des gentilshommes verriers, sans être résolue absolument, laisse de fortes présomptions en faveur de l'anoblissement par le métier de verrier.

Au xvii⁰ siècle, la verrerie fut protégée par le roi Henri IV. *Les verreries de Rouen* devinrent célèbres.

Le grand Colbert, qui exerça une influence considérable sur les arts industriels, délaissa malheureusement la verrerie ordinaire pour les glaces.

En 1665, il établit au faubourg Saint-Antoine une verrerie, sous la direction de Nicolas Dunoyer, avec le titre de : « Manufacture des glaces de miroirs par des ouvriers de Venise. » C'est cette manufacture qui, en 1672, décorera la galerie des Glaces à Versailles.

Au xviii⁰ siècle, on vit s'établir en France les verreries de Sainte-Anne, de Saint-Louis et la verrerie de la Reine, établie en 1787 près du Creuzot.

Au xix⁰ siècle, la verrerie prit encore de l'extension en France.

En 1873, ce pays comptait 183 verreries et près de 27,000 ouvriers. « La valeur de la production de chaque année, dit un rapport officiel, s'élève à une somme d'environ 100 millions de francs. Les objets importés de l'étranger ne dépassent pas 4 millions, tandis que l'exportation française en est environ de 30 à 35 millions. »

A l'Exposition universelle de 1878, on a vu figurer pour la première fois la trempe du verre.

Parmi les principaux centres naturels de la verrerie, il faut citer : Saint-Gobain, Aniche, Jeumont pour les glaces, Clichy et Baccarat pour la verrerie proprement dite.

Saint-Gobain, dans l'Aisne, est un centre célèbre de verrerie, de production de glaces de grande dimension.

Ce fut après l'établissement des verriers vénitiens à Paris sous la direction de Dunoyer, que la verrerie parisienne de Richard Lucas de Nehou, devenue capable de lutter avec la verrerie vénitienne, alla s'établir à Saint-Gobain en 1693, sous la direction de Louis Lucas de Nehou[1].

---

1. Une verrerie existait déjà dans la contrée vers la fin du xiiie siècle, et on en cite une autre, établie dans la forêt de Saint-Gobain au commencement du xvie siècle.

CHAPITRE VI

LA PEINTURE SUR VERRE

Les débuts de la peinture sur verre. — Au ix* siècle. — Le moine Théophile. — Jean
Cousin. — L'invention de la peinture sur verre. — Au musée de Cluny. — La légende
de saint Lié.

C'EST au début de l'époque romane que commence à se faire jour en France la *peinture sur verre.*

Depuis longtemps, certainement, on connaissait l'usage des verres colorés en pâte, et appliqués à la fermeture des. fenêtres, mais on ne connaissait pas encore la manière de peindre sur verre avec des couleurs que la fusion fixait ensuite définitivement sur le fond en les vitrifiant.

C'est vers la fin du ix° siècle, qu'on vit apparaître en France le procédé de la peinture sur verre.

On se servait à la fois de verres teints dans la masse (bleu, jaune, violet, rouge), et d'une couleur d'émail brun appliquée. On réunissait les pièces de verre découpées par des verges de plomb. C'est au moyen de ce procédé qu'on couvrit les vitraux de figures, de compositions décoratives, d'ornements.

La peinture sur verre se développa rapidement.

Au xi° siècle, le moine Théophile décrit les procédés de la peinture sur verre dans ses *Schedules diversarum artium.*

On voit encore du xvi° siècle quelques vitraux à peinture sur verre à Bourges, au Mans, à Saint-Denis, à Angers. Les tons y montrent déjà de la chaleur et des médaillons historiés se détachent fort bien sur le fond de couleur.

La peinture sur verre ne fit d'ailleurs que marcher de progrès en progrès.

On sait que le grand peintre français *Jean Cousin*[1] avait fait son éducation à Sens parmi les peintres-verriers, et qu'il a été lui-même grand peintre-verrier, comme en témoignent les jolis vitraux de Sens.

*
*

C'est au milieu de la période romane que l'art de la peinture sur verre commence à avoir une grande importance dans la décoration.

L'usage de la peinture sur verre remonte d'ailleurs à l'époque carlovingienne.

« Le règne de Charles le Chauve ou celui de Louis le Débonnaire, dit Émeric David [2], nous offre un fait très mémorable : c'est l'*invention de la peinture sur verre*... L'historien du monastère de Saint-Bénigne de Dijon, qui écrivait vers l'an 1052, assure qu'il existait encore de son temps, dans l'église de ce monastère, un très ancien vitrail représentant le mystère de Sainte-Paschasie, et que cette peinture avait été retirée de la vieille église restaurée par Charles le Chauve. Il faut croire par conséquent que ce monument rustique et élégant, suivant les expressions de la chronique, datait au moins du règne de l'empereur, mais il ne saurait remonter beaucoup au delà. »

Le moine Théophile, qui écrivait vers le xi° siècle, dit que la peinture sur verre était cultivée spécialement en France.

C'est en parlant des vitraux du xii° siècle que M. Batissier dit :

« Ceux de cette époque sont assez faciles à reconnaître. La partie supérieure du panneau se termine en ogive, quelquefois en plein cintre. Les compositions empruntées à l'Ancien ou au Nouveau Testament et aux légendes chrétiennes sont comprises dans des cartouches circulaires, elliptiques, ou de trois à quatre lobes, et disposées en sautoir. Elles se détachent sur un fond mosaïque réticulé où domine toujours le bleu avec des baguettes rouges, et plus rarement sur un fond rouge réticulé avec des baguettes bleues. Les angles du réseau présentent des fleurons ou petites rosaces. Le panneau est encadré dans une bordure qui est souvent

---

1. 1501-1589. Voir notre *Histoire de l'art en France*.
2. *Histoire de la peinture du moyen âge.*

perlée, ou qui offre des entrelacs ou des combinaisons de rinceaux dans le goût byzantin. Ces arabesques sont en général très élégantes. Pour chaque couleur il y a une tablette de verre, ce qui fait que chaque panneau se compose d'une grande quantité de pièces de rapport. Les figures des sujets sont presque toutes de très petite dimension. Par leur style, elles appartiennent à l'art byzantin. En général, elles sont trapues, d'un dessin roide et incorrect. La légende commence toujours par le bas et se développe de droite à gauche en montant. »

*
* *

Le musée de Cluny possède comme spécimen de la *peinture sur verre* du XVIᵉ siècle une suite de peintures sur verre provenant de l'Hôtel-Dieu de Provins et dont les sujets représentent la légende de saint Lié (*Lœtus*)

On voit d'abord saint Lié devant le siège.

La jolie légende raconte que saint Lié était natif du village de Savins près Provins. Son père s'appelait Perrin, et sa mère Égée. Ils étaient *tixiers* de leur métier.

« Cet enfant, d'une beauté remarquable, était d'un naturel doux, ce qui le faisait aimer de tout le monde et particulièrement de ses compagnons.

« Élevé dans la religion chrétienne, il était très pieux et priait Dieu jour et nuit avec beaucoup de recueillement.

« Or, il y avait en ce temps-là, à Savins, de méchants garnements, du nom d'Achins, qui étaient ses cousins germains et ses camarades, lesquels ne connaissaient pas le vrai Dieu, adonnés aux vices les plus infâmes et adorant les idoles.

« Ces impies ayant été plusieurs fois repris par saint Lié, ne pouvaient le souffrir et résolurent de le tuer. L'ayant donc rencontré proche une fontaine, dans la vallée de Savins, ils voulurent se saisir de lui. Le jeune enfant s'échappa de leurs mains et s'enfuit jusqu'à deux ormes qui étaient sur une montagne proche une fontaine, et monta sur un de ces arbres. Mais ces méchants, l'ayant aperçu, frappèrent l'arbre à coups de cognée pour l'abattre.

« Saint Lié jeté à bas, par ces cruels, tomba sur un grès. Les vestiges laissés par ses mains et sa tête se voient encore aujourd'hui imprimés sur ce grès, conservé dans la chapelle bâtie sur le lieu de son supplice.

Pendant que ce jeune enfant priait pour ses persécuteurs, un d'eux lui coupa la tête sur le même grès.

« Après quoi, les meurtriers s'en étant allés, le tronc du corps de ce saint martyr se leva, et prenant sa tête entre ses deux mains, il la porta jusqu'à l'église de Saint-Denis, patron de Savins, de laquelle les portes quoique fermées, s'ouvrirent pour recevoir le saint comme en triomphe.

> Et ceci arriva l'an mil cent soixante
> Et neuf, le deuxième jour de juillet.

« Ensuite, l'an mil deux cents, le xvii mars, un évêque nommé Henry, commissaire du Saint-Siège apostolique, assisté de l'abbé de Saint-Jacques de Provins, fit lever le saint corps et le renferma dans une châsse qu'il fit mettre dans la même église après lui avoir consacré un autel particulier.

« Dieu voulant honorer ce saint adolescent, opéra plusieurs miracles en faveur de ceux qui venaient implorer son secours dans leur misère, ainsi qu'il est plus amplement rapporté en l'histoire de sa vie. »

Il y a dans le chœur de l'église de l'Hôtel-Dieu de Provins une grande verrière où sont représentés le martyre de Saint Lié et tous les outils du métier de tisserand, dont il est le patron, avec la légende qui suit :

> En l'année mil v° vingt-cinq,
> Au mois de mars, par aumône
> Les marchands tixerans de Provins
>   Ont fait faire
>   Cette verrière.
> Priez Dieu et monsieur saint Lié.
> Qu'en paradis ils soient liés (joyeux).

Les panneaux que nous décrivons ici formaient la suite de cette verrière.

Au bas du premier panneau on lisait : 1°

SAINT LIÉ AYANT SOUEF AU GRANT ORME
TROUVE DE L'EAU EN ABONDANCE
DIEU A CE AVAIT MIS ORDRE
PAR SA DIVINE PROVIDENCE.

On voit ensuite :

2° Saint Lié poursuivi par les mauvais garçons.

> A UN LABOUREUR DEMANDÈRENT
> LES TYRANS S'IL A VEU SAINT LIÉ.
> IL FAIT RÉPONSE QUE NON PAS
> DEPUIS QU'IL EST SEMÉ SON BLAD (BLÉ).

3° Saint Lié trouvé par les mauvais garçons.

> COMMENT LES TYRANS LE TROUVÈRENT
> SUS L'ORME DONT GRANDE JOIE MENÈRENT
> TROIS COPS LES TIRANS LE FRAPPÈRENT
> SUS L'ORME DONT LE SANG EN SORT.
> SAINT LIÉ DESCEND ET N'A VOULU
> QUE POUR LUI L'ORME SI FUT MORT.

4° Saint Lié décapité par les mauvais garçons et ramené par les anges.

> PRÈS DE L'ORME DESSUS UNE PIERRE
> COMMENT LA TÊTE LUI TRANCHÈRENT
> ET LA CACHÈRENT EN TERRE,
> PUIS APRÈS ILS LE DÉLAISSÈRENT.
> COMMENT LE CORPS A SAVINS FUT MENÉ
> PAEGES DONT GRANT JOYE FUST MUÉ.

CHAPITRE VII

L'ART DU VITRAIL

L'art du vitrail est un art français. — Le moine Roger. — Ce que dit Grégoire de Tours.
Un très ancien vitrail. — La vitrerie et les gentilshommes de France. — Comment se
faisaient les vitraux. — Les couleurs des vitraux. — L'argent de saint Louis. — Les
vitraux des corporations. — Les vitraux les plus remarquables. — Guillaume de
Marseille. — Engrand ou Angrand le Prince. — Nicolas Lepot. — Jean Lepot. —
L'Arbre de Jessé. — Les grands maîtres verriers. — Les grisailles.

'EST à la France que l'on doit l'invention, ou plutôt le perfectionnement de la peinture sur verre, des vitraux d'église[1].
Nous en avons une preuve dans un travail du moine allemand
Roger, surnommé Théophilos, qui dit au prologue de son livre :
De omni scientia pectura artis, qui parut au XIe siècle : « O toi
qui liras cet ouvrage..., je t'enseignerai ce que pratique la France
dans la fabrication des précieux vitraux qui ornent ses fenêtres[2]. »

D'après les documents conservés par Ostiensis et les chroniques de
Grégoire de Tours, dans les provinces de la France méridionale, les
fenêtres étaient closes primitivement avec des tablettes de marbre percées de trous ronds ou carrés, dans lesquels étaient enchâssés des verres
de couleur[2].

1. On connaissait le verre dès la plus haute antiquité. Il en est fait mention dans le *Livre
de Job* (au chapitre XXVIII). Les artistes grecs établis en Égypte avaient donné au verre la couleur
jointe à la transparence. Les verriers d'Alexandrie avaient une grande renommée, et leurs ouvrages
ornaient les palais et les temples. Les artistes chrétiens adoptèrent rapidement cet usage. Parmi
les artistes antiques qui se sont occupés de la fabrication du verre, citons : Pomponius Apollonius,
fabricant de disques à vitres ; Venustrus, vitrier de la maison de l'empereur Claude ; Julius
Alexander, de Carthage ; Eunion, fabricant de vases en verre ; Euphronus, qui a tracé son nom
sur un gobelet orné de deux branches de myrthe, au musée du Louvre ; Artas de Sidon, qui a
aussi inscrit le sien sur des vases conservés à la Bibliothèque nationale et au musée du Louvre.

2. Les plus anciens vitraux connus sont ceux qui décoraient l'église de Neuwiller (en Alsace) et
la cathédrale du Mans ; ils datent de la fin du XIe siècle. Auparavant les vitres peintes étaient for-

A partir du xiie siècle, l'art du vitrail tient sa place parmi les arts français du moyen âge.

En effet, la vitrerie était alors un *véritable art* et non un métier. Pour arriver à faire de si beaux dessins de verrière, il fallait être artiste dans l'âme, et, bien que les Français qui ont fait ces vitraux aient laissé presque toujours leurs noms inconnus, il est impossible de les considérer comme de simples manœuvres. Leur métier et le métier des armes étaient les seuls que, à cette époque, les gentilshommes pouvaient exercer sans déroger et être montrés au doigt.

Bernard Palissy, le grand artiste français, a dit quelque part dans ses écrits à propos de la verrerie : « *L'état est noble, et les hommes qui y travaillent sont nobles*[1]. »

Voici de quelle manière les artistes du moyen âge faisaient les vitraux :

On disposait d'abord à plat sur une table ou sur le sol un dessin ou carton de la même dimension que la fenêtre.

L'artiste dessinait par un trait noir les contours des ornements, des figures ou des personnages, il indiquait la forme des pièces dont devait se composer le vitrail. Ensuite on découpait un second carton, en autant de morceaux qu'il devait y avoir de fragments de verre. Ces morceaux servaient de modèle à l'ouvrier, c'était d'après eux qu'il taillait ses vitres.

Il n'y avait plus qu'à réunir les pièces au moyen de filets de plomb à double rainure.

Les morceaux de verre étaient d'une épaisseur différente.

« Cette inégalité des verres, qui rend la mise en plomb si difficile, dit Viollet-le-Duc, est une des conditions d'harmonie et de vivacité des tons. Quand les verres sont plans et égaux comme épaisseur, la lumière les frappe tous, sur une verrière suivant un même angle, d'où résulte une réfraction uniforme; mais quand, au contraire, ces verres sont bossués et inégaux comme épaisseur, ils présentent extérieurement à la lumière des surfaces qui ne sont pas toutes sur un même plan vertical, d'où résulte une réfraction variée qui ajoute singulièrement à l'éclat relatif des tons et qui contribue à l'harmonie. C'est ainsi que la perfection des produits

mées par l'assemblage de fragments de verre coloré. Le poète Fortunat parle des vitres peintes de l'église de Paris et saint Grégoire de Tours de celles de l'église de Brioude.

Grégoire de Tours dit qu'en 521 les soldats de Théodoric pénétrèrent dans l'église de Brioude par une fenêtre dont ils brisèrent les vitraux.

1. « Les vitraux, au moyen âge, furent les véritables tableaux des cathédrales, dit M. Ed. Laforge : ils complétaient l'enseignement qui descendait du haut de la chaire chrétienne; l'artiste y peignait l'Ancien et le Nouveau Testament, l'histoire des martyrs et des scènes symboliques. »

est souvent en raison inverse de la qualité de l'effet en matière d'art. »

Au moyen âge, les couleurs des vitraux furent symboliques[1]. L'*or*,
la couleur par excellence, était réservé pour Dieu le père et Dieu le fils ;
l'*argent* était la couleur attri-
buée aux saints et aux saintes ;
le *rouge*, couleur du feu, représentait le symbole des âmes qui
souffrent ; le *vert* était le symbole de l'espérance et le *bleu*
servait à représenter le ciel.

Nous retrouvons d'ailleurs
ces couleurs symboliques dans
un grand nombre de minia-
tures de la même époque.

« Il faudrait, a écrit Charles
Blanc, visiter presque toute
la France ; il faudrait examiner
en détail les cathédrales de
Bourges, de Tours, de Reims,
de Chartres et vingt autres
églises plus ou moins illustres,
pour se faire une idée de la richesse, de la magnificence de
cet art qui, dans ses applications, est bien nôtre, *la peinture sur verre.* » Les plus anciens vitraux connus sont ceux
qui décoraient l'église de Neuwiller (Alsace) et la cathédrale
du Mans. Ils datent de la fin
du XIe siècle. Auparavant, les
vitres peintes étaient formées
par l'assemblage de fragments

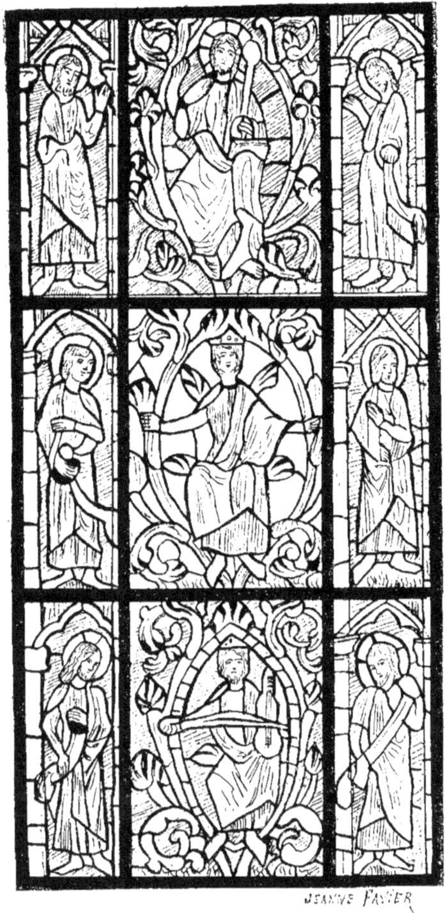

VITRAUX DU MOYEN AGE
(Dessin de Mlle Jeanne Favier)

de verres colorés. Le poète Fortunat parle des vitres peintes de l'église
de Paris, et saint Grégoire de Tours de celles de l'église de Brioude.

Saint Louis consacra tout spécialement une somme d'argent à l'exécution et à l'entretien des vitraux des églises.

---

1. On peut en voir de nombreux exemples dans les vitraux de la cathédrale de Saint-Denis.

Sous son règne, on compta un nombre extraordinaire de cathédrales, abbayes, collégiales, églises qui furent ornées de vitraux d'une façon splendide.

C'est à cette époque que tous les sujets religieux, historiques, ou emblématiques représentés ordinairement dans les sculptures firent leur apparition sur les vitraux.

Les xiii⁰, xiv⁰, xv⁰ et xvi⁰ siècles furent les grandes et plus belles époques du vitrail. C'est alors qu'apparurent les grandes figures de prophètes, de saints et de saintes, de chevaliers, d'hommes de métiers. Les vitraux ont été répandus à profusion.

Tous ces vitraux sont splendides; il suffit d'examiner la magnifique rose de la façade de Notre-Dame de Paris pour s'en convaincre. « Traversés par la lumière, dit Charles Blanc, les vitraux resplendissent des tons exaltés des rubis, de l'émeraude et du saphir; ils remplissent de mystère et d'opulence les longues nefs du temple et les courbes du sanctuaire, et les chapelles basses et l'abside profonde. Les trésors de l'Orient que les Mages avaient apportés jadis aux pieds d'un Dieu enfant et pauvre, étincellent encore dans les grandes roses du portail et des transepts et dans ces vitres immenses qui ont le chatoiement des pierres précieuses, l'éclat des diamants et de l'or. Chose étrange! dans un édifice où la prédominance des vides sur le plein est si frappante, les artistes du xiii⁰ siècle, au moyen de la peinture sur verre, qui assombrit tous les vides, ont su produire des impressions graves, pour préparer l'esprit au recueillement et répandre une teinte de mélancolie dans une basilique ouverte de toutes parts aux sentiments qu'inspire la gaieté du jour. »

« Si la fabrication de ces verrières, dit M. de Caumont, occasionnait des frais considérables, on avait alors de grandes ressources dans les villes pour subvenir à la dépense: non seulement les riches seigneurs, les abbés et les autres dignitaires du clergé, mais encore toutes les corporations d'ouvriers, concouraient au vitrage des églises, chaque corporation fournissait une vitre entière, ou un panneau de vitre, et c'était l'usage de figurer au bas du vitrail, au-dessous des autres tableaux, les membres des corporations avec leurs attributs. Ainsi au bas des vitres données par les *poissonniers*, on voit, comme à la cathédrale de Rouen, des poissons exposés sur des tables, et des personnages présidant à la vente; la corporation des *changeurs* est figurée par des hommes comptant de l'argent sur une table (Chartres); celle des *bouchers*, par un boucher tuant un bœuf (*id.*); celle des *boulangers*, par un homme portant du pain ou en vendant (*id.*); celle des *maréchaux*, par des ouvriers ferrant un cheval et battant une enclume (*id.*) ; celle des *cordonniers*, par des personnages dont l'un taille le cuir et l'autre coud des souliers (*id.*). On voit beaucoup d'autres industries ainsi représentées au bas des vitres de Chartres, ce qui prouve que toutes les corporations d'arts et métiers y avaient contribué.

« Les évêques et les abbés, les barons et les chevaliers, sont représentés de même au bas des verrières qu'ils ont données. Cette espèce de signature, qu'on trouve au bas de toutes les vitres, est très importante à examiner, puisqu'elle indique infailliblement quels en furent les donateurs. Dans les fenêtres composées de lancettes surmontées d'une rose, l'image du donateur a quelquefois été encadrée dans la rose qui forme le couronnement de la fenêtre ; c'est ainsi qu'à Chartres on voit représentés dans ces vitres circulaires des rois, des ducs, des comtes, des barons, bienfaiteurs de cette cathédrale, revêtus de leurs armures, montés sur des chevaux richement harnachés et caparaçonnés, ayant leur écu chargé d'armoiries ; mais cette place me paraît avoir été réservée aux grandes notabilités de l'Europe. »

* *
*

Dans le nombre des vitraux les plus remarquables du xve siècle, il faut citer ceux de la cathédrale de Bourges, de l'église de Walburg (Bas-Rhin), de la cathédrale d'Évreux, des églises Saint-Séverin, Saint-Étienne-du-Mont, Saint-Gervais, à Paris, des hautes voûtes de Notre-Dame de Rouen [1], de la Sainte-Chapelle de Riom.

Ce sont les peintres-verriers de France qui ont toujours été les premiers de l'Europe. L'un de ces artistes, *Guillaume de Marseille*, travaillait aux vitraux du Vatican tandis que Raphaël en peignait les murailles [2].

Parmi les grands peintres-verriers de France, il faut aussi citer *Engrand* ou *Angrand le Prince*. Voici ce que dit de lui l'abbé Barraud [3].

« Beauvais, au xvie siècle, posséda, entre autres, trois peintres-verriers d'un mérite incontestable : Angrand ou Engrand le Prince,

---

1. *Société académique de l'Oise*, t. Ier, p. 539.

2. Les superbes vitraux de la cathédrale de Rouen ont été exécutés par *Guillaume Barbe* et *Jean Barbe*.

3. La tradition dit que c'est à *Jean de Bruges* que l'on doit la véritable application au moyen du feu des couleurs vitrifiées sur le verre blanc. Parmi les célèbres verriers à l'étranger, on cite, pour l'Allemagne, un moine, *Jacques l'Allemand*, qui travaillait à Bruges, et pour l'Italie, le moine de Fiesole.

Jean Lepot et Nicolas Lepot. Un juste appréciateur, M. Ferdinand de Lasteyrie, ne fait pas difficulté de les appeler d'illustres artistes et de considérer leurs tableaux comme des chefs-d'œuvre[1].

Malgré leur talent éminent, à peine avons-nous quelques notions sur le lieu de leur naissance, leurs travaux, la date de leur mort. Parmi les anciens historiens de Beauvais, Simon est le seul qui en ait parlé, et il l'a fait d'une manière bien confuse[2]. Les auteurs plus modernes se bornent à peu près à le copier.

« Engrand le Prince était de Beauvais même. Cambry le fait naître en 1530; mais en cela il se trompe évidemment[3]. L'année 1530 est l'année de la mort et non de celle de la naissance de ce peintre.

Jean Lepot, sculpteur en même temps que peintre-verrier, natif de l'Artois, était gendre de le Prince; il mourut en 1563. L'auteur de la *Description du département de l'Oise*, affirme qu'il avait épousé en premières noces la fille de Caron, peintre de François I[er][4]. C'est encore une erreur à laquelle a donné lieu sans doute un passage où Simon, après avoir parlé d'un tableau représentant sa *Cène* et fait d'après Caron, ajoute : « J'ai parlé de Jean Lepot, sculpteur, son gendre[5]. »

Ceci se rapporte incontestablement à Engrand, auteur de la copie, et non à Caron lui-même. Jean Lepot fut inhumé dans le cimetière de Saint-Étienne, à côté d'Engrand, et sur la pierre qui couvrait leur sépulture était tracée cette épitaphe, que M. Borel nous a conservée dans ses Mémoires manuscrits sur l'histoire de Beauvais :

> Cy-gist Engrand le Prince
> En son vivant vitrier, natif de Beauvais,
> Lequel décéda le jour de Pâques fleuries 1530;
> Et Jean Lepot, tailleur d'images, natif de Ballerva[6]
> Près d'Arras, qui trépassal le 12 juillet 1563.
> Lesdits ont fait dans cette église
> Plusieurs œuvres de leur métier.
> Priez Dieu pour les trépassés en disant
> *Pater noster — Ave Maria.*

Nicolas Lepot peignait vers l'an 1540. C'est à ce dernier et aussi

---

1. Ferdinand de Lasteyrie. *Quelques mots sur la théorie de la peinture sur verre*. Paris, 1852, p. 14 et 160.

2. Simon. *Supplément à l'Histoire du Beauvaisis*. Paris, 1704. 2ᵉ partie : *Nobiliaire de vertu*, p. 77 et 119.

3. Cambry. *Description du département de l'Oise*. Paris, 1803, t. II, p. 210.

4. *Id., ibid.*, t. II. p. 213.

5. Simon. *Supplément à l'Histoire du Beauvaisis*, 2ᵉ partie, p. 120.

6. Baralle.

peut-être à Jean Lepot, son parent, qu'on doit attribuer les belles verrières des grandes roses de la cathédrale de Beauvais. D'après Simon, Engrand le Prince aurait peint la plupart de celles qui ornent l'église de Saint-Étienne.

« Angrand le Prince, dit cet auteur, a fait les plus belles peintures sur verre qu'il y ait en aucun lieu, et M. le cardinal de Jansan les a trouvées plus belles que celles du château d'Anet ; aussi se donnait-il la peine d'envoyer aux plus habiles peintres d'Italie et d'Allemagne les compartiments des vitres, afin qu'ils pussent mieux en ordonner les figures et les ornemens dont il reste plusieurs dessins dans la dernière perfection ; on peut voir en l'église de Saint-Étienne les vitres qu'il a peintes en la chapelle de Notre-Dame-de-Lorette, et dans celle de Saint-Jean après (pour d'après) les dessins de Raphaël, et encore l'Arbre de Jessé, les vitres de Saint-Sébastien après Jules le Romain, la Nativité dans la chapelle de Sainte-Marguerite, l'histoire de saint Claude, saint Jean et saint André. Au-dessus de l'autel de Saint-Claude, le Jugement dernier, l'histoire de saint Étienne donné par les de La Fontaine, saint Nicolas dans un vaisseau agité de la tempête, et sainte Catherine au milieu des docteurs[1]. »

On sait ce qu'est l'*Arbre de Jessé*, si souvent représenté par les peintres et les sculpteurs du moyen âge et de la Renaissance et surtout par les maîtres-verriers. Jessé ou Isaïe vivait à Bethléem dans la tribu de Juda. Il eut sept ou huit fils. Le plus jeune fut David, qui naquit vers l'an 1085 avant l'ère chrétienne. C'est pourquoi il est considéré comme la tige de la famille où devait naître la Vierge, mère de Jésus. A David succédèrent (dans l'ordre des naissances indiqué au chapitre Ier de l'Évangile selon saint Mathieu) : Salomon, Roboam, Abias, Asa, Josaphat, Joram, Ozias, Joatham, Achaz, Ézéchias, Manassès, Amon, Josias, Zéchonias, Salathiel, Zorobabel, Abiud, Éliacim, Azor, Sadoc, Achim, Eliud, Éléazar, Mathan, Jacob, et enfin Joseph, époux de Marie. La plupart des anciens artistes n'ont pas jugé nécessaire de représenter tous ces personnages : le plus souvent ils ont fait un choix parmi eux, ainsi qu'on le voit sur la verrière d'Engrand le Prince. Dans le manuscrit grec dont M. Didron trouva un exemplaire au mont Athos, et qui est un traité ou guide de la peinture byzantine[2] composé probablement au XVIe siècle, un chapitre est particulièrement consacré à l'Arbre de Jessé.

---

1. Simon. *Supplément à l'Histoire du Beauvaisis*, 2ᵉ partie, p. 119 et 120.
2. Voyez le *Manuel d'iconographie grecque et latine*, par Didron. Paris, 1845, Imprimerie royale.

Comment est figuré l'arbre de Jessé. — « Le juste Jessé endormi; de la partie inférieure de sa poitrine sortent trois tiges; les deux plus petites l'environnent; la troisième, plus grande, s'élève directement en haut, en entrelaçant les rois des Hébreux depuis David jusqu'au Christ. Le premier est David; il tient une harpe. Puis vient Salomon, et après celui-ci, les autres rois, suivant leur ordre et tenant des sceptres. Au sommet de la tige, la Nativité du Christ. De chaque côté, au milieu des branches, sont les prophètes avec leurs prophéties; ils regardent le Christ et le montrent. Au-dessous des prophètes, les sages de la Grèce et le devin Balaam, tenant chacun leurs sentences; ils ont les regards dirigés en haut et indiquent de la main la direction du Christ. »

L'art du vitrail ne commença à décliner qu'au commencement du xviie siècle et la peinture de tableaux vint détrôner celle des vitraux [1].

Dans le nombre des autres maîtres-verriers, mentionnons Jean Liquet, qui travailla aux vitraux de Bourges; Jean Cousin, auquel on doit les vitraux de Saint-Étienne-du-Mont, de la chapelle de Vincennes, de Saint-Gervais (*Réception de la reine de Saba*); Germain Michel, qui fit les vitraux de la cathédrale d'Auxerre; Jean Demole, qui signa les vitraux de la cathédrale d'Auch; Meyer Evrard et Anquetil, qui décorèrent de vitraux la cathédrale de Rouen; Héron, l'auteur de beaux vitraux à l'église Saint-Merry de Paris; Arnaud de Moles [2], etc.

On a donné le nom de *grisailles* aux vitraux dont les couleurs sont le blanc, le noir, le gris et le bistre.

Au xive siècle, on commença à se servir des grisailles où se dressèrent des figures isolées. C'étaient alors les architectures et les perspectives qui étaient seules en grisaille.

---

1. Au xviiie siècle, un artiste de talent, *Leviel*, fit de sérieux efforts pour ramener la peinture des vitraux aux grandes traditions.

Plus près de nous, nous pouvons citer : MM. *Steinheil* et *Lusson*, avec leurs panneaux de restauration de la Sainte-Chapelle; M. *Gérente*, avec ceux des fenêtres du xiie siècle de l'abbaye de Saint-Denis.

Au xve et au xvie siècle, on commença à abandonner les couleurs éclatantes pour la douceur des grisailles dans lesquelles le grand maître Jean Cousin et Roux excellèrent.

2. Célèbre peintre-verrier, né à Auch, à la fin du xve siècle. Il décora (en 1513) de magnifiques verrières l'église Sainte-Marie d'Auch, l'église collégiale de Saint-Orens; la chapelle de la Conception, dernier vestige des constructions du xive siècle, renferme au chevet trois de ses vitraux, sur l'un desquels on voit les armes de la ville. Arnaud peignit aussi les vitraux des églises de Fleurance et de Simone, qui existent encore de nos jours.

CHAPITRE VIII

LA CÉRAMIQUE

Un passage de l'*Histoire naturelle* de Pline. — Les noms liés à l'histoire de la faïence. —
Les faïences françaises. — Les faïences d'Oiron. — Les faïences françaises de Rouen.
— Les faïences de Nevers et de Saint-Cloud. — Les faïences de Lille. — A Saint-Cloud
et à Vincennes. — La manufacture de Sèvres. — Ses débuts. — Son histoire. — La
belle faïence de Sèvres. — Le musée de Sèvres. — Un grand artiste français. — Bernard de Palissy. — « Le discours admirable de l'art de Terre ». — La céramique
pendant la Révolution. — Les grès. — La céramique contemporaine.

ÈS l'époque romaine, les arts décoratifs étaient cultivés dans
la Gaule. La céramique y était en honneur, ainsi que le
témoigne ce passage de l'*Histoire naturelle* de Pline[1], où
l'écrivain parle d'un Gaulois, Zénodore, célèbre pour la délicatesse avec laquelle il sculptait les petites figures et ornait
les vases :

« Les dimensions les plus gigantesques qu'ait atteintes la statuaire
ont été surpassées de nos jours par le *Mercure* de *Zénodore*, exécuté
pour la ville gauloise des Arvernes : il coûta dix ans de travail et valut
quatre cent mille sesterces par an à son auteur. Zénodore fut ensuite
mandé à Rome par Néron, et là il fit, en l'honneur de ce prince, le
colosse de cent dix pieds, aujourd'hui consacré au Soleil[2]. Moi-même
j'ai admiré dans l'atelier de Zénodore, non seulement le modèle en argile
de la face parfaitement ressemblante, mais encore l'agencement de
toutes ces petites pièces qui formaient le tissu de l'image. Dans le temps

1. Pline, *Histoire naturelle,* liv. XXXIV. — Pline l'Ancien était né à Vérone en 23 après Jésus-Christ. Il composa un grand nombre d'ouvrages. Il ne nous reste de lui que son *Histoire naturelle,*
ouvrage très érudit.
2. On voit encore à Rome, tout près du Colisée, les traces du soubassement sur lequel était
élevé ce colosse.

même où il travaillait à la statue des Arvernes, *il imita avec tant de perfection qu'il fut presque impossible de distinguer l'original de la copie, deux coupes, jadis ciselées par Calamide*, et données par Germanicus, qui y attachait le plus grand prix, à Cassius Silanus, son oncle et son gouverneur. »

*
*

La Faïence.

Les noms liés à l'histoire de la faïence sont :

xve siècle. — Faenza la plus ancienne des manufactures italiennes, Gubbio avec ses reflets nacrés, Florence avec sa statuaire émaillée, Delft qui commence, Manisès au style hispano-arabe. Les artistes sont Luca della Robbia, Maestro Giorgio Andreoli.

xvie siècle. — Urbino avec ses arabesques (blanc et jaune), Castel-Durante, Deruta, Naples, Pesaro où Lanfranco invente (?) la dorure sur faïence, Venise, Cafagiolo, la Frata. En France : Rouen (Abaquesne), Nevers qui commence peut-être vers la fin ce siècle, les découvertes de Palissy. En Allemagne : les travaux de Hirschvogel de Nuremberg (le Palissy allemand). En Espagne : Talavera, Delft, Faenza continuent.

xviie siècle. — En Italie : Faenza, Naples, la Frata, puis Savone (plats sonores aux formes d'orfèvrerie). En France : Rouen (avec Nicolas Poirel, Louis Poterat, les Guillibeaux), Nevers au style italien, puis persan (avec les Conrade), Paris (Claude Révérend), Saint-Cloud (Chicaneau). Delft continue ; l'Angleterre voit se fonder les ateliers de Lambeth, de Stoke-Upon-Trent (avec les Elers et Atsburg).

xviiie siècle. — Continuation de Faenza, Naples, la Frata. Gênes imite la production de Savone au siècle précédent. En France : Rouen (Pierre Chapelle). Nevers prend le style chinois, puis populaire ; Bordeaux, Clermont-Ferrand, Paris (Jean Binet, Ollivier), Sceaux-Penthièvre (Chapelle), Sinceny, Strasbourg (les Hannong), Moustiers (Olery), Marseille (Savy, Clérissy), Niederviller (les Cyfflé), Sarreguemines, Aprey (Ollivier), Bellevue (les Bayard et Boyer), Lille (atelier de Boussemaert). Delft continue. A Talavera s'ajoute Alcora (Espagne). En Angleterre commence la manufacture de Leeds sous Copeland.

Les Faïences françaises.

En tête de toutes les faïences françaises il convient de placer les *Faïences d'Oiron* ou *Faïences de Henri II*.

« Les faïences faites à Oiron, dit Albert Jacquemart dans son *Histoire de la Céramique*, sont généralement d'une pâte choisie, travaillée à la main et très mince; sur le premier noyau, le potier étendait une couche plus mince encore d'une terre plus pure, plus blanche, dans laquelle il gravait en creux les principaux ornements pour les remplir ensuite avec une argile colorée qui venait araser la surface : c'est donc une décoration par incrustation plutôt qu'une peinture, et l'idée d'un procédé si minutieux n'avait pu être suggérée à ses auteurs que par la vue des carreaux à revêtements à deux teintes si fréquents dans le Poitou et la Bretagne. »

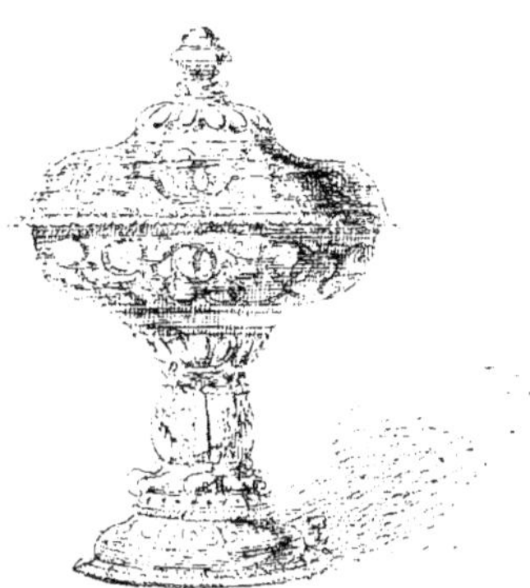

COLLECTION DU MUSÉE DU LOUVRE
(Dessin de Félicien Pinon)

La *Poterie* ou *faïence* dite *d'Oiron* a été très renommée, grâce à sa merveilleuse fabrication. Son caractère principal est de réunir aux qualités architecturales les plus élégantes, les plus pures, une grande finesse dans l'incrustation des arabesques, qui ne se rencontre nulle part ailleurs.

C'est à Hélène de Hangest, veuve d'Arthur Gouffier, ancien gouverneur de François Iᵉʳ, qu'est due la poterie dite d'Oiron.

S'étant fixée, en 1524, au château de ce nom, elle entreprit d'embellir, avec l'aide de son fils aîné, Claude Gouffier, la demeure chère à son mari. Comment la dame de Boisy, Hélène de Hangest, eut-elle l'idée, à cette époque antérieure à Palissy, de faire entrer la faïence dans l'ensemble décoratif de son habitation seigneuriale ? voilà ce que nous ignorons ; mais nous savons qui l'aida à inventer et à décorer sa faïence. Les auteurs des faïences fines incrustées sont François Charpentier, potier, et Jehan Bernard. *La Muse d'Oiron* se les était attachés en leur donnant une habitation près de la sienne et des fonctions rémunérées dans sa maison. Hélène était une femme très distinguée, exercée aux arts, ainsi que le prouve un album contenant un certain nombre de dessins sortis de son crayon. Il est donc probable que c'est à elle que revient l'honneur d'avoir dirigé la partie artistique de la fabrication. Ce qui paraîtrait le prouver, d'ailleurs, c'est qu'on voit se refléter sur les faïences exécutées sous sa direction et celle de son fils tous les sentiments qui les animèrent l'un et l'autre, et ce qui confirme cette hypothèse enfin, c'est que la faïence d'Oiron naquit et mourut avec eux.

*
*   *

La faïence d'Oiron se divise, dit M. Jacquemart, en *trois périodes* distinctes, déterminées par l'influence de ses inspirateurs.

Dans la première, le goût pur d'Hélène de Hangest se manifeste par la simplicité des formes et des détails, et aussi par un certain cachet de tristesse dans l'ornementation, car Hélène ne pouvait se consoler de la mort de son mari. Évidemment habituée à voir, parmi les merveilles de Fontainebleau, les rares produits de l'art oriental, elle en emprunte les formes et l'esprit. Sur la surface ivorée d'une buire, de forme persane, on voit alors courir des zones d'arabesques : des séries d'aiglons héraldiques accompagnent le blason de Gilles de Laval, compagnon d'armes et ami particulier d'Arthur Gouffier. Sur d'autres, destinées aux tenants de sa famille, elle place des armoiries d'une fine ornementation incrustée d'un brun foncé. Ce qui domine dans cette première période, c'est le noir, le brun et le rouge d'œillet.

La seconde période comprend les ouvrages postérieurs à la mort de Hélène de Hangest, survenue en 1537, et créés alors sous l'influence de son fils et collaborateur. Les formes deviennent architecturales, et Claude *Gouffier* introduit dans ses poteries et faïences une ornementation plus chargée et bien moins sévère.

La troisième période est celle de la décadence. Bernard a disparu, la direction manque, les pièces deviennent plutôt un assemblage de morceaux juxtaposés que le résultat d'une composition méditée et voulue. Charpentier lui-même vient à manquer, et alors les terres sont mal préparées. La fabrication est tombée entre des mains inexpérimentées, guidées par un esprit vulgaire. On sent que le maître s'est désintéressé. Cependant une création importante sous tous les rapports vient jeter pendant cette période une éclatante lumière sur l'histoire de la *faïence fine* et la relier aux fabrications contemporaines : c'est le pavage émaillé de la chapelle privée du château d'Oiron. Les carreaux sont formés d'une terre moins épurée, mais en tout semblable à celle des vases ; comme dans ceux-ci, une masse première forme la base du travail et une terre plus fine s'étend sur la surface. C'est sur ce *subjectile* que les artistes ont peint en couleurs *stanniques* sur fond niellé d'arabesques bleu pâle, sur lequel ressortent les lettres des monogrammes, et des écussons en couleurs vives. Ce pavage dessiné par Bernard, fabriqué avec la terre d'Oiron et encore en place, démontrerait à lui seul l'origine réelle de ces faïences fines. Il prouve que l'idée de l'émaillage sur terre était à l'état latent et n'attendait pour se développer que des circonstances favorables.

Les Faïences françaises de Rouen.

La plus merveilleuse fabrique de France, était la *faïencerie de Rouen*, fondée en 1646 par Poirel (Pierre), et dans laquelle on imitait la célèbre faïence étrangère de Delft, mais avec des ornements aux dessins plus riches et plus variés. Ces faïences faites à Rouen avaient des peintures que l'on retrouve aussi sur des faïences fabriquées dans le Midi; mais cela s'explique facilement si on se rappelle que les faïences de Rouen étaient envoyées sans aucune décoration à des anciens Marseillais alors renommés pour décorer les faïences et qui les peignaient selon le goût et la mode de leur pays.

A Rouen, on a commencé par fabriquer des assiettes et des plats à bassin profond et étroit et à larges bords, ornés en camaïeu bleu, de fleurs, d'oiseaux, de chimères ; le centre était décoré de fleurons très variés composés de feuilles dentées disposées en rinceaux. Il y a aussi parfois des armoiries peintes en camaïeu bleu.

Vers la fin du xviie siècle, les artistes de Rouen créèrent de *beaux décors, vraiment français*, dits décors à broderies, ou à lambrequins représentant des fleurons, des sujets de marqueterie, des dentelles, des étoffes.

Ils commencèrent aussi à cette époque, à exécuter des décors polychromes, aux couleurs vives et variées. La décoration de Rouen passa par huit phases.

Le décor est d'abord italien avec Abaquesne au xvie siècle. Lors de la résurrection de la fabrication au xviie siècle, le style est une imitation de Delft et de Nevers. L'imitation du style italien reprend bientôt. Le décor caractéristique dit à lambrequins, l'esprit de l'ornementation de Bérain, lui succèdent. Le décor rayonnant vient après et amène les grandes décorations polychromes, à médaillons centraux avec bords treillissés ornés de petits Amours assez gauches, dessinés en bleu. Le décor au carquois marque la fin du style Louis XV. Il est contemporain du décor dit à la corne, où le motif principal est une corne d'abondance d'où s'échappent des fleurs. Chaque genre a ses fanatiques et ses amateurs exclusifs. L'originalité du décor « à la corne » avec ses colorations puissantes, bien détachées, séduit les uns. Le décor rayonnant est plus

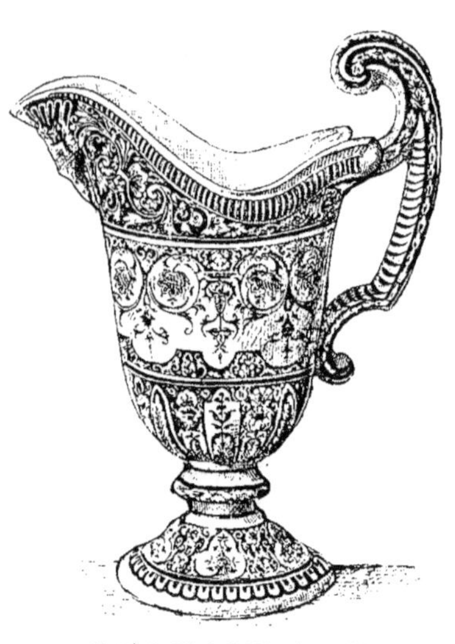

MOLIÈRE EN FAÏENCE DE ROUEN
(Croquis de M. Bournand)

riche, plus régulier avec ses découpures lambrequinées qui descendent du marli et convergent vers le centre, le plus souvent orné d'armoiries ou d'Amours. Dans d'autres pièces, ce ne sont que corbeilles de fleurs, bouquets, placés sur des sortes de socles treillissés comme un travail de vannerie. Les lambrequins sont souvent formés de sortes de pendeloques, de guirlandes de fleurettes de lilas enfilées. Dans les draperies, jaunes d'ordinaire, ils sont accentués en noir : ces noirs de la faïence rouennaise sont bleutés ; ils sont produits par la superposition d'un ton orangé ocreux sur un dessin à traits bleus. Les traits ne sont plus bleus, mais composés de bleu et d'orangé ocreux : le résultat est un ton noir très foncé.

La céramique rouennaise, sans pouvoir rivaliser avec la faïence d'Oiron ou Henri II, tient après celle-ci le premier rang dans la céramique française.

De nos jours, Gien imite le vieux Rouen.

Au commencement du xvıııe siècle, les Rouennais exécutèrent ces belles faïences décorées à leur centre de médaillon à fond jaune sur lequel se détachent des arabesques en bleu foncé, des figures d'amours, des mosaïques quadrillées.

Parmi les grands artistes rouennais, on peut citer *Masseot Abaquesne, esmailleur de verre*, comme il se faisait appeler. *Nicolas Poirel*, sieur de *Grandval, Louis Poterat, Guillebaud*, etc.

Le musée du Louvre possède des carreaux (œuvres d'Abaquesne) sur lesquels on remarque l'Écu de Montmorency et l'épée de connétable.

Le musée de Sèvres possède aussi des carreaux fabriqués par Abaquesne et qui proviennent du château de Madrid, ainsi que des pièces à décoration polychrome.

Au musée de Cluny on peut voir diverses pièces de Guillebaud, entre autres une fontaine d'apparat et diverses pièces à décoration polychrome provenant d'un service commandé par François-Henry de Montmorency, maréchal de France (1694).

Après Abaquesne, vint *Nicolas Poirel*, puis *Edme Poterat*. Ce dernier fit venir quelques ouvriers de Nevers, ce qui explique le caractère italo-nivernais des premières faïences rouennaises.

C'est alors que prirent naissance les services de table en faïence.

Louis Poterat, sieur de Saint-Évreux, vint fonder à côté d'Edme Poterat une fabrique qui occupait près de deux mille ouvriers. Les décors à lambrequins y furent d'abord exécutés en camaïeu bleu ; les fleurons centraux se composaient d'une corbeille remplie de fleurs disposées d'une façon symétrique.

Ce fut à la fin du xviie siècle que les faïences de Rouen eurent des *décors polychromes*, et comme les motifs en étaient empruntés à la serrurerie, on leur donnait le nom de *décors à la ferronnerie*.

Ensuite, vint *maître Guillebaud*, qui inventa un décor de couleur vive et brillante composée de paysages et de bouquets de fleurs.

En 1750, le décor se mit au genre *rocaille*. Ce furent des arcs, des armes, des flèches, des carquois, des torches enflammées qui en devinrent les principaux motifs.

Comme dernier genre, vinrent à la fin du xviiie siècle, les décors dits *décors à la corne*, formés par des cornes d'abondance.

« Ce qui est surtout extraordinaire dans la fabrication rouennaise, dit M. Gamès, c'est la grande variété d'objets que ces manufactures ont produites. Il semble que la matière docile se soit prêtée à toutes les combinaisons : bustes, gaines, lances, chambranles de cheminée, lampes d'église, jardinières, encriers, crucifix, brocs à cidre portant les noms de leurs propriétaires et l'image de leurs saints patrons. Rouen a tout fabriqué et tout décoré d'une façon toujours parfaitement appropriée à la forme, avec une fécondité d'invention qui n'a jamais été dépassée. »

Les Faïences de Nevers et de Saint-Cloud.

Les fabriques de Nevers devaient leur célébrité à leurs faïences, dont la décoration était à fond bleu persan. Le dessin est peut-être moins correct que dans les faïences de Rouen, mais en revanche le bleu des fonds est plus joli, plus fin.

Nevers a commencé aussi, comme Rouen, par fabriquer des plats et des assiettes à large bord; les artistes cherchaient surtout à imiter les porcelaines orientales et les porcelaines italiennes. Il est probable que les *premiers fabricants* à Rouen, furent des artistes venus des fabriques de Nevers, car on reconnaît leur influence. « Des émigrés italiens venus en France dans les dernières années du xv⁰ siècle, dit M. René Ménard, fondèrent à Nevers des usines de faïences et apportèrent dans ce pays les formes et le décor en usage dans la majolique italienne. Dans cette première période, les sujets représentés sur les poteries sont toujours mythologiques et les ornements appartiennent au style classique inspiré de l'antique. Mais l'introduction dans les usines d'ouvriers nationaux modifia peu à peu le goût qui avait prévalu d'abord, et dès le milieu du xvii⁰ siècle Nevers produisait cette belle faïence à dessins bleus qui rappellent ceux de Delft et des poteries dont les ornements polychromes font penser à la Chine. Les faïences à fonds colorés et surtout bleus que décorent des dessins en blanc, jaune blanc et jaune foncé, marquent la plus belle époque de cette fabrication, qui inspira un poème publié dans le *Mercure de France*, où l'auteur montre avec emphase Paris, Londres et le monde entier tributaires de Nevers à cause de ses faïences.

« Mais l'énorme succès qu'obtinrent vers la même époque les faïences de Rouen inspira aux manufacturiers de Nevers le désir d'en faire d'analogues, qu'ils prétendaient pouvoir livrer à meilleur marché. Avec la disparition de l'originalité, le caractère d'art s'effaça peu à peu, et au bout d'un certain temps la fabrication de Nevers devint à peu près exclusivement commerciale. »

*
* *

Au xvii⁰ siècle, on établit en France un grand nombre de faïenceries; à Épernay et à Avignon en 1650, à Apt en 1669, à Tours en 1689, à Meudon en 1700, etc.

La *faïencerie de Saint-Cloud,* fondée en 1690 par le *potier Tron*, était la plus remarquable. Les ouvriers français, ou plutôt les artistes de cette faïencerie fabriquaient non seulement une bien jolie faïence à camaïeu bleu et à émail d'étain, mais aussi une poterie translucide qui imitait la porcelaine de Chine pour laquelle n'étaient employés ni les mêmes éléments ni les mêmes procédés de fabrication.

Les Faïences de Lille.

Parmi les fabriques de faïences françaises, la *fabrique de Lille* a tenu une place des plus honorables. Cette fabrique fut fondée en 1696 par *Jacques Féburier*, faïencier de Tournay. À son début, elle a subi l'influence de la faïence de Rouen. Féburier néanmoins transforma peu à peu sa décoration, tout en lui conservant cependant son caractère rouennais, c'est-à-dire les arabesques s'enlevant en réserve blanche sur fond bleu.

François Boussemant, gendre de Féburier, lui succéda, et poussa jusqu'à l'extrême la correction de l'exécution; avec lui, le modelé devint plus doux, et le bleu moins intense.

On peut voir au musée de Sèvres un bel autel portatif en faïence de Lille, et de la même fabrique, au musée de Cluny, une grande cheminée à panneaux décorés (en camaïeu bleu) de paysages avec des figures. Les grands panneaux, au nombre de seize, sont séparés entre eux par des bordures courantes, les angles sont arrondis et le tout est surmonté d'une corniche saillante. C'est un des plus beaux chefs-d'œuvre de la faïencerie française.

La Manufacture de Sèvres.

Il y avait à Saint-Cloud, en 1695, une fabrique de poterie tendre, où l'on prétendait fabriquer des imitations de la porcelaine de Chine.

Un ouvrier se sauva de la manufacture de Saint-Cloud, et établit en 1735, à Chantilly, une nouvelle fabrique.

En 1745, une autre fabrique du même genre fut encore établie à Vincennes[1], par une compagnie protégée par le roi Louis XV, et qui prit le titre de Manufacture royale.

Mais, le local de cette dernière manufacture étant devenu trop étroit, les fermiers généraux firent élever à Sèvres un grand bâtiment d'exploitation, où la manufacture de Vincennes fut transférée en 1756. Telles sont les origines de la *Manufacture de Sèvres*.

*   *
*   *

« En couvrant de sa haute protection la manufacture de porcelaine, que Ciry de Freloy, frère du contrôleur général, avait établie à Vincennes[2], en l'autorisant à prendre le titre de Manufacture royale et en

1. « Vincennes, parmi ses artistes, cite Duplessis, l'orfèvre qui dessinait des modèles, Gravant qui s'occupe de la fabrication des pâtes, Nellot le chimiste, à qui l'on doit les émanx de la décoration, et Mathieu, puis Bachelier, qui furent les décorateurs principaux.

C'est surtout à ses fleurs de porcelaine que Vincennes devait sa grande renommée. En 1748, on offre à la reine un vase de porcelaine blanche avec figurines, le tout monté en bronze : dans le vase un bouquet de 480 fleurs de porcelaine. La Dauphine s'adressa à la manufacture pour envoyer à son père un vase pareil. On raconte qu'un jour Louis XV, rendant visite à M\u1d50\u1d49 de Pompadour, trouva la marquise dans une serre ornée de fleurs innombrables, un parterre émaillé de roses d'un parfum délicat. Le roi en voulut cueillir une et s'aperçut que ces belles fleurs étaient en porcelaine de Vincennes, et devaient leur odeur à des essences dont on les avait parfumées.

« Cette fabrication de fleurs de porcelaine (qui se fait aujourd'hui en pâte dure) est une industrie essentiellement parisienne : le personnel ouvrier est composé principalement de femmes.

« Les marques de Vincennes sont le double L (majuscules d'écriture cursive) avec une lettre au centre. Cette lettre est un A en 1753, puis un B, puis un C. En 1756, le D, indique Sèvres, qui continue la série pour les marques annuelles. » (Paul Rouaix.)

2. « Fondée dans l'origine à Vincennes, en vertu d'un arrêt du Conseil rendu au camp de Boost le 24 juillet 1745, la manufacture de porcelaine de Sèvres reçut sa première organisation d'une société de capitalistes presque tous intéressés dans les fermes; cette société avait été formée, sous la protection du contrôleur général des finances, par son frère le marquis Ciry de Freloy, qui avait acquis des frères Dubois les secrets de la fabrication de la porcelaine, et qui, lui-même, s'était livré à de nombreuses recherches, dans le but de perfectionner les différents procédés qu'il avait obtenus par suite de cette acquisition. Ces deux frères Dubois, patronnés par le marquis du Châtelet et établis par lui en 1740 dans une des tours du château de Vincennes, dont il était gouverneur, avaient reçu du roi une avance de 10,000 livres pour commencer une fabrication qui devait exonérer la France du tribut que lui imposait l'importation des porcelaines allemandes, celle de Meissen notamment, qui faisaient fureur alors. Mais, après quatre années passées en simulacre d'essais, et, vers les derniers temps, en efforts infructueux, ils durent, par suite de leur inconduite, renoncer à leur entreprise, et moyennant une indemnité d'argent, ils laissèrent au marquis de Fuhy, aidé d'un de ses ouvriers nommé Gravant, le soin de la continuer.

Le roi prouva sa sollicitude pour le nouvel établissement en chargeant le savant Nellot, directeur de l'Académie des sciences, de surveiller la fabrication et de s'occuper spécialement de tout ce qui concernait la manufacture au point de vue des procédés chimiques; son orfèvre

encourageant ses débuts à l'aide de subventions en argent, Louis XV cherchait surtout à affranchir la France du tribut qu'elle payait annuellement à la Saxe. Tous les ans, en effet, la fabrique de Meissen envoyait à Paris des quantités considérables de ces délicates porcelaines, de ces groupes et statuettes et de ces mille objets de toilette ou d'étagère, qui avaient alors l'attrait de la nouveauté et que la mode avait vite adoptés.

Bientôt, du reste, le succès vint prouver au roi que les sacrifices qu'il s'était imposés n'avaient pas été inutiles, et, dès 1749, les porcelaines qu'avait envoyées à son père la jeune dauphine Marie-Josèphe de Saxe excitèrent tout à la fois dans la petite cour de Dresde le dépit, l'admiration et l'envie.

Mais ce n'était pas assez de fournir de l'argent au nouvel établissement, il fallait lui accorder des privilèges tels que, d'une part, des manufactures rivales ne pussent lui faire concurrence, et que, d'autre part, les ouvriers, y trouvant de grands avantages, ne fussent pas tentés d'aller porter à l'étranger les secrets de fabrication dont ils auraient

en titre, l'ingénieux et fécond Duplessis, eut pour mission de fournir de nouvelles formes et de donner tous ses soins à la parfaite exécution des pièces, dont la peinture et la dorure étaient faites sous la direction de Mathieu, peintre en émail assez renommé alors, et auquel succéda plus tard l'académicien Bachelier. Le fonds social, fixé à 90,000 livres, fut divisé en 21 actions. L'arrêt de 1745 avait fixé à vingt ans la jouissance des privilèges octroyés, mais, en 1751, la mort du principal intéressé, le marquis de Fuhy, en plaçant la compagnie dans l'obligation de rembourser à sa succession les parts d'actions et des bénéfices qui lui revenaient, en fit abréger la durée. Un second arrêt du conseil, rendu le 19 août 1753, réorganisa la Société sur de nouvelles bases et limita à douze années la durée du nouveau privilège. Les progrès en tous genres qu'avait faits la manufacture depuis son installation décidèrent le roi à s'intéresser pour un tiers dans son exploitation et à s'en déclarer le protecteur avoué, en l'autorisant à prendre le titre de *Manufacture royale de porcelaines de France* et à marquer de son chiffre les pièces qu'elle fabriquerait dorénavant. Le local dont on pouvait disposer à Vincennes devenait insuffisant par suite du développement considérable que prenaient les travaux, et la Compagnie, poussée en outre par le désir de rapprocher la manufacture du séjour habituel du roi, dut bientôt chercher un nouvel emplacement; elle choisit Sèvres, dont la situation entre Paris et Versailles répondait au but proposé. Les bâtiments, construits sur un terrain où s'élevait un petit château possédé jadis par Lulli, et dont il subsiste aujourd'hui encore un pavillon, furent terminés en 1756, et la manufacture y fut solennellement installée au mois de septembre de la même année. Le fonds social de la nouvelle Compagnie fut porté à 240,000 livres et divisé en 80 actions de 3,000 livres chacune. On nomma un directeur, dont un commissaire royal, chargé en outre de maintenir l'accord entre les parties intéressées, devait surveiller la gestion, et l'on adjoignit au personnel artistique Falconet, sculpteur du roi, académicien, qui prit la haute direction des travaux de sculpture; et Genest, peintre de talent, qui fut nommé chef des peintres, sous la direction de Bachelier. L'établissement fit alors de tels progrès et la fabrication arriva à une si grande perfection, que la France, qui en 1745 était obligée de tirer du dehors toutes les porcelaines de luxe, trouva, en moins de quinze années, dans la perfection des produits de sa manufacture royale, non seulement le droit de les préférer à toutes les autres porcelaines, mais aussi celui de les envoyer avec orgueil aux nations étrangères, qui les recherchaient avec empressement. » (Henri de Parville, *Le Musée des Arts décoratifs.*)

connaissance ; en tous cas, il fallait être armé de telle façon que la répression ne se fît pas attendre.

Un arrêt du Conseil d'État, en date du 19 août 1747, régla d'une façon assez sévère les obligations des ouvriers envers la manufacture ; ils ne pouvaient s'absenter sous aucun prétexte, sans une autorisation signée du directeur, et, s'ils voulaient quitter l'établissement, il fallait qu'ils prévinssent un mois à l'avance, et encore ne leur donnait-on pas toujours la permission qu'ils sollicitaient, à moins qu'elle ne fût motivée par raison de santé. Par contre, ils étaient exemptés de la milice et de la taille, on leur payait l'intégralité de leurs appointements en cas de maladie, et on logeait ceux qui voulaient bien se contenter du modeste appartement — deux pièces et un caveau — que la manufacture pouvait mettre à leur disposition [1].

Ces précautions avaient surtout pour objet d'empêcher les fabriques étrangères, et particulièrement celle de Tournai, qui a produit de très belles porcelaines tendres, de débaucher les ouvriers de la Manufacture royale. Les règlements étaient impitoyables à cet égard, et, en 1752, un nommé Varion, tourneur, s'étant enfui pour aller travailler à Tournai, le garde des sceaux et le contrôleur des finances firent poursuivre rigoureusement et mettre au Donjon de Vincennes deux de ses camarades, tourneurs comme lui, Gravant et Jean Desnoyers, qui étaient accusés et convaincus d'avoir conduit Varion « au carrosse de voitures lors de son évasion [2] ». Ce fut seulement en considération des services que son oncle avait rendus à la manufacture [3] et de la place assez importante qu'il y occupait, que Gravant et son compagnon ne furent pas envoyés à la Bastille.

Les manufactures françaises, au moins celles qui existaient alors, n'étaient guère à redouter. Après avoir, pendant de nombreuses années, brillé d'un certain éclat, la manufacture de Saint-Cloud s'éteignait dans l'indifférence et l'oubli ; Chantilly et Lille ne faisaient guère que de la porcelaine de table décorée assez sommairement en camaïeu bleu, et Mennecy-Villeroy ne fabriquait que des petites pièces d'étagère, des boîtes à mouches, des bonbonnières, des becs de cannes, des manches de couteaux, etc., etc.

Cependant, il fallait prévoir l'avenir ; le succès de l'établissement

---

1. Dans les bâtiments de l'ancienne verrerie, dont une partie existe encore à Sèvres, il y avait cent soixante logements pour les ouvriers de la manufacture.

2. Bibliothèque de l'Arsenal : Papiers de la Bastille.

3. C'est à lui que l'on devait le secret de la composition des pâtes de porcelaine.

royal pouvait engager des industriels à en créer de semblables et il était prudent de prendre des mesures prohibitives en conséquence. Un arrêté daté du 6 août 1748, confirmant le privilège exclusif accordé le 24 juillet 1745 au nom de Charles Adam pour « fabriquer de la porcelaine façon de Saxe », faisait également « défense de former aucun nouvel établissement pour travailler à la porcelaine ».

Pendant plusieurs années, du reste, rien ne vint du dehors troubler la quiétude de la manufacture ; en 1756, elle fut transférée de Vincennes à Sèvres, et, bientôt après, en 1760, à la suite de dissentiments qui s'élevèrent entre le contrôleur des finances et les actionnaires, le roi, ayant fait indemniser ces derniers, devint le seul propriétaire et le maître absolu de l'établissement pour lequel il avait déjà fait de si grands sacrifices. Le privilège accordé dans le principe à Charles Adam et transféré, en 1753, à Éloi Brichard fut annulé, et l'on fit prendre un arrêté qui réservait à la Manufacture royale le *droit exclusif* de décorer les porcelaines de sujets de figures ou de fleurs peints *en toutes couleurs*, *d'appliquer l'or* et de faire des *ouvrages de ronde bosse*. C'était, pour le moment du moins, une précaution un peu inutile. La seule porcelaine que l'on fabriquât en France à cette époque, était une *porcelaine de fritte*, — ou porcelaine *tendre*, — et, ainsi que nous l'avons dit plus haut, les trois ou quatre fabriques qui existaient alors ne pouvaient porter aucun ombrage à la manufacture ainsi privilégiée.

Mais cet état de choses ne devait pas durer longtemps. Malgré les fossés de l'Albrechtsburg de Meissen, malgré le serment prêté par les ouvriers, sous les menaces les plus terribles, de garder le secret de la fabrication *jusqu'à la mort*, ce secret ne tarda guère à transpirer. On sut que la fameuse porcelaine de Saxe, comme celle de la Chine et du Japon, se faisait avec une argile d'une nature particulière, il est vrai, mais que l'on avait trouvée sur plusieurs points du territoire allemand, et des manufactures ne tardèrent pas à se fonder à l'étranger. Un faïencier alsacien, Hannong, établit même une fabrique à Strasbourg, mais Sèvres en prit de l'ombrage, et il dut transporter ses fours à Frankenthal, dans le Palatinat. Ce fut la première et la seule victoire que la manufacture remporta sur ses rivales.

Dès que l'on sut à Paris qu'il existait des gisements de kaolin en Allemagne, on conjectura, avec assez de raison, qu'il devait en exister également en France. Le duc d'Orléans engagea plusieurs savants à s'occuper de cette question et bientôt Guettard, qui était attaché à sa maison, en trouva, près d'Alençon, une carrière qui donnait une porcelaine moins blanche que celle de Saxe, mais qui n'en était pas moins de la véritable porcelaine dure, semblable à celle de la Chine.

De son côté, sur la demande de la manufacture, le ministre Bertin avait donné l'ordre, par l'entremise de M. Trudaine, aux ingénieurs des ponts et chaussées des différentes généralités, de faire des recherches qui aboutirent à la découverte des carrières de Saint-Yrieix-la-Perche, petit village situé à quelques lieues de Limoges. On envoya le savant chimiste Macquet, accompagné d'un ouvrier habile, pour s'assurer de la nature et de l'importance du gisement, et, après plusieurs essais qui donnèrent des résultats extrêmement satisfaisants, on décida d'en faire l'acquisition pour le compte du roi.

Mais la manufacture avait un rival là où elle ne l'aurait guère soupçonné. Le premier valet de chambre de Louis XV, de La Borde, tenu au courant de la découverte qui venait d'être faite, forma une association avec un de ses amis, Hocquart de Courboin, et Hannong fils. Ce dernier avait été précédemment appelé à Sèvres, où, après quelques tentatives qui ne pouvaient être suivies d'exécution, puisqu'il fallait faire venir la terre d'Allemagne, ce qui était absolument impossible, on fut obligé de résilier, moyennant une somme de 10,000 livres et une pension de 1,200 livres, l'engagement que Boileau avait signé avec lui. Ils achetèrent d'un nommé Borda, dont les terres étaient voisines de la carrière royale, des quantités considérables de kaolin et ils fondèrent à Paris, au faubourg Saint-Denis, une manufacture qu'ils mirent, bientôt après, sous le patronage de Monsieur, frère de Louis XVI.

L'élan étant donné, et, quelques années plus tard, Paris comptait *plusieurs manufactures de porcelaine*. Mais, afin de pouvoir éluder les prescriptions de l'arrêt de 1760, renouvelées le 15 février 1766, les rusés fabricants suivirent l'exemple de leurs confrères du faubourg Saint-Denis, et demandèrent aux membres de la famille royale, et à Marie-Antoinette elle-même de vouloir bien prendre les nouveaux établissements sous leur protection. Comme tout ce qui touchait la porcelaine était alors fort à la mode et que cela flattait leur vanité, ils acceptèrent tous et l'on eut bientôt, outre la *Manufacture du Roi*, c'est-à-dire Sèvres et celle de *Monsieur*, que nous venons de mentionner, la *Manufacture de la Reine*, celles du *comte d'Artois*, du *duc d'Orléans*, du *duc d'Angoulême*[1], etc., etc. »

Mais cette lutte fut favorable à la manufacture, l'émulation étant

----

1. Edouard Garnier. *L'ancienne manufacture de Sèvres et ses privilèges.*

nécessaire dans les arts. Les artistes de la manufacture travaillèrent avec ardeur et leurs produits s'en ressentirent.

*
* *

« Ce qui frappe à Sèvres avant tout, a dit un savant, M. Henri de Parville, c'est l'emploi, presque exclusif, des *colorations au grand feu*.

« Entre tous les services rendus à l'industrie de la céramique par la manufacture, ce ne sera certes pas un des moindres que d'avoir pu faire entrer dans la préparation des éléments colorants, de nouveaux oxydes ou de nouvelles matières minérales capables de résister à la haute température du feu de porcelaine, et surtout d'avoir, à la suite de recherches longues et difficiles et d'études suivies, défini nettement les conditions atmosphériques (neutres, oxydantes ou réductrices) pouvant modifier, d'une manière constante et prévue à l'avance, les nuances que peut fournir un même oxyde ou une même matière colorante.

« Les artistes devaient naturellement tirer un grand parti de ce nouveau mode de décoration, qui leur offrait des ressources variées à l'infini et qui leur permettait d'arriver à une vigueur et à une richesse de coloration que les procédés de peinture employés jusqu'alors n'avaient jamais su leur donner.

« En effet, la couleur, posée sur le biscuit de la porcelaine, se développe au feu et acquiert sous le glacé de l'émail une profondeur, une intensité et une chaleur de tons impossible à obtenir avec les couleurs de moufle. Presque tous les peintres de Sèvres, malgré la difficulté que devait leur occasionner ce nouvel emploi qui procède tout à la fois de la peinture et de la sculpture, ont réussi à produire des œuvres justement remarquées.

« Il nous reste, après cet aperçu sommaire, à signaler en quelques lignes les produits principaux de la Manufacture dans ces dernières années : les vases de M. Gobert, les *Eléments,* les *Saisons,* la *Balançoire,* décorés par le procédé de la barbotine, etc., etc.

« M. Taxile Doat [1] a produit plusieurs vases et surtout un cabaret sur fond céladon, charmant assemblage de petites pièces élégantes décorées avec goût et d'une réussite parfaite.

---

1. Toutes les expositions parisiennes renferment des vases de choix de cet éminent artiste, un décorateur de premier ordre.

« M. Gely tire un excellent parti de l'emploi simultané des pâtes colorées et de la barbotine pure.

Ce sont surtout les vases décorés au moyen des pâtes colorées qui attirent l'attention, et quelques-uns, comme emploi de couleurs, sont de véritables tours de force et d'audace de la part de leurs auteurs : plus ou moins discutables au point de vue purement artistique, ils sont irréprochables sous le rapport du *métier* proprement dit. MM. Bulot, Paul

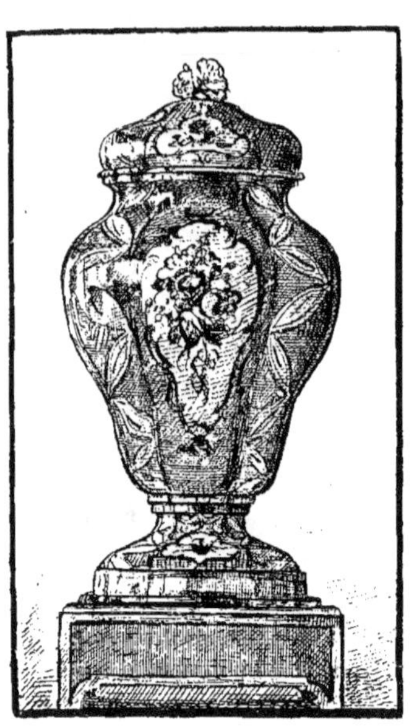

VASE EN ANCIENNE PORCELAINE DE SÈVRES
A DÉCORS POLYCHROMES

Avisse, Belet et tant d'autres ont montré l'immense parti que l'on pourrait tirer de l'emploi de ces colorations vigoureuses et profondes, et si nous avions quelque chose à leur reprocher, ce serait de n'avoir pas exécuté leurs compositions dans un sentiment décoratif plus largement compris. Les pâtes colorées, par leur nature même, excluent les mélanges qui ternissent presque toujours leur pureté, et nous croyons qu'elles seront d'autant mieux à leur place, qu'elles seront employées presque exclusivement en *à plats*, et sans la recherche du modèle qu'exige la reproduction fidèle et exacte de la nature. Une grande jatte, signée Paul Avisse, largement traitée et justement remarquée, en est la preuve évidente.

M. H. Lambert a produit un vase décoré de branches de roses qui montre également la très heureuse application des pâtes à la coloration des fonds : le vase est d'abord recouvert sur toute sa surface avec la matière colorante ; la partie qui doit recevoir la décoration est creusée ensuite avec un grattoir et remplie avec de la pâte blanche ordinaire qui ne fait pas épaisseur sur la pâte colorée ; après la cuisson du vase, le fond sort du four avec toute sa pureté et sa profondeur, laissant en silhouette blanche la surface à décorer, avec les procédés ordinaires de la peinture dite au *demi-grand feu*. C'est une véritable incrustation blanche permettant d'obtenir des tons frais et transparents, qui acquièrent d'autant plus de valeur que le fond est plus pur et d'une coloration plus intense. Au point de vue technique, il faut y voir l'application, déjà faite dans d'autres conditions, du mariage, sur une même pièce, de la décoration au grand feu et au demi-grand feu.

Cette peinture au *demi-grand feu* est encore un procédé trouvé et mis en œuvre à la manufacture de Sèvres. C'est à M. François Richard, mort il y a quelques mois, que l'on doit cette idée de peindre les figures et les fleurs avec des couleurs pouvant résister à une température plus élevée (290 à 300 degrés du pyromètre d'argent) que celle de la peinture ordinaire et qui donne à la porcelaine dure ainsi décollée un *glacé* qui, comme aspect, la rapproche de la porcelaine tendre, si supérieure au point de vue artistique. Les premiers essais de l'emploi de ces couleurs ont paru pour la première fois à l'Exposition de 1867 et ont valu à leur auteur une médaille d'or.

Il faut mentionner aussi, sinon comme une innovation, au moins comme une heureuse application d'un moyen déjà connu, les grands vases si artistement décorés avec des oxydes de cobalt sous couverte par M. Ch. Ficquenet. Le *vase cordelier* est certainement une des pièces les plus réussies que l'on puisse citer.

A signaler encore les beaux vases de porcelaine tendre décorés par M. Godde d'émaux opaques et transparents sur fonds vermiculés, au moyen du procédé qu'il a imaginé ; les vases décorés par M. Réjoux au moyen de son procédé des *ors modelés par transparence*, procédé qu'il a trouvé tout récemment et qui vient d'être offert au public pour la première fois. »

N'oublions pas d'ajouter quelques mots en faveur de M. Eugène Sieffert, qui s'inspire surtout dans ses créations de motifs rappelant la charmante Renaissance italienne.

*
*　*

Pour mériter la mention : *décorée à Sèvres*, ajoute M. Henri de Parville, une pièce doit être d'une réussite complète et irréprochable. Jusqu'à ces derniers temps, toute porcelaine, avant d'être mise au four, recevait une petite marque ovale, imprimée sous couverte en vert de chrome : S. 65 (Sèvres 1865). Cette marque indélébile était coupée d'un léger coup de roue qui entamait l'émail. Si la pièce était défectueuse, elle était vendue *en blanc* à un prix plus ou moins réduit. Si, au contraire, elle était reconnue bonne, elle recevait, au moment de sa décoration, une marque supplémentaire imprimée au feu de moufle et portant la mention : *décorée* ou *dorée à Sèvres*, avec les chiffres du souverain ou les lettres initiales de la République et l'année de la décoration. On rencontre souvent des pièces portant la double marque : S. 56 et *décorée* à Sèvres, R. F. 1874.

Depuis quelque temps, la commission du perfectionnement instituée près de la manufacture a cru devoir supprimer sur toutes les pièces en blanc la marque verte, comme pouvant faciliter les contrefaçons.

La manufacture vend assez peu au public; en revanche, elle donne beaucoup ; cadeaux aux souverains, services pour les ministres, les ambassades, dons pour loteries de bienfaisance, etc.

Son but n'est pas, du reste, de produire avec bénéfice, mais bien de diriger les progrès de la céramique et de perfectionner les procédés de fabrication. M. de Lasteyrie écrivait, en 1850, au nom du conseil de perfectionnement des manufactures de l'État, dans un rapport au ministre :

«... Depuis qu'elles ont passé de la liste civile dans le domaine public, les manufactures nationales se trouvent soumises à des obligations toutes nouvelles : le progrès est devenu la loi même de leur existence.

« Pour elles, ce serait méconnaître le but de leur institution que de rivaliser avec l'industrie privée; elles doivent lui servir de modèles. Mieux placées qu'elle pour obtenir le concours d'artistes éminents et de savants de premier ordre, assez libéralement dotées pour entreprendre des essais dispendieux et des expériences d'un succès souvent douteux, il leur appartient d'ouvrir des voies nouvelles à l'industrie. »

La manufacture de Sèvres a, en effet, exercé une influence indiscutable sur la fabrication et la décoration de la porcelaine.

*
* *

Dans une remarquable préface d'un catalogue d'exposition, un des chefs actuels de la manufacture s'exprimait ainsi, au sujet de *la nouvelle fabrication* de la porcelaine de Sèvres.

« La porcelaine dure cuit à une température extrèmement élevée, à laquelle ne peuvent résister que très peu de couleurs; la palette des couleurs de grand feu est donc très limitée. D'autre part, la couverte de la porcelaine, cette roche feldspathique dont la dureté est la principale qualité, ne se laisse pas pénétrer par les couleurs de moufle, qui, grâce à divers tours de mains, peuvent bien y adhérer, mais qui ne s'y combinent pas comme il le faudrait pour avoir le velouté désirable.

« Or, si l'on compare la porcelaine de Chine à la porcelaine dure de Sèvres, on constate que la première est fréquemment recouverte de couleurs de grand feu, dont la présence accuse une cuisson à une température moins élevée, et que, dans la décoration au feu de moufle, on s'est servi de matières tout à fait différentes de nos couleurs : ce sont des émaux, c'est-à-dire des verres transparents, faiblement colorés en eux-mêmes et dont l'intensité varie d'après l'épaisseur de la couche appliquée sur la porcelaine; or, ces émaux ne se fixent pas sur la porcelaine dure.

« La porcelaine de Chine diffère donc, par sa composition, de la porcelaine de Sèvres.

« Depuis un assez grand nombre d'années, on poursuivait à la manufacture la réalisation de cette nouvelle fabrication; elle est actuellement définitivement établie. Ce sont les produits de notre seconde catégorie (*nouvelle porcelaine*).

« Cette matière possède les caractères suivants : sa pâte est légèrement ambrée; elle accepte non seulement une couverte de grand feu, mais encore des couvertes plombifères; elle peut être enrichie d'émaux; enfin, elle peut être cuite à une température où le cuivre ne disparaît que lentement, ce qui nous a permis de reproduire toutes les belles couleurs obtenues en Chine avec ce métal. L'emploi des émaux se faisant en « à plats » s'oppose aux modelés de la *peinture;* il entraîne donc presque forcément avec lui une modification complète dans l'art de décorer la porcelaine; la perspective et les modelés de la miniature ont disparu ; avec eux les tons rompus et rabattus sont remplacés par des couleurs franches, assez vives en général et souvent assez transparentes pour faire valoir les détails de la sculpture la plus fine; enfin, la richesse de la nouvelle palette d'émaux permet une variété de fonds beaucoup plus grande, d'une glaçure et d'une limpidité que l'emploi des couleurs ordinaires ne saurait donner.

« La nouvelle porcelaine qui possède les propriétés des produits si renommés de la Chine ne doit pas être confondue avec la porcelaine tendre, dont elle s'éloigne par sa nature et sa composition. Il nous a paru intéressant de résoudre tout d'abord un problème qui s'imposait depuis longtemps ; ce résultat atteint, la manufacture reprendra prochainement la fabrication de la vieille porcelaine tendre, dont les qualités sont si charmantes et si précieuses. »

La belle fabrication de Sèvres est comprise dans la période comprise entre l'année 1756 et les premières années de la Révolution française.

Les perfectionnements de la chimie vinrent en aide à cette fabrication, à qui elle donna des couleurs qui produisirent de délicieux effets : tels que le bleu turquoise, le bleu de roi, le rose carné si joli dit Pompadour, le violet pensée, le jaune jonquille, etc.

Duplessis, l'orfèvre du roi, a donné pour Sèvres des modèles d'ensemble très remarquables, et Bachelier, le peintre de fleurs, a grandement contribué par son talent à rehausser l'éclat de la manufacture.

Quelques autres manufactures françaises.

A la fin du xvii° siècle et pendant le xviii° siècle, il y eut à Marseille un centre de céramique important. On y fabriquait de la faïence blanche (vers 1708) à décors de camaïeux violets et bleus. Les formes en étaient très fantaisistes et très variées, parfois même bizarres, car on y voyait des faisans, des coqs, des dindons, qui servaient de récipients sur les tables aux rôtis dont ils prenaient la forme. Les fleurs du décor étaient fines et déliées, et on y voit souvent des camaïeux roses dans les fonds.

La plus célèbre des fabriques de céramique de Marseille fut celle d'Honoré Savy déclarée en 1777 « Manufacture de Monsieur, frère du roi... »

Le roi Stanislas avait donné à l'industrie céramique en Lorraine un très brillant essor. Il protégeait en particulier la puissante fabrique de Niederwiller.

Parmi les merveilles de l'époque de Louis XV sorties de cette fabrique on peut citer un admirable vase, d'un style gracieux, actuellement à la pharmacie Saint-Charles à Nancy.

Dans la seconde moitié du xviiie siècle, Moustiers[1] fut un centre de céramique assez important.

Les céramistes les plus connus de Moustiers furent *Ollery, Clérissy, Cros*. Ce dernier y a fait de grandes pièces à décors polychromes.

Les faïences de Moustiers sont d'une pâte très fine, à émail limpide. La décoration est d'un bleu clair lavé sur fond blanc et la même ornementation se trouve reproduite sur de nombreuses pièces[2].

Lyon a été aussi un centre de céramique vers le milieu du xvie siècle. Plusieurs Italiens, dont le plus connu est Jean-Francisque de Pesaro, s'établirent faïenciers à Lyon vers 1540.

Pendant quelque temps cet art déclina, mais au xviiie siècle la fabrication reprit son activité ; une manufacture royale, sous la direction de Joseph Combes, y travailla dans le genre Moustiers.

*   *

*

Le Musée de Sèvres.

On sait qu'il existe à la manufacture de Sèvres un superbe musée.

M. Champfleury, l'ancien et savant conservateur du musée, avait écrit pour la publication de l'*Inventaire des richesses d'art de la France* une curieuse notice sur les *Richesses d'art de la manufacture de Sèvres* (en 1886). Nous ne pouvons résister au désir de citer tout le passage relatif au musée :

« Quoique cet inventaire des richesses d'art de la manufacture de Sèvres n'offre rien de commun avec le Catalogue en préparation du musée céramique, il importe de donner la date de la formation du musée. Elle doit être cherchée entre 1808 et 1812. Alors seulement se produisit un enregistrement des sculptures, des peintures et des dessins jusque-là éparpillés dans les divers ateliers de la manufacture, enregistrement d'une concision quelque peu gênante. Si certains registres ont trait à ces divers objets d'art, l'employé chargé d'en faire un premier inventaire vers 1802 ne pouvait sans doute y consacrer que peu de temps, car il simplifie le plus souvent sa besogne par des mentions semblables à

1. Près de Digne (Basses-Alpes).
2. Le musée de Cluny possède une cinquantaine de pièces de Moustiers.

celles-ci : « 164 figures et groupes différents », sans nulle autre désignation ni inscription.

« Il en fut à peu près de même pour la collection des peintures et esquisses de Desportes ; on les conserva avec soin, mais nulle mention n'est restée de l'origine de ce fonds important.

« La situation de Desportes à la cour, l'attention que la direction de la Vénerie portait à ses esquisses, poussèrent sans doute le comte d'Angiviller, directeur des Bâtiments du roi en 1774, à doter la manufacture de peintures et d'études d'animaux, d'oiseaux, de plantes et de fleurs, pour servir de modèles aux peintres, dont la plupart étaient plus copistes qu'inventeurs. La proposition ayant été agréée par le roi, ce fut ainsi qu'à un premier fonds de vases antiques de Denon, la manufacture put ajouter le fonds des peintures de Desportes.

« Une lettre, écrite de Versailles et datée du 10 mai 1787, prouve combien dans le service des Bâtiments royaux, l'administration s'intéressait à juste titre à la conservation de ces peintures. En voici le texte :

« M. Montucla[1] a l'honneur de saluer M. Regnier[2], et le prie de lui « renvoyer le mémoire ci-joint de M. Bachelier[3] pour le remboursement « de ses frais et avances, relativement à ce qu'il a fallu faire pour le net- « toiement, conservation, etc., des tableaux de feu M. Desportes[4]. « M. Regnier est prié de vouloir se mettre, de concert avec M. Hettlinger[5], « en règle pour le payement. M. Hettlinger a les pièces justificatives. »

« Cette lettre détruit les suppositions qui ont pu être faites depuis de l'enlèvement, sous la Révolution, des peintures de Desportes à la Ménagerie du roi, à Versailles.

« On voit au musée des dessins, au Louvre, des études et esquisses d'animaux de Desportes, de tout point analogues à celles de la manufacture de Sèvres : « Malheureusement, m'écrit M. Henri de Chennevières, « attaché à la conservation des dessins, nos fiches ne mentionnent aucune « particularité relative à ces études. »

« C'est à Sèvres qu'on retrouvera Desportes presque tout entier ; dans

---

1. Montucla, membre de l'Académie des sciences, né à Lyon en 1725, mort à Versailles en 1799, fut nommé, sur la recommandation de Cochin, dit la *Biographie Didot*, premier commis de l'administration des Bâtiments, poste qu'il conserva pendant tout le règne de Louis XVI, sous la direction de M. d'Angiviller. A ce titre, il était en relations suivies avec les artistes et avec tous les établissements qui relevaient de la Direction des Bâtiments du roi : Gobelins, Sèvres, inspections des châteaux royaux, etc.

2. Regnier, directeur de la Manufacture.

3. Bachelier, artiste distingué dirigeant les travaux d'art à Sèvres.

4. Desportes était mort en 1743.

5. Hettlinger, alors caissier de la Manufacture, devint directeur de 1793 à 1800.

ses projets et ses esquisses, dans ses peintures et ses crayons, il se montre
tout à la fois peintre de fleurs et d'oiseaux, de nature morte, d'architecture et surtout de paysage, tels que l'a compris l'école de 1830. Il a
esquissé librement sur du papier à peindre, dans de petits cadres noirs
allongés, les parcs, les allés d'ifs, les bassins des maisons de campagne
du canton de Versailles, les vallées et les collines qui les environnent.

« Esprit exact en même temps, Desportes peint les oiseaux rares envoyés à la
Ménagerie de Versailles, en mentionnant
leurs noms en marge ; et il ne manque
pas, comme on le voit par le catalogue de
ses œuvres, de relater à l'encre, sur le fond
de la toile, les pièces de gibier tuées par
le roi. Desportes fut donc une sorte de
Dangeau pictural de la Vénerie royale.

« L'enseignement fourni par ces peintures ayant paru insuffisant, les sculpteurs
furent appelés à Sèvres pour renouveler la
série quelque peu monotone des anciens
biscuits galants copiés d'après des compositions de Boucher et de Huet. Sous Louis XVI,
l'esprit public, mis en éveil par les courants
sourds et graves qui annoncent les révolutions, tendait à réagir contre l'art fardé de
bergers et de bergères se contant fleurettes.
C'est à ce sentiment qu'est due sans doute
la représentation des grands hommes : ma-

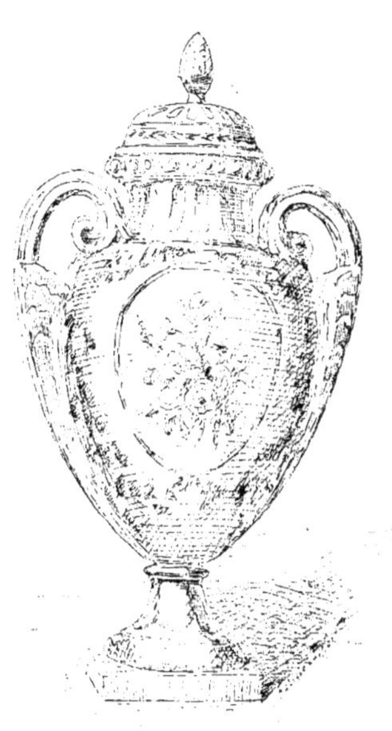

VASE DE SÈVRES, BLEU DE ROI
PATE TENDRE
COMMANDÉ PAR CATHERINE II DE RUSSIE
(Dessin de Félicien Pinon)

gistrats, philosophes, hommes de guerre, poètes et auteurs dramatiques,
qui avaient honoré la France du passé.

« Grâce à un sage arrêté, les statuaires, qui recevaient avant 1789 la
commande de figures en marbre destinées à orner les résidences royales,
furent tenus d'en fournir une réduction ou une esquisse en terre pour
être exécutée en porcelaine à la manufacture de Sèvres. Ces modèles sont
précieusement conservés au musée céramique, les habiles statuaires de
l'époque : Boizot, Caffieri, Pajou, etc., avaient accepté de donner ainsi
une seconde édition de leurs figures.

« Une revision attentive des nombreux cartons de la manufacture
contenant les projets de décors de vases, de meubles et de pièces de
service, a permis de retrouver les noms des statuaires et des peintres

qui, de 1800 à 1814, furent appelés à fournir des modèles. C'est ainsi que les sculpteurs Chaudet et Valois, les peintres Isabey, Lafitte, Heim, exécutèrent d'importantes compositions pour des vases et des meubles d'apparat, ornés de plaques de porcelaine. Sans porter à la manufacture l'intérêt que lui avait témoigné Louis XV, Napoléon I\u1d49\u02b3 s'en servit, non pas seulement pour faire des cadeaux aux souverains étrangers, mais dans l'intérêt de sa propre gloire. Il avait sous la main un ornemaniste qui répondait à ses vues, Percier, non moins habile dessinateur qu'architecte ; aussi Percier joua-t-il à Sèvres, dans une mesure plus restreinte une sorte de rôle comparable à celui du peintre Lebrun à la cour de Versailles.

Pour célébrer les conquêtes du premier Empire, l'art de la porcelaine, se faisant à la fois grec et guerrier, n'eut qu'à suivre le sentier tracé par David. De grands vases commémoratifs furent exécutés à Sèvres.

« Au nombre des artistes de cette époque qui se firent remarquer, il faut citer le peintre Bergeret. Alors que l'empereur taillait des départements français dans les pays conquis par ses armées, Bergeret créa le département de l'Étrurie, c'est-à-dire un vaste champ où se profilaient, sur fond noir, des figures rouges, classiques et modernes. Il crut que l'empereur, ses généraux et ses soldats pouvaient être traités avec la rigidité de lignes employée par les peintres dans la décoration des vases grecs.

« Un Napoléon nu, voyant passer un invalide couvert d'un manteau archaïque et marchant avec des béquilles, tandis qu'un Hippocrate tout à fait antique l'examine, dérange quelque peu nos tendances décoratives modernes, non pas cependant que celles-ci soient bien nettes dans leur imitation des divers styles du passé.

« Isabey seul eut le bon goût de rester moderne ; les aquarelles pour plaques en porcelaine destinées à orner les meubles des Tuileries sont d'un miniaturiste fin et spirituel.

« Sans entrer à fond dans le détail des diverses branches d'art qui ont maintes fois fait l'objet de publications relatives à la manufacture de Sèvres, il convient de citer les copies sur plaques de porcelaine, d'après les maîtres des écoles italienne, flamande et française. Constantin de Genève, M\u1d50\u1d49 Jaquotot, Drolling et surtout M\u1d50\u1d49 Ducluzeau, ont laissé des prodiges de patience qu'on ne reverra plus, le genre étant, avec raison, abandonné.

« Une tentative d'un autre ordre marqua les premières années du règne de Louis-Philippe, nous voulons parler de la recherche dans les ateliers de la manufacture des anciens procédés de vitraux. Quelques-uns des cartons d'après lesquels les verriers coloraient leurs vitraux sont signés d'Eugène Delacroix, d'Ingres, de Flandrin; la majeure partie reflète le talent facile de Devéria, d'Émile Wattier, etc. Aimé Chenavard et Viollet-le-Duc se partagent les entourages décoratifs de ces vitraux. A Sèvres, comme au musée de Versailles, le curieux se fera une idée exacte de l'art tel qu'on le comprit sous le gouvernement constitutionnel.

« On a de la sorte les principales phases bien marquées de la manufacture sous Louis XVI et sous Louis-Philippe, de 1774 à 1834. Son historique est complété dans cet inventaire par les vues des anciens bâtiments, par les portraits des divers directeurs, ainsi que par ceux des artistes principaux qui coopérèrent à la célébrité de l'établissement.

« Également, on s'est attaché à faire figurer dans cet inventaire les pièces historiques du musée de Sèvres, c'est-à-dire les statuettes, bustes et médaillons des hommes illustres, les monuments offrant des souvenirs directement historiques. Entrer plus avant dans cet important musée ferait double emploi avec un catalogue analytique développé, dont les premières séries commencent à l'Égypte et à l'Assyrie pour aboutir au développement céramique actuel. »

BERNARD DE PALISSY

En parlant de la céramique on ne peut s'empêcher de consacrer quelques pages à cet admirable céramiste, à ce grand artiste français qui a nom *Bernard de Palissy*.

Les poteries de Bernard de Palissy sont d'ailleurs devenues populaires[1] et la vie de ce grand Français pourrait être donnée comme modèle à tous les artistes.

Bernard de Palissy naquit dans les premières années du xvie siècle, au village de Biron, près de Monpazier, en Guyenne. Ses parents étaient pauvres; il fut obligé de travailler tout jeune avec un arpenteur.

---

1. Le musée du Louvre renferme d'admirables pièces de l'œuvre de Palissy.

Pendant plusieurs années il visita les provinces de France, les Flandres. Un jour lui vint l'idée de faire de la céramique.

Il faut lire dans un des beaux écrits qu'il a laissés comment lui est venue cette idée et par quels labeurs, quelles luttes, quelles épreuves il a passé.

Le *Discours admirable de l'art de Terre* de Bernard de Palissy est

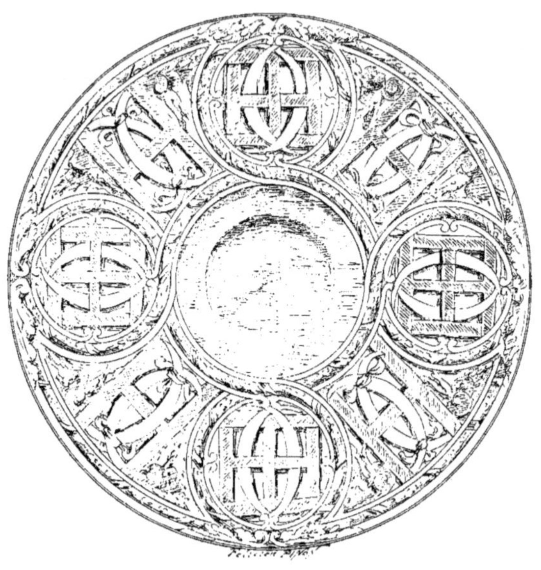

PLAT PAR BERNARD DE PALISSY
(Dessin de Félicien Pinon)

le plus beau des livres qui aient été écrit à la glorification du travail. De Palissy suppose deux interlocuteurs allégoriques : Théorique et Pratique.

Le premier s'adresse au second pour lui demander son secret des émaux. Pratique redoute que cette révélation ne rende commun et méprisable son art. « Il n'est pas de mon art, ni des secrets d'icelui comme de plusieurs autres... Il y a plusieurs gentilles inventions lesquelles sont contaminées et méprisées pour être trop communes aux hommes... Je te prie, considère un peu les verres, lesquels pour avoir été trop communs entre les hommes sont devenus à un prix si vil que la plupart de ceux qui les font vivent plus mécaniquement (en artisans) que ne font les crocheteurs de Paris. L'état est noble et les hommes

qui y besognent sont nobles ; mais plusieurs sont gentilshommes pour
exercer (parce qu'ils exercent) ledit art, qui voudraient être roturiers et
avoir de quoi payer les subsides (impôts) des princes... As-tu pas vu aussi
les émailleurs de Limoges, lesquels, par faute d'avoir tenu leur invention secrète, leur art est devenu si vil qu'il
leur est difficile de gagner leur vie... » Avec
quelle tristesse fière le potier s'écrie : « Tu as
besoin de deux choses, sans lesquelles il est
impossible de rien faire de l'art de Terre. La
première est que tu sois veuillant (opiniâtre),
agile, portatif et laborieux. Secondement il te
faut avoir du bien pour soutenir les pertes qui
surviennent en exerçant ledit art. » Quelle lutte
contre « les hasards du feu! » Pour lui, il a
« appris l'alchimie (la chimie) avec les dents ».

Il raconte comment cette idée des émaux lui
est venue. « Sache qu'il y a vingt-cinq ans
passés qu'il me fut montré une coupe de terre
tournée et émaillée, d'une telle beauté que dès
lors j'entrai en dispute avec ma propre pensée.»
Les portraits qu'il peignait ne lui rapportaient
plus grand'chose. « La vitrerie n'avait pas
grande requête (demande). » Il pense à appliquer à l'émaillerie de la poterie ses qualités de
peintre. Il n'avait même pas « entendu parler
de quelles matières se faisaient lesdits émaux».
« Sans avoir, dit-il, nulle connaissance des
terres argileuses, je me mis à chercher les
émaux comme un homme qui tâte en ténèbres...

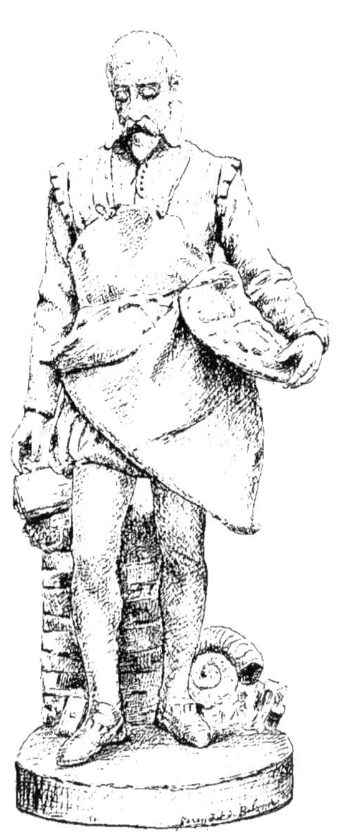

BERNARD DE PALISSY
(Dessin de Serendat de Belzim)

Je pilais de toutes les matières que je pouvais penser qui pourraient faire quelque chose, et, les ayant pilées et broyées, j'achetais
une quantité de pots de terre et, après les avoir mis en pièces, je mettais
des matières que j'avais broyées dessus icelles. » Il notait la composition de chaque apprêt, puis mettait le tout dans un fourneau. Il ne
« cherchait autre émail que le blanc », parce qu'il avait ouï dire que
c'était le fondement de tous les autres émaux. Il « batela » ainsi
plusieurs années, « imprudemment, avec tristesse et soupirs », renou-
velant sans relâche ses essais, « toujours avec grands frais, perte de
temps, confusion et tristesse ». Grâce à des travaux dont on le chargea,

il se « trouva muni d'un peu d'argent » et « reprit encore l'affection de
poursuivre à la suite desdits émaux ». On offre l'hospitalité à ses poteries dans le four d'un verrier du voisinage. Les mois passent, puis les
années. Il commence à perdre courage. Enfin un jour, sur trois cents
pièces, « il se trouva une des susdites épreuves qui se trouva blanche et
polie, de sorte qu'elle me causa une joie telle que je pensais être
devenu nouvelle créature ». Il se maçonna un four « avec un labeur

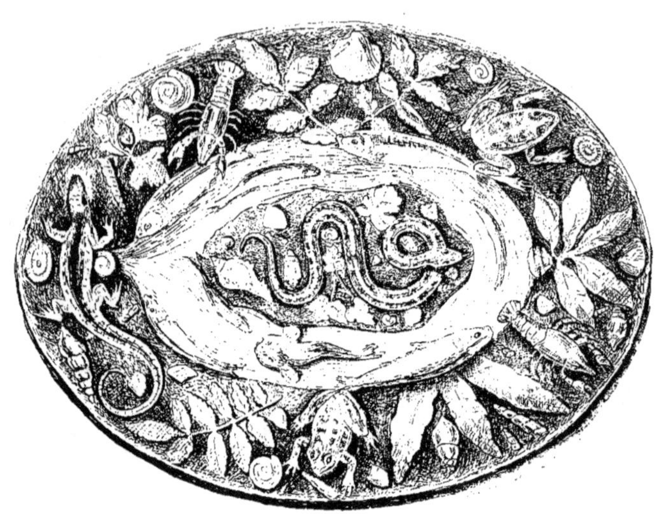

PLAT DE BERNARD DE PALISSY
Collection du musée du Louvre (Dessin de Serendat de Belzim)

indicible » ; il n'avait pas le moyen d'entretenir un seul homme qui
l'aidât. Un mois, nuits et jours, se passe à broyer les matières. Il reste
six jours et six nuits devant le fourneau. L'émail ne fond pas. Palissy
est « comme un homme désespéré ». Pour entretenir le feu, « je fus
contraint, dit-il, de brûler les étoupes qui soutenaient les tailles de mon
jardin, lesquelles étant brûlées, je fus contraint de brûler les tables et
plancher de la maison... Il y avait plus d'un mois que ma chemise
n'avait séché sur moi. Encore pour me consoler, on se moquait de
moi et même ceux qui me devaient secourir allaient crier par la ville
que je faisais brûler le plancher : et par tel moyen l'on me faisait
perdre mon crédit et m'estimait-on fou. Les autres disaient que je
cherchais à faire la fausse monnaie, qui (ce qui) était un mal qui me
faisait sécher sur les pieds... Et m'en allais par les rues tout baissé

comme un homme honteux. » Nul n'avait pitié de lui; mais il dit « à son âme, qu'est-ce qui t'attriste puisque tu as trouvé ce que tu cherchais »! Il se remet au travail. Une fournée de « six, vingt écus » est « gâtée » par les éclats de cailloux du four. Il vivait d'emprunt. « Je n'avais en ma maison que reproches; au lieu de me consoler, l'on me donnait des malédictions. » Il était « comme un homme tombé dans un fossé ». Le pauvre grand homme « batela ainsi l'espace de quinze à seize ans » ; quand il avait « appris à se donner garde d'un danger, il lui en survenait un autre, lequel il n'eût jamais pensé ». Quelques poteries couvertes d'émaux entremêlés en manière de jaspe le nourrirent « quelques ans ».

Amaigri, décharné, il allait « souvent se promener dans la prairie de Saintes, en considérant ses misères et ennuis ». Et le pauvre artiste avoue que, lorsqu'il recevait quelque visite, il cherchait à donner le change en « faisant des effets de rire ».

Avec quel légitime orgueil il s'indigne quand Théorique s'étonne qu'on estime si fort « un art mécanique duquel on peut se passer aisément! » C'est d'une philosophie « soigneuse » qu'il faut s'armer dans « ce gouvernement de feu ». Supprimez l'art de terre, que de métiers, que d'arts supprimés! La fonte du métal se fait au « vaisseau de terre » ; le bâti de la forge, les fours de la verrerie, la vaisselle, les canaux qui transportent l'eau, tout procède de l'art de terre.

Quand il eut fait ses découvertes, de Palissy n'eut plus à se préoccuper que de la pittoresque composition de ses figules, vases, coupes, statuettes, bassins, aiguières. De jour en jour, il obtint une vogue plus grande. Un jour, un des grands personnages de France, le connétable de Montmorency, venu à Saintes pour réprimer une révolte à propos des gabelles, s'éprit du talent de Palissy et lui commanda l'ornementation de son château d'Écouen.

Aujourd'hui tous les musées se disputent à prix d'or les œuvres de l'immortel céramiste français.

« Comme production, a dit René Ménard, les ouvrages de Bernard de Palissy peuvent se rattacher à trois périodes différentes. Dans la première, il rechercha surtout l'émail blanc, et il l'employa principalement à couvrir les médaillons en relief qu'il mettait sur ses faïences. Les glaçures jaspées qui marquent les essais de la deuxième période se trouvent surtout dans les hanaps à reliefs et les plats à bordures ornementales, et la dernière étape de son talent est surtout caractérisée par les *rustiques figulines*. Par cette dénomination, il faut entendre non pas seulement les figures, mais en général tous les plats où les serpents, les anguilles, les lézards, les grenouilles et mille autres bêtes surgissent d'un sol rugueux et souvent formé de coquilles. Toutes ces bêtes, dont la saillie est souvent très marquée, indiquent assez que la destination des plats de ce genre n'était jamais de contenir des liquides ; la plupart d'entre eux décoraient les buffets et ne servaient guère que pour la montre. Il faut pourtant excepter les plats travaillés à jour et en forme de corbeille, dans lesquels on tenait souvent des gâteaux secs. Mais c'est surtout pour le plaisir des yeux que la vaisselle de Palissy a été fabriquée. »

En 1709, Charles-François Hannong fonda une *manufacture de céramique à Strasbourg*. Vers 1724, la manufacture se dédoubla et eut une succursale à Haguenau.

La faïence de Strasbourg est très estimée à cause à la fois de la finesse de la pâte, de la limpidité uniforme de l'émail et de la charmante décoration de fleurs sur fond blanc.

La décoration en relief est fréquente.

Strasbourg a produit quelques pièces avec dorures.

La production de ce centre se termina vers 1780.

La *fabrique de céramique de Sceaux* fut fondée en 1750 par Jacques Chapelle. Elle produisit au début de la porcelaine pâte tendre et de la faïence, le tout marqué S X ou Sceaux en toutes lettres.

Quand la fabrique fût mise sous le patronage du duc de Penthièvre, elle reçut le nom de Sceaux-Penthièvre (en 1772).

Ce qui caractérise les produits de Sceaux, c'est une grande finesse de pâte et un gracieux décor. Les sujets pastoraux, les petits paysages sont fréquents sur la panse des pots.

La céramique de l'époque de la Révolution est des plus curieuses. Nous en avons de curieux échantillons au musée Carnavalet, où une salle tout entière est consacrée aux faïences patriotiques.

La céramique dut profiter du déclin de l'orfèvrerie. Plus d'argenterie !

La faïence, plus populaire, fournit la vaisselle de toutes les tables. Et là
encore, assis au repas de la famille, on redemande à l'assiette de
parler de la Révolution. La fabrication nivernaise de la Charité-sur-Loire
a laissé de curieuses « *assiettes patriotiques* ». Le musée de Cluny possède d'assez nombreux échantillons de cette céramique. C'est le n° 3480,
un porte-bouquet avec la devise : « Vivre libres ou mourir » ; les n°ˢ 3498
et 3499, deux assiettes avec le coq sur un canon ; la curieuse suite 3548
et numéros suivants : « l'archevêque de Paris, plus ami des dames que du

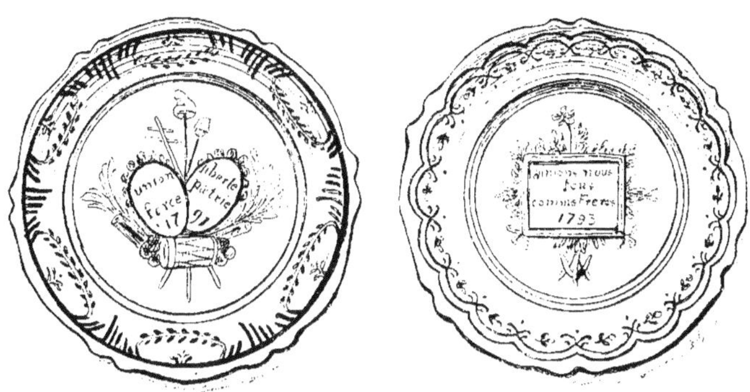

FAÏENCES PATRIOTIQUES. — ÉPOQUE DE LA RÉVOLUTION FRANÇAISE
(Dessin de Serendat de Belzim)

pape », « Exécution de Louis Capet ». Parmi les spécimens d'assiettes
« patriotiques », le serment de fidélité de Louis XVI à la Constitution,
la carmagnole, des jeux de mots, sont les sujets les plus ordinaires. Un
céramiste du nom d'Olivier, établi à Paris, rue de la Roquette, avait
donné à sa manufacture le titre de   « *fabrique générale de faïence de
la République* ». C'est de cette fabrique que sortaient les grands poêles de
faïence émaillée, décorés de médaillons à reliefs, poêles qui jouirent d'une
grande vogue à cette époque. Un contemporain s'exprime ainsi au sujet
d'un modèle de poêle fait par Olivier : « Ce qui a fait le plus de plaisir
à tous les patriotes qui l'ont vu, c'est un poêle de forme absolument
neuve, un poêle en forme de la Bastille. C'est exactement la Bastille avec
ses huit tours, ses créneaux, ses portes, etc., colorée au naturel avec
des teintes tirées des minéraux et fixées au feu. Sur la forteresse s'élève
un canon, orné à la base des attributs de la liberté : bonnet, boulets,
chaînes, coqs et bas-reliefs ; les couleurs de la fonte, du cuivre, du
marbre, de l'airain, y sont parfaitement imitées et inaltérables. »

On sait que le grès est une poterie dure, sonore, imperméable, qui fait étincelle au choc de l'acier. Le lustre brillant qui recouvre les objets en grès est formé par le dépôt du sel que l'on jette dans le four et que la chaleur y volatilise. La cuisson du grès est très longue.

Les grès furent très renommés en France au moyen âge, et en particulier les grès azurés de Beauvais. L'ornementation était peu compliquée et consistait en fleurs espacées sur le fond nu. Les fleurs de lis y étaient très fréquentes.

Pour l'art de la faïence, les céramistes des siècles passés ont trouvé de dignes successeurs dans les artistes contemporains.

Les uns ont continué et répété Bernard Palissy, tels sont : *Avisseau*, *Pull père*, *Pull fils*, et surtout *Renoleau*, le grand céramiste de Mansle (Charente), qui imite Palissy à s'y méprendre et dont certaines pièces sont dignes de nos musées.

Tortat a pris les faïences d'Oiron pour modèles.

Les *Deck*, *Boulenger*, *Guidons*, *Optat*, *Millet*, *Jean*, *Ulysse de Blois*, *Hairlaud*, *Lœbnitz*, *Parvillée*, se sont lancés dans la grande céramique décorative.

De nos jours, la peinture sur porcelaine est vivement appréciée, et de grands artistes ne dédaignent pas de s'y appliquer. Je signalerai tout particulièrement M. *Eug. Sieffert*, ancien attaché à la manufacture de Sèvres, dont les œuvres respirent toute la grâce et le charme des œuvres de la Renaissance, Mme *Hortense Richard* (Mme Magne), dont les portraits sur porcelaine sont toujours admirés, etc.

CHAPITRE IX

L'ORFÈVRERIE

VANT l'invasion romaine, les Gaulois avaient l'orfèvrerie en grand honneur. Les objets en or massif, les bijoux étaient nombreux.

Nous en voyons comme preuve au musée de Cluny :

1° Un torquès gaulois, ceinture en or massif, travaillée en forme de spirale et terminée par un double crochet.

Ce torquès, d'une parfaite conservation, a été trouvé en février 1854 au lieu dit le Pual-sur-le-Touche (commune de Cessons), arrondissement de Rennes (Ille-et-Vilaine), à une profondeur de $0^m,43$ au-dessous de la surface du sol. Il pèse 389 grammes et est façonné tout d'une pièce, sans soudure. Il est probable que la double torsion dont il a été l'objet, et qu'il conserve encore aujourd'hui, lui a été donnée pour le cacher en terre et le faire tenir dans un petit espace. Le Cabinet des médailles et antiques possède un torquès de forme analogue, trouvé à Saint-Leu-d'Esserens, près Creil, en 1843 (catalogue du Cabinet, par M. Chabouillet, n° 2567, de l'édition de 1858), et qui, au moment où il a été découvert, présentait la même disposition.

2° Un trésor gaulois, trouvé en terre à 40 centimètres du sol, dans la même contrée, commune de Saint-Marcel-le-Blanc (près Rennes), en 1856.

Ce trésor qui, à en juger par les lingots à l'état brut et les bijoux à peine ébauchés que l'on a découverts en même temps que des bracelets d'un travail achevé, doit avoir été enfoui par quelque orfèvre gaulois dans un moment de troubles, se compose de neuf pièces en or massif dont quelques-unes d'une exécution très remarquable. Les lingots d'or qui ont été trouvés en même temps, et dont quelques-uns étaient renfermés dans un vase de poterie grossière, dont on n'a pu recueillir que quelques fragments, n'ont pas été conservés; les pièces façonnées seules ont été acquises par l'Hôtel de Cluny.

Le premier de ces bracelets (n° 3104), d'origine gauloise, comme tous les autres, est composé de trois branches en or massif, de travail tors avec agrafe. Il pèse 59 gr. 3 décigr., et la disposition de chacune de ses branches rappelle celle du torquès gaulois ci-dessus décrit.

Le second bracelet (n° 3105) est également en or massif et façonné en manière de tresse. Son poids est de 17 gr. 9 décigr.

Un troisième bracelet (n° 3106), toujours en or massif, est décoré de filets unis et pèse 10 gr. 2 décigr.

Un autre bracelet (n° 3107) est orné de filets guillochés. Il est en or massif comme les précédents, et son poids est de 8 gr. 3 décigr.

Viennent ensuite (n° 3108) une bague en or, à filets guillochés, du poids de 3 grammes.

Un bracelet (n° 3109) en or rond, uni et plein, à double révolution, pesant 146 gr. 5 décigr.

Un autre bracelet (n° 3110), de même forme, également en or massif, mais à quadruple révolution, du poids de 185 gr. 4 décigr.

Un troisième bracelet (n° 3111) à forme analogue et à un seul tour, en or massif, du poids de 39 gr. 5 décigr.

Et enfin, un anneau rond (n° 3112), à triple torsion en or uni et massif pesant 9 gr. 8 décigr.

Ces neuf pièces d'orfèvrerie gauloise ont été trouvées ensemble, comme nous l'avons dit plus haut, avec des lingots d'or à l'état brut.

L'orfèvrerie fut très florissante au moyen âge[1]. En effet, à cette époque de luttes, de guerres intestines et étrangères, la fortune mobi-

---

1. M. Paul Lacroix a écrit, en tête de son intéressante *Histoire de l'orfèvrerie française*, les lignes suivantes : « De tous les arts, le plus ancien est peut-être l'art de travailler l'or, c'est-à-dire l'orfèvrerie : on la trouve déjà florissante aux époques héroïques des différents peuples du monde..... Les autres métaux dormaient dans le fonds des mines, que déjà l'or avait fourni aux premiers habitants du globe, non seulement des ustensiles et des armes, mais aussi des objets de parure et des insignes religieux. Il est donc permis de regarder les orfèvres, les ouvriers qui travaillent l'or, comme les initiateurs de tous les arts manuels. »

lière consistait presque uniquement en or et en argent, car des pièces d'orfèvrerie étaient des trésors facilement transportables, pouvant être aisément cachés et au besoin fondus dans un cas de ruine, de disette.

Ce qui distinguait l'orfèvrerie française du moyen âge de l'orfèvrerie des peuples de l'antiquité, c'était l'alliance intime, la combinaison décorative des pierres fines, des bijoux avec les métaux précieux.

Pendant toute la période mérovingienne, l'ornementation, la décoration des pièces d'orfèvrerie consistait uniquement dans l'emploi des pierres fines.

*
* *

Malgré les importations byzantines, la fabrication des objets d'orfèvrerie était très féconde en France.

L'atelier de l'orfèvre a été pendant toute la durée du moyen âge le *grand et fécond laboratoire* d'où sont sortis tous ces reliquaires, ces devants d'autel, ces candélabres, ces croix processionnelles, ces encensoirs, ces crosses d'évèques ou d'abbés, et tant d'autres pièces magnifiques et de délicats bijoux qui font aujourd'hui l'honneur de nos collections et de nos musées. On peut dire mieux encore : *il a été l'école où se sont formés les plus remarquables sculpteurs de ce temps.* Là, ils apprenaient à manier tous les procédés, à mettre en œuvre toutes les matières ; l'artiste dont le talent s'était assoupli à repousser dans une feuille de métal les figurines destinées à l'ornement d'une châsse, d'un autel, ou l'un de ces bustes ou *chefs* renfermant quelques fragments de la tête d'un saint, n'éprouvait pas de difficulté à exécuter par le même procédé ou à fondre et à ciseler les grandes statues de bronze couchées sur les tombeaux, qui étaient nombreuses jadis dans les grandes églises, et qui sont devenues rares aujourd'hui ; elles étonnent encore, par la beauté du travail et de la matière notre siècle, trop enclin à vanter les *progrès* de ses arts et de ses industries[1].

---

1. Paris semble être, dès les premiers siècles de la monarchie franque, la terre classique de l'orfèvrerie. Son territoire ne possède pas, comme les montagnes de l'Auvergne, des Cévennes et du Limousin, des mines d'or et des gisements de pierres précieuses ; la joaillerie, l'émaillerie n'y sont point, comme à Limoges et à Montpellier, une sorte de produit spontané ; mais les rois y résident, les officiers de la couronne y étalent leur luxe, et les grands feudataires viennent, en rendant hommage au suzerain, y faire leurs acquisitions.

De plus, Paris a dans son voisinage les métropoles de Reims et de Sens, les antiques sièges de Soissons, de Senlis, de Laon, de Noyon, de Meaux, de Beauvais, etc., dont les évêques sont en relations continuelles avec la royauté ; les monastères opulents se multiplient dans les environs,

A Reims, il existait d'importants *ateliers de moines orfèvres*. On sait par les récits des chroniqueurs que la reine Brunehaut avait fait faire un grand bouclier en pierres précieuses et en or, destiné au roi d'Espagne. On sait que saint Rémy avait demandé dans son testament qu'on fabriquât un calice et un ciboire ornés de figures sur lesquels on devait graver des inscriptions qu'il avait composées.

Les Francs avaient un goût très prononcé pour l'orfèvrerie et même ils y mettaient un grand orgueil. Un jour, Chilpéric, qui avait reçu en présent plusieurs objets en métal travaillé qui paraissaient exciter une grande admiration, fit mettre à côté un large bassin d'or orné de pierreries qu'il avait lui-même fait fabriquer, et le montrant à Grégoire de Tours, s'écria : « C'est moi qui l'ai fait faire pour orner et rehausser la nation des Francs. Ah! je ferai encore, si je vis, bien des choses. » Mais il ne faut pas s'y tromper, ce n'était pas le travail qu'admirait le barbare, mais surtout la richesse de l'ouvrage et la valeur de la matière.

Du reste, c'était la seule chose qui fût alors appréciée.

Anastase le Bibliothécaire a fait une histoire des papes où il décrit les libéralités de Constantin à l'égard des églises. Il cite, entre autres, dix-huit statues en argent massif, savoir : « le Sauveur assis pesant 120 livres, les douze apôtres pesant chacun 90 livres, quatre anges pesant chacun 120 livres, avec des pierres précieuses en guise d'yeux, une lampe d'or avec cinquante dauphins, pesant avec sa chaîne 25 livres, etc. »

« La meilleure partie du butin ramassé par les Francs, les Hérules, les Bourguignons et les envahisseurs, dit M. Paul Lacroix, se transformait en orfèvrerie religieuse et devenait le partage des églises et des couvents, des évêques et du clergé. Dès le règne de Clovis, l'évêque et l'abbé portaient une crosse en or, une mitre d'or et un anneau épiscopal d'or à cabochon ou pierre de couleur; les ossements des saints reposaient dans des capses ou reliquaires d'or et d'argent garnis de pierres précieuses : les vases de l'autel étaient en or et en argent massif. Il suffit de rappeler l'histoire du vase de Reims. Ce vase, « d'une grandeur et d'une beauté extraordinaire, » dit Grégoire de Tours, avait été enlevé dans le pillage d'une église de Reims, en 486; il faisait ainsi partie du butin qui devait être distribué, à Soissons, par la voie du sort, entre les Francs de Clovis. Celui-ci, auprès duquel l'évêque de Reims, saint Remi

---

et l'art de travailler l'or reçoit de toutes ces circonstances réunies, une vigoureuse et durable impulsion. Le fameux vase de Soissons, les pièces d'orfèvrerie trouvées dans le tombeau de Childéric à Tournay, les riches bassins que montraient orgueilleusement Chilpéric et Gontran, dit Grégoire de Tours, appartiennent à cette première époque et se rattachent à l'art gallo-romain, qui fut le premier maître des Francs. (Tisserand. *L'orfèvrerie parisienne au moyen âge.*)

fit réclamer ce vase d'orfèvrerie, voulut le faire mettre à part pour le rendre au prélat ; mais un soldat, mécontent du privilège que s'arrogeait son chef, brisa le vase d'un coup de francisque. Plus tard, Clovis vengea ce pauvre vase en fendant la tête du soldat, en lui disant : « Souviens-toi du vase de Soissons. »

Plus tard, saint Éloi, évêque de Noyon, ami et conseiller intime du roi Dagobert, fit, pour celui-ci, de nombreux objets d'orfèvrerie. Il fit aussi pour les églises de France les châsses d'un grand nombre de saints personnages. N'oublions pas de dire que saint Éloi fut aussi architecte, et que de son temps, on louait beaucoup les constructions qu'il avait élevées à Paris et dans la ville de Limoges. Sa vie avait été tout entière consacrée aux bonnes œuvres.

On connaît la grande popularité de saint Éloi [1]. Le roi de France Clotaire, qui avait entendu parler de ce célèbre orfèvre, le fit venir auprès de lui et lui confia une grande quantité de pierres précieuses et d'or en lui demandant de lui faire un superbe fauteuil. Mais, ne voilà-t-il pas qu'avec ces pierres et cet or qui lui avaient été confiés, saint Éloi au lieu de faire un fauteuil en fit deux magnifiques. Le roi Clotaire, ravi de la probité et du talent de l'orfèvre, le fit rester à sa cour et le nomma son trésorier.

*

*　*

Le luxe de l'orfèvrerie était aussi très grand au moyen âge en ce qui concerne la table. Les banquets étaient somptueux. La cour de Bourgogne nous en donne un exemple curieux :

« Olivier de la Marche et les comptes de la maison des ducs nous présentent d'étranges détails sur le luxe et les divertissements introduits

1. Bientôt une école nationale se constitue, et c'est à Paris qu'elle établit le siège de sa fabrication : l'orfèvrerie Eligius — Saint-Éloi — originaire du Limousin, apporte dans la capitale du royaume franc les traditions et les procédés de son pays ; devenu l'ami de Clotaire II et le ministre de Dagobert Ier, il dirige la monnaie royale, renouvelle la vaisselle du palais, les vases sacrés des églises, couvre d'or et de pierreries le tombeau de saint Denis et crée à Paris deux nouveaux centres d'activité : le monastère de Saint-Martial dans la cité, et le faubourg Saint-Paul hors les murs. — Un testament de la reine Mathilde signale aussi l'existence d'une fabrique à Saint-Lô.

Dans la cité, en face du Palais, sous la direction de sainte Aure (*Aurata*), dont le nom indique en quelque sorte la pieuse profession, les religieuses tissent la soie, l'or, et font des broderies pour les vêtements ecclésiastiques, tandis que les orfèvres, groupés dans la culture Saint-Éloi, autour de la chapelle qui fut plus tard l'église Saint-Paul, continuent les traditions artistiques du savant évêque de Noyon. Il ne nous reste plus rien des chefs-d'œuvre que durent enfanter alors le génie et la foi. (Tisserand. *L'orfèvrerie parisienne au moyen âge.*)

dans ces festins, dit M. Maillard de Chambure (*Dijon ancien et moderne*). C'était, au milieu, des *buffets chargés d'or et d'argent,* tantôt un dromadaire fait au vif, portant panier plein d'oiseaux peints que son conducteur lâchait au milieu de l'assemblée; tantôt un lion plus gros qu'un cheval, qui chantait agréablement une ballade et faisait une révérence; d'autres fois c'était un loup jouant de la flûte, des sangliers sonnant de la trompette, et un quatuor d'ânes chantant un motet; à quoi il faut joindre les montagnes de glace ornées d'ours, les châteaux forts, les moulins à vent, les lacs, les baleines de soixante pieds de longueur, de la gueule desquelles sortaient nombre de sirènes et de chevaliers, qui, leur rôle joué, rentraient dans le ventre des monstres; les pâtés creux, renfermant une église avec ses moines et ses orgues, et beaucoup d'autres inventions aussi miraculeuses qui, sous le nom d'entremets, descendaient du plafond sur des *chariots peints d'or et d'azur*, aux armes du duc, et étaient présentées à l'admiration de l'assemblée. Cependant ces magnifiques automates n'étaient pas les seules délices que les ducs offrissent à l'ébattement de leurs convives. Le gibier de leurs forêts et le bon vin de leurs vignes de Pomard et de Montrachet en faisaient la principale richesse. Quant aux menus mets d'usage à leur table et spécialement destinés à affriander les dames, on trouverait dans les comptes de ces repas de curieuses nomenclatures : faisans à la poudre d'or, poules de l'Inde braisées dont la première fut offerte à la duchesse Marguerite, le 12 novembre 1385, gélines au safran, pâtes de groseilles, tartelettes et confitures de poire, anis et aulx confits servis dans des *riches drageoires*, orge pilé, épinaches (épinards) au sucre, rousset, blé vert, oblies, pots de gingembre vert, verjus de pommes au girofle, noix musquettes, hypocras, vin d'épices et clairet de Bourgogne, servi par les pages *dans les hanaps d'or* et que le duc buvait à larges traits dans le *grand hanap de Jules César*, qui fut remis à neuf pour la venue du roi d'Arménie à Dijon. Après le service, des *cure-dents d'argent* étaient offerts aux convives, avec une brosse de bruyère et une queue de renard pour s'épousseter. C'était l'heure attendue où quelque menestrel ou poète parasite, Thomas de Hédincourt en 1368, Jehan des Fossés en 1376, introduit dans la haute galerie de pierre qui dominait la salle, chantait, pour réjouir les dames, quelque complainte nouvelle; ou bien l'assemblée se tenant près du foyer brûlant, les allumettes de jonc qu'il fallait, « sous peine de bailler gage, éteindre d'un coup sans tousser, » les « almanacques et pronostications » copiées plus tard par *Nostradamus*, et déjà célèbres et infaillibles comme depuis, servaient de passe-temps aux femmes et aux jeunes gens, tandis que le duc et ses barons devisaient des guerres de Flandre, de l'occision des Armagnacs, ou de leurs faits de chasse, un des passe-temps favoris du prince, qui n'avait pas moins de quatre cent trente veneurs de tout grade dans son équipage. »

*
* *

A la fin du viii⁰ siècle, l'orfèvrerie prit dans l'ornementation un caractère spécial: ce qui domina, ce fut *l'imitation des monuments de l'architecture* [1].

C'est ainsi que les châsses affectèrent la forme d'églises, tantôt à bas côtés, tantôt à une seule nef. Les reliquaires prirent la forme des objets vénérés qu'ils renfermaient [2].

Comme merveilles d'orfèvrerie du moyen âge, le musée du Louvre possède le *sceau de Childéric Ier* [3] et l'*épée de Charlemagne*.

Le *sceau de Childéric Ier* nous montre le roi mérovingien tenant une lance dans la main droite [4].

L'*épée de Charlemagne* a une ornementation qui rappelle certains monuments de l'Asie : deux lions ailés terminent les gardes de la poignée et les deux oiseaux fabuleux qui s'enlacent sur le pommeau paraissent être d'invention orientale. Les yeux des lions sont des boules de lapis, la poignée est d'or, et le fourreau est enrichi de saphirs, de topazes et d'améthystes. « Cette épée, dit M. Barbet de Jouy, conservateur du musée des souverains, est celle que les moines de l'abbaye de Saint-Denis conservaient dans leur trésor. A chaque avènement d'un roi, elle était portée par eux dans la ville où avait lieu le couronnement, le plus souvent à Reims, et déposée sur l'autel pour les cérémonies du sacre. Dès le xiii⁰ siècle, elle avait un nom : on l'appelait Joyeuse. Après que le roi l'avait reçue des mains de l'archevêque, il la remettait en celles du

---

1. A partir du xii⁰ siècle, l'orfèvrerie est intimement liée à l'architecture et elle en suit les évolutions ; tous les procédés lui sont bons ; la fonte, la ciselure, le repoussé et les pratiques voisines, frappe et estampage, le repercé, même l'entaille, les applications de filigrane, de pierres précieuses, le nielle et les émaux. C'est qu'en effet, c'est dans l'affaire de l'orfèvre que s'accomplissent les inventions les plus favorables à l'art, que s'élaborent les véritables progrès. (Albert Jacquemart.)

2. C'est ainsi que la sainte lame était contenue dans une perle en cristal de roche ; les fragments de la vraie croix dans un reliquaire ayant la forme d'une croix à double branche, etc.

3. Il a été découvert avec différents objets dans le tombeau de Childéric Ier, en 1673.

4. A côté se trouvent des sous dits de Léon Ier, empereur d'Orient.

connétable, qui la portait devant le prince, dans l'église, en certains moments du sacre, et après la cérémonie lorsqu'il se rendait au palais. L'histoire a conservé les noms des hommes illustres qui l'ont portée devant nos rois. Au sacre et au couronnement de l'empereur Napoléon Ier, le maréchal Léfebvre porta pendant la cérémonie l'épée de Charlemagne. Ce fut à cette occasion que la fusée de la poignée a été refaite telle qu'elle existe aujourd'hui. »

*
* *

Il y avait un atelier d'orfèvrerie très célèbre dans le cloître de Saint-Denis. Les moines artistes des autres couvents venaient y étudier les éléments de leur art.

A Paris, les orfèvres laïques étaient établis dans la rue de la Barillerie, en face le Parvis de Notre-Dame et sur le pont qui depuis a reçu le nom de Pont-au-Change. Ils avaient de curieux statuts. Leurs boutiques devaient être fermées le dimanche, à l'exception d'une seule, que chaque orfèvre ouvrait à son tour. Le bénéfice que cet orfèvre faisait ce jour-là devait être déposé dans un tronc et destiné à un repas que la corporation des orfèvres religieux offrait chaque année aux pauvres de l'hôpital de l'Hôtel-Dieu [1].

*
* *

On ne possède pas beaucoup de pièces authentiques d'orfèvrerie de la Renaissance française. On sait que les superbes services commandés par François Ier, avaient été fondus pour payer sa rançon. Le principal orfèvre de l'époque, l'artiste qui eut alors la plus grande renommée, se nommait Étienne de Laulne. C'était en même temps un graveur en taille-douce. Il nous a laissé quatre cents pièces gravées, comprenant une foule de modèles pour l'industrie, entre autres des modèles de manches de couteaux, de pommeaux d'épées, des miroirs d'une rare élégance.

---

1. Il y avait aussi à Toulouse une école d'orfèvrerie remarquable. On trouve dans les églises du département de Tarn-et-Garonne de nombreux spécimens des œuvres de cette école, entre autres des châsses de vermeil en forme d'églises, des reliquaires, des cabochons, des pierres gravées, etc.

A la même époque, appartient François Briot, qui a fait un grand nombre d'*aiguières*, de hanaps, de vases enrichis d'arabesques.

François Briot est représenté au musée de Cluny par deux œuvres d'art remarquables :

1° Une aiguière et son bassin en étain, décorée de figures et d'ornements en relief.

L'aiguière est couverte d'arabesques d'une grande richesse ; la panse est décorée de trois médaillons qui renferment les figures de la Foi, de l'Espérance et de la Charité. L'anse est formée par une chimère renversée.

Le bassin est entièrement décoré de médaillons séparés par des arabesques et par des mascarons en relief. Le médaillon du milieu, celui qui soutient l'aiguière, représente la Tempérance ; autour figurent les quatre Éléments avec leurs attributs ; sur la bordure, les Sciences avec leurs emblèmes ; puis au dos du bassin se trouve le portrait de l'auteur, avec la légende : *Sculpebat Franciscus Briot.*

2° Une aiguière avec bassin de forme analogue à la précédente, exécutée par le même maître. — xviᵉ siècle.

La décoration du bassin est la même que celle du n° précédent. La panse de la buire seule présente quelque variété dans les sujets. Ici c'est l'histoire de la chaste Suzanne : Suzanne surprise au bain par les vieillards, le jugement et la lapidation des imposteurs.

Cette aiguière a été dorée ainsi que le bassin.

*
*   *

Le roi Louis XIV avait un goût assez prononcé pour l'orfèvrerie. L'orfèvre du roi s'appelait Merlin. Mais le plus célèbre des orfèvres de son règne fut Ballin. Dès l'âge de dix-neuf ans, il avait composé quatre grands bassins décorés de figures en relief qui eurent un tel succès, que le cardinal de Richelieu en les achetant lui commanda quatre grands vases pour les accompagner. Ballin a fait tous les genres et il a travaillé pour les églises tout autant que pour les châteaux ; mais c'est surtout dans le somptueux mobilier de Versailles qu'il a été appelé à déployer tout son talent.

A côté de Ballin, il faut citer son gendre Delaunay, Alexis Lion, Lacoste, qui tous travaillèrent pour Versailles sous la direction de Lebrun.

La famille des Germain a été une famille célèbre pour l'orfèvrerie. On peut citer parmi ses membres :

René Germain Ier (1645-1684), auteur de travaux à Versailles ;

Thomas Germain (1672-1748), son fils, auteur de soleils d'église, de trophées. Il fut logé au Louvre et avait le titre d'échevin. C'est à lui que Voltaire faisait allusion quand il disait: « Et ces plats si chers que Germain a gravés de sa main divine. »

Pierre Germain II (1722-1798), le plus célèbre des Germain par ses œuvres et par les modèles d'orfèvrerie qu'il a laissés sous son nom.

Il est aisé, dit M. Paul Rouaix, d'analyser son style dans le recueil de planches qu'il a publié sous le titre de « Éléments d'Orfèvrerie divisés en deux parties de cinquante feuillets chacune, composés par Pierre Germain, marchand orfèvre et joaillier. Se vendent à Paris, chez l'auteur, place du Carrousel, à l'Orfèvrerie du roi (1748) ». Dans la dédicace à M. Machault, l'auteur fait allusion au grand Colbert. Puis vient un avis où Germain explique son but d'enseignement; il entend « seconder les bonnes dispositions des jeunes gens, pour lesquels seuls *il l'a* composé » et leur donner des conseils sur la «diversité des contours». La première partie est consacrée à l'orfèvrerie religieuse : burettes, cuvettes, sonnettes, bénitiers, ciboires, reliquaires, châsses, lampes, paix, etc. La seconde est occupée par des modèles d'orfèvrerie laïque : contours de plats, casseroles, cafetières, salières, écuelles, sucriers, flambeaux, cabarets, surtouts, boîtes. Sur presque toutes les premières planches la signature est P. Germain; sur toute la seconde partie et plusieurs planches de la première, le prénom se modifie d'orthographe et devient Per Germain. Sept planches (n°s 70, 71, 72, 78, 81, 82, 86) sont composées et signées par l'orfèvre Jacques Roëttiers, ami de Germain.

L'impression d'ensemble est celle d'une grande largeur de dessin : même lorsqu'il s'abandonne aux caprices les plus tourmentés du style Louis XV, Germain laisse un ensemble très « assis et très solide » sous la désinvolture cavalière et crâne des cannelures et des tuyautés de ses coquillages. Les flambeaux ont une grande fermeté de lignes, presque sévère. Certains calices sont d'une simplicité qui étonne à cette époque. Même quand il déconcerte en apparence la symétrie, le tout de la pièce, l'ensemble est « solide ». Ses boîtes de toilette, dont la coupe horizontale est contournée, présentent des aspects élégants sans afféterie.

Parmi les détails qui reviennent le plus fréquemment dans l'ornementation, notons d'abord *la coquille*. Il lui donne une souplesse végétale et, comme Lepautre a fait de l'acanthe, il la plaque et l'applique sur

les ensembles sans désorienter, ni briser les profils. Les tuyautés et les
festons qui rayonnent du centre de la coquille sont sans trop de saillies
et sans trop de découpures. Ces tuyautés forment parfois de véritables
godrons qui montent verticalement ou en spirales le long du culot du vase.

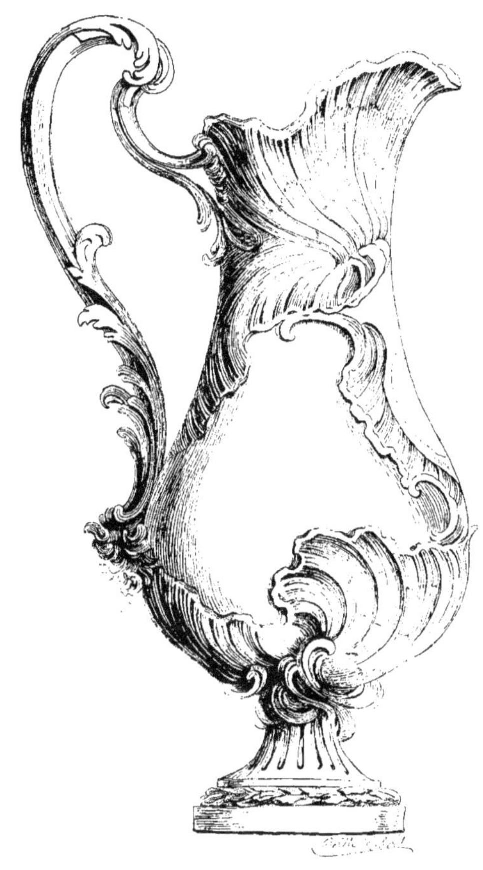

BUIRE DE PIERRE GERMAIN
(Dessin de Mme Berthe Robert)

Parfois les coquilles laissent à leur centre une sorte de ventre à forme
de cartouche : on dirait d'un cartouche qui serait encadré de tuyautages
de coquilles. Cette tendance à laisser comme des cartouches, soit dans
un encadrement à forme de balustre cerné par des cannelures ou des
tores, est remarquable chez Germain. Cette forme balustrée domine
dans les tiges des flambeaux : à leur centre elles se renflent et forment

un ovale très allongé que l'on aurait étranglé et serré au tiers de la hauteur, c'est-à-dire en laissant deux renflements, le plus fort en haut. Les pieds des vases de Germain sont petits ; dans les flambeaux les bases sont au contraire largement assises. Les roseaux lui ont fourni un élément décoratif gracieux : il les emploie pour les anses ; il en forme la courbe d'une crosse d'évêque, en les enroulant dans un ruban. On retrouve fréquemment ce ruban dans l'ourlet des contours de ses plats. Il apparaît de distance en distance sur un tore qui a la forme d'une tige végétale continue, sans feuilles et sillonnée de nervures parallèles.

Dans plusieurs modèles de buires ou de sucriers, Germain montre la plus capricieuse fantaisie ; mais il n'est jamais original aux dépens de la grâce et de l'élégance. On trouvera dans le Dictionnaire de nombreux modèles dessinés par P. Germain.

*
* *

L'influence considérable de Jean Bérain au commencement du XVIIIe siècle amène un style plus ténu, moins redondant dans l'orfèvrerie. L'orfèvre Briceau s'en est inspiré.

Les périodes de la reine Anne en Angleterre et de la Régence en France produisent des pièces d'une belle solidité de lignes, avec quelque chose de sérieux dans les contours, sans les excès de reliefs du style Louis XIV et sans les excès de courbes du Louis XV. Les ensembles témoignent comme d'une virilité de dessin : ils ont une expression de fermeté et de gravité. Le décor en découpures de lanières (où Bérain avait excellé) étale ses galons géométriques à saillie uniforme sur des fonds pointillés. La torsion des cannelures, embrassant obliquement les panses et les rotondités, prélude déjà au style Louis XV. Certaines ordonnances sont impuissantes à refréner le goût du luxe privé : les édits de 1719 n'ont pas l'effet ruineux des mesures prises analogues par Louis XIV.

*
* *

Il est difficile d'imaginer rien de plus élégant que l'*orfèvrerie de style Louis XV*. Sans doute, elle n'a pas la sérénité du style de la Régence, mais quelle verve ! quelle fantaisie ! Les caprices de la rocaille, les écussons obliques, les fruitelets végétaux, les chantournements des panses et des contours, les formes violonnées, caractérisent ce style qui revendique les grands noms de Pierre Germain et de Juste-Aurèle Meissonnier.

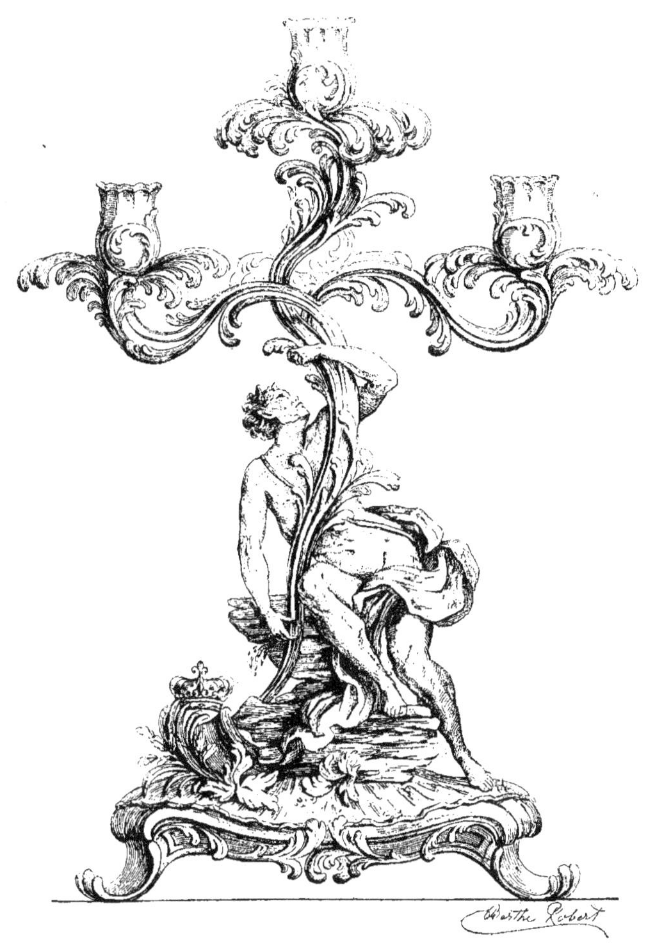

CANDÉLABRE PAR ROËTTIERS (XVIIIe SIÈCLE), STYLE LOUIS XV
(Dessin de Mme Berthe Robert)

(*Voir* ces deux noms.) A côté d'eux se place l'orfèvre Roëttiers, à qui l'on doit de beaux flambeaux (fig. 156 et 157), tabatières, bonbonnières, pommes de cannes, etc., etc., l'orfèvrerie se multiplie dans une originalité sans cesse renouvelée.

Le style de l'*orfèvrerie sous Louis XVI* différa de celui de l'époque Louis XV. La simplicité dans les formes de l'ensemble, dans la décoration des surfaces fut une des conséquences du nouvel enthousiasme pour les monuments antiques découverts à Pompeï. Le plus grand effet décoratif fut recherché en associant l'argent avec les tons profonds et riches des métaux de couleur.

Les surtouts de table devinrent d'une variété incroyable et d'une élégance rares [1].

Le plus grand des orfèvres en ciselure du temps de Louis XVI fut Gouthière. En 1771, il portait le titre de « *ciseleur et doreur du roy* ». Il travaillait beaucoup pour le roi et pour Mme du Barry [2].

Un des derniers orfèvres célèbres du xviii° siècle fut *Auguste*.

C'est à lui que fut confié le soin de fabriquer la couronne du sacre de Louis XVI.

Il avait adopté comme style une réminiscence du style romain, qui était alors très à la mode. Le mouvement révolutionnaire vint malheureusement entraver l'essor de sa carrière.

*
* *

Sous la Révolution l'orfèvrerie ne brilla pas d'un vif éclat. « — Tout est fondu, ou caché, ou disparu, dit Paul Rouaix. Nous avons parlé des fontes et des dons patriotiques. L'adoption du système décimal (qui n'a malheureusement pas été conservé dans la supputation des heures) crée les horloges à heures divisées non plus en soixante, mais en cent minutes. C'est l'heure décimale à la place de la duodécimale. On voit au musée Carnavalet des pendules qui sont au double système. La bijouterie, simple, sans éclat, se fait, comme le reste, toute révolutionnaire. Les

---

1. « Néanmoins, malgré l'habileté des orfèvres de ce temps, les ouvrages de Germain, qui se rattachent à l'époque précédente, resteront toujours comme les chefs-d'œuvre de l'orfèvrerie française au xviii° siècle. Au reste, la grande orfèvrerie ne répondait plus au goût du jour, et les plus habiles ciseleurs du temps, Gouthière notamment, travaillaient plus volontiers le bronze que l'argent. L'orfèvrerie de table elle-même, dans beaucoup de maisons riches, devait céder la place à la porcelaine, qui était alors dans sa plus grande vogue. Aussi, la branche de l'orfèvrerie qui fut la plus florissante à cette époque fut celle qui se consacrait exclusivement à la reproduction des menus objets, tels que les bonbonnières, les étuis à ouvrages, les flacons de poche, les tabatières, les théières, etc. Le style de ces ouvrages a souvent la prétention de revenir à la noblesse antique. » (R. Ménard.)

2. Le nom de Gouthière s'est trouvé associé à celui des plus grands artistes de son temps. C'est ainsi qu'on voyait à la galerie de San Donato, deux candélabres, provenant du palais de

boucles d'oreilles représentent des citadelles, des bastilles, des canons entrecroisés, des faisceaux de fusils, de drapeaux tricolores ciselés et émaillés. Les devises républicaines s'y lisent. Après « la Nation, la Loi et le Roi », on n'y lit plus que la Nation, la Loi — Liberté, égalité, fraternité ou la mort — Vivre libre ou mourir. Sur une montre en or de 1789 (qui est au musée de Cluny sous le n° 5414) est un trophée composé d'un râteau, d'une épée et d'une canne au-dessus de deux gerbes de blé. Le même musée possède, sous le n° 7311, des boutons où sous une glace se voient — union bizarre — les fleurs de lis et le bonnet phrygien avec la devise « Vivre libre ou mourir ». Les tabatières portent une décoration analogue : tabatières civiques, tabatières tricolores, tabatières à miniatures (Bastille, Déclaration des droits, emblèmes révolutionnaires). On porte des bijoux dits « à la Constitution », des bagues où est enchâssé un fragment d'une pierre de la Bastille. On abandonne les boucles d'argent que remplacent les boucles de cuivre sur les souliers. Ces boucles plus modestes prennent le nom de « boucles à la nation ».

La Bastille, on la retrouve partout : il semble que cette prison, qui n'était en somme une menace que pour les classes privilégiées, ait pesé sur toutes les poitrines. Sa démolition est une délivrance générale. Et l'on tisse sur des nappes, des serviettes, l'image du vieux donjon maudit.

Le goût de la France domine l'Europe, comme pendant tout le xviie siècle et pendant le règne du style Louis XVI.

Le plus célèbre des orfèvres de l'Angleterre est un Français, Paul Lamerie. Le style Louis XV anglais reste plus simple que le français : il a de jolies ornementations où, à la rocaille et à la pierre trouée, il mêle de gracieux et riches feuillages d'acanthe sur le bas des panses de ses cafetières, etc.

Avec le style Louis XVI, l'argenterie et l'orfèvrerie affectent une simplicité un peu froide en sa sévérité. Les cannelures droites et

Versailles, dont Clodion avait fourni les modèles et dont Gouthière avait exécuté les fines ciselures. On peut signaler aussi une paire de candélabres en diorite orbiculaire antique et bronze doré, et un candélabre en bronze et or mat, qui a la forme d'un vase bachique, dont les bobèches s'échappent parmi les fleurs, et qu'enrichissent deux figures de femmes posées sur le socle. Cette belle pièce fait partie du mobilier du palais royal de Madrid.

Nos collections privées renferment un assez grand nombre d'ouvrages, dont l'attribution à Gouthière soulève quelquefois d'assez vives contestations parmi les connaisseurs. Gouthière en effet a eu des collaborateurs et des élèves, et il a en quelque sorte imprimé son style à la plupart des ciseleurs qui ont été ses contemporains. Un type que l'on rencontre assez fréquemment dans le mobilier du temps de Louis XVI, c'est le candélabre à trois branches, formé d'une corne d'abondance que tient une figure de femme en bronze vert. L'origine de ce type passe pour appartenir à Gouthière.

parallèles, les tores rubanés formant ourlets, les médaillons ovales debout sous le nœud de rubans, sont les motifs les plus fréquents. On cite Auguste et Chéret.

*
* *

Le xix⁰ siècle voit s'appauvrir encore cette branche des arts décoratifs. La résurrection de l'antiquité grecque n'a pas été heureuse pour l'orfèvrerie. Le style Empire et la Restauration peuvent cependant s'honorer des Odiot, des Thomire et des Biennais. A citer également Fauconnier et ses neveux Fannières. Froment-Meurice fait pénétrer dans son art l'esprit du romantisme. Christofle contribue à répandre dans le public le goût des belles pièces.

Actuellement l'orfèvrerie, ou se fait la suivante du goût public, ou cherche à faire à ce goût d'heureuses violences. L'art japonais a beaucoup influé sur la mode : il a secoué la torpeur des routines.

L'orfèvrerie s'est doutée enfin qu'il pouvait y avoir autre chose que cet éternel ton de l'argent ou de l'or. Elle en a cherché les gammes. Les États-Unis et leur jeune industrie se sont lancés hardiment dans le nouveau. Après le mocoumé, avec le mocoumé, on a eu les beaux effets de martelé, et aujourd'hui l'art espagnol avec ses superbes damasquinures d'or et d'argent sur fer ne peut manquer de créer un courant nouveau.

*
* *

Parmi les objets intimes d'orfèvrerie, l'*anneau* a occupé longtemps une large place.

L'anneau, dès les premiers siècles de notre histoire, servait à sceller les lettres et à leur donner un caractère d'authenticité. « Nous vous promettons, dit Clovis en écrivant aux évêques, de déférer nos lettres quand nous aurons reconnu l'impression de *votre anneau*. »

Les évêques, comme les rois de France, portaient au doigt un anneau sur lequel se trouvait gravé leur sceau qu'ils apposaient aux actes émanés de leur autorité.

On trouve des sceaux de cette nature sous les rois des deux premières races, ainsi qu'au commencement de la troisième. Les évêques portaient des anneaux de même nature, ainsi que les papes, d'ailleurs[1].

Les rois de France, les évêques, les seigneurs, adoptèrent à partir du IIe siècle l'usage de suspendre leurs sceaux empreints sur la cire à tous leurs actes pour leur donner un cachet d'authenticité.

Souvent, l'anneau était un moyen et un signe de reconnaissance : dans le roman de Gérard du Roussillon, un messager de Gérard, qui allait de sa part faire des représentations à son souverain, lui présenta son anneau pour faire reconnaître son caractère.

L'anneau était encore un symbole d'union ; tantôt il indiquait l'union de deux époux, tantôt l'union du pasteur et de son troupeau ou du souverain et de ses sujets.

Dans les plus anciens rituels de l'Église, on trouve la bénédiction de l'anneau au moment du mariage.

Pourquoi par exemple, l'anneau des fiançailles ou du mariage a-t-il été placé au quatrième doigt, qui a pris de là son nom d'annulaire? La raison qu'on en donne paraît assez singulière : nous la donnons à notre tour, n'en ayant jamais trouvé d'autre. L'anneau se plaçait au quatrième doigt parce qu'on croyait qu'une veine de ce doigt correspondait avec le cœur.

Un vieux rituel de Reims prescrivait au prêtre de placer l'anneau à différents doigts en prononçant une formule rimée que le fiancé répétait :

> Au pouce : « Par cet annel l'Église enjoints ; »
> A l'index : « Que nos deux cœurs en soient joints ; »
> Au doigt du milieu : « Par un vrai amour et loyale foy ; »
> Au quatrième doigt : « Pour tant je te mets en ce doy. »

L'anneau nuptial offert par le roi Louis IX à son épouse Marguerite de Provence était une guirlande entrelacée de marguerites et de lis, allusion gracieuse au nom de la reine et au sien. Au chaton de cette bague brillait un saphir sur lequel était gravée l'image d'un crucifix, avec cette devise : *Hors cet annel pourrions-nous trouver amour?*

Saint Louis portait la même légende sur l'agrafe de son manteau royal. La princesse avait choisi pour devise personnelle une reine-marguerite avec ces mots, mélange de roman et de latin : *Roigna de terræ et ancilha de ciely,* « reine de la terre et servante du ciel ».

---

1. Les papes ont commencé l'usage de sceller leurs lettres avec leur anneau, et, comme cet anneau représente saint Pierre sous le costume d'un pêcheur, on l'appelle l'anneau du *pêcheur.* Coutume à la fois curieuse et touchante, à la mort de chaque pape, on brise cet anneau sur le seuil de sa chambre.

Au moyen âge, l'anneau jouait un grand rôle dans la cérémonie de l'investiture féodale. Grégoire VII même s'opposait à ce que les laïques donnassent aux ecclésiastiques ce signe de pouvoir spirituel. Ce fut un des prétextes de la guerre des investitures.

Les vieilles chroniques nous ont conservé quelques détails assez curieux sur cette cérémonie de l'investiture par l'anneau. Ainsi, lorsque l'archevêque de Rouen allait, pieds nus, prendre possession de la cathédrale, il passait devant l'abbaye de Saint-Amand; l'abbesse, qui l'attendait sur la porte, lui mettait au doigt un anneau, en disant aux moines de Saint-Ouen qui l'amenaient : « Je vous le donne vivant, vous me le rendrez mort. »

Le duc de Normandie, à la cérémonie de son couronnement, *épousait son duché*, en recevant au pied de l'autel un anneau bénit, qui était précieusement conservé par les Normands comme une preuve de l'indépendance de leur province. Lorsque Louis XI eut définitivement réuni la Normandie à la couronne, il fit briser l'anneau ducal en présence de l'échiquier où siégeaient les prélats et les hauts barons.

L'anneau indiquait aussi quelquefois l'*emprise* ou l'engagement pris par un chevalier d'accomplir un vœu. Cet usage fort ancien remontait aux Germains. Nous en trouvons la première trace dans Tacite, qui parle des anneaux de fer que portaient certains guerriers pour leur rappeler le serment qu'ils avaient prêté.

*
* *

Le collier occupe une place importante dans l'orfèvrerie. Les Gaulois portaient de grands colliers faits de fort fils de métal tordus : chez eux, c'était un insigne militaire [1].

Les premiers chrétiens portaient aux colliers des pendants de formes symboliques, où nombre d'entre eux renfermaient des reliques préservatrices.

C'est ainsi que Charlemagne fut enterré avec un collier d'or renfermant une relique.

Au moyen âge, la vogue des colliers fut très grande.

Partout ce bijou est mentionné : dans le *Roman de Jean de Paris*, on lit : « Lui fut mis au col un collier d'or tout couvert de rubis, de

---

1. On sait que le Romain Manlius mérita le surnom de Torquatus pour avoir tué en combat singulier un chef gaulois orné d'une de ces « torques ».

diamants et d'émeraudes, et il y avait au milieu une escarboucle qui rendait une grande lumière. »

Avec le xvi° siècle, l'émaillerie et la ciselure vinrent apporter leur appoint à la confection des colliers.

Aux xvii° et xviii° siècles, les pierres précieuses vinrent encore embellir les colliers.

*
*   *

On ne peut parler des épingles dans l'art décoratif que lorsqu'elles sont de véritables bijoux soit à cause de la matière employée soit par leur forme.

Au xvi° siècle, les épingles sont ornées de pierres précieuses. On donnait à ces bijoux le nom de *Ballant*, précisément parce qu'ils n'étaient pas fixes, mais ballants, c'est-à-dire avec des pièces suspendues[1].

Actuellement, la bijouterie et la joaillerie fabriquent des épingles pour coiffure et des épingles de cravate pour hommes, de tous les styles.

*
*   *

On sait que la *joaillerie* est l'art qui consiste à mettre en œuvre les pierres précieuses et à les combiner en bijoux. Il est donc assez difficile d'établir la limite distinctive qui sépare la joaillerie de la bijouterie et de l'orfèvrerie. Peut-être, peut-on dire que le travail de la joaillerie consiste surtout dans l'habile disposition des pierres, selon leur couleur, leur éclat, leur forme[2].

Au xvi° siècle, la ciselure prédomina et fit approcher la bijouterie de l'orfèvrerie.

A la fin de ce siècle, où l'émail vint se joindre à la ciselure, les perles prirent une place considérable, surtout les perles en poire.

Ce ne fut qu'au xvii° siècle que prédomina le diamant.

Au xviii° siècle, la joaillerie des pierres précieuses cédera la place à la bijouterie de métal.

----

1. Dans l'inventaire de Gabrielle d'Estrées, sont mentionnées neuf épingles de diamants avec aiguilles d'or.

2. Suivant une légende, Agnès Sorel serait la première femme de France qui ait porté des pierreries.

CHAPITRE X

L'ÉMAILLERIE

N a donné le nom générique d'*émaux* à des matières vitreuses qui sont colorées par des oxydes métalliques et fusibles à basse température.

L'émail se compose de deux substances différentes : la pâte vitreuse incolore servant de base à la composition et un oxyde métallique qui donne la couleur.

Les émaux sont transparents ou opaques ; on obtient l'opacité au moyen d'oxyde d'étain.

Suivant les procédés employés, pour fixer la pâte vitreuse sur les plaques métalliques, on divise les émaux en :

1° *Émaux incrustés ;* 2° *émaux translucides ;* 3° *émaux peints.*

Les *émaux incrustés* sont ceux dont l'émail est fixé dans des compartiments formés par le métal. On les divise en deux sortes :

1° Les *champlevés ;* 2° les *émaux cloisonnés.*

Les *émaux champlevés*[1] sont exécutés sur une plaque de métal, de quelques millimètres d'épaisseur ; toutes les parties qui sont destinées à recevoir l'émail sont évidées, et c'est dans les creux obtenus par le burin que se place la poudre d'émail.

Dans les *émaux cloisonnés*, le dessin est formé sur le métal par de

---

1. L'emploi des émaux champlevés dans l'ornementation des bijoux avait été pratiqué par les Égyptiens dès la plus haute antiquité.

petites lames métalliques, soudées par un fond de même nature et rapportées une à une.

M. Delalande indique ainsi le procédé employé pour faire des émaux cloisonnés : « On prend, dit-il, une mince feuille de métal sur laquelle on trace à la pointe le dessin; on découpe des lames de même métal d'une hauteur proportionnée à la grandeur de la pièce (de un à quatre millimètres), et l'on fait suivre à ces lames tous les contours du dessin en les arrêtant avec de la cire; puis quand le dessin est ainsi hérissé de ce relief en traits déliés, on soude à la plaque toutes ses lames.

De ce moment, la plaque est *cloisonnée* : c'est-à-dire qu'elle présente un réseau, et dans ce réseau autant de cloisons qu'en exigeaient le dessin et les nuances d'émaux dont on disposait. On distribue dans chacune de ces cloisons de la poudre d'émail, c'est-à-dire du *fondant*[1], et les oxydes métalliques colorants, pulvérisés ensemble. On passe la plaque dans le four pour obtenir la fusion, et quand elle est refroidie, au moyen du polissage, on unit le tout comme une glace mosaïque, dans laquelle les cloisons viennent affleurer en traits effilés et brillants, de manière à tracer les limites des émaux en même temps que les contours du dessin. »

Les *émaux translucides* sur relief sont ceux dans lesquels le métal est ciselé en creux, de manière à figurer un bas-relief, sur lequel on coule des émaux de différentes couleurs. Dans ces émaux, les couleurs prennent des tons d'autant plus fixes qu'elles recouvrent des parties plus profondément creusées du bas-relief.

Dans les *émaux peints*, on peint sur un fond métallique au moyen de couleurs opaques et vitrifiables; ces couleurs sont établies avec le pinceau, soit directement sur le métal, soit sur une préparation d'émail dont le métal est préalablement enduit.

L'art de l'émail est très ancien. Les Grecs et les Étrusques avaient des bijoux ornés d'émaux.

*
*   *

Les Gaulois connaissaient aussi l'émail : c'est ainsi qu'on peut lire dans Philostrate[2] :

---

1. L'*émail* destiné à être appliqué est un mélange composé de plomb, d'étain, de carbonate de potasse et de sable siliceux, auquel on ajoute très souvent une très minime proportion de bioxyde de manganèse. Ce mélange constitue le *fondant*, auquel on mêle des oxydes variés, suivant la couleur que l'on désire obtenir.

2. Rhéteur grec qui vivait au IIIe siècle.

« On dit que les barbares voisins de l'Océan étendent des couleurs sur de l'airain ardent, qu'elles y deviennent aussi dures que la pierre et que le dessin qu'elles représentent se conserve. »

Une autre citation de Philostrate nous fait voir que les mors d'argent des chevaux étaient fabriqués par des Celtes qui les ornaient d'émail[1]. Les Gaulois posaient les matières vitrifiables sur le métal modelé en relief, les passaient ensuite au feu et avaient ainsi un objet restant tel qu'il était au moment de sa sortie du fourneau.

Les bijoux gallo-romains étaient émaillés et figuraient quelquefois d'un peu de mosaïque; des morceaux de verre étaient incrustés dans le métal champlevé.

A l'époque mérovingienne, les Francs se servaient généralement de l'émail blanc et rouge qu'ils inscrustaient dans les parties creuses des bijoux.

L'art de l'émail était en grand honneur parmi les artistes byzantins, et, grâce à eux, la fabrication de l'émail fut introduite en Italie au ixe siècle.

Didier, l'abbé du Mont-Cassin, faisait exécuter, à la fin du xiie siècle, un panneau d'autel en émail représentant la légende de saint Benoît.

Les plus grandes écoles de l'émail furent celles de Cologne et de Limoges. Celle de Cologne fut la première; quand Suger voulut faire fabriquer les pièces d'orfèvrerie destinées à l'abbaye de Saint-Denis, il fit venir des ouvriers rhénans.

*
* *

L'*école de Limoges* date de la fin du xiie siècle, et au milieu du xiiie siècle elle était à son apogée, comme le montre le beau calice de la galerie d'Apollon, signé *Alpais*.

Dans son très savant *Essai sur les émailleries de Limoges*, l'abbé Texier fonde une classification des champlevés de Limoges sur des caractéristiques que l'on peut résumer ainsi :

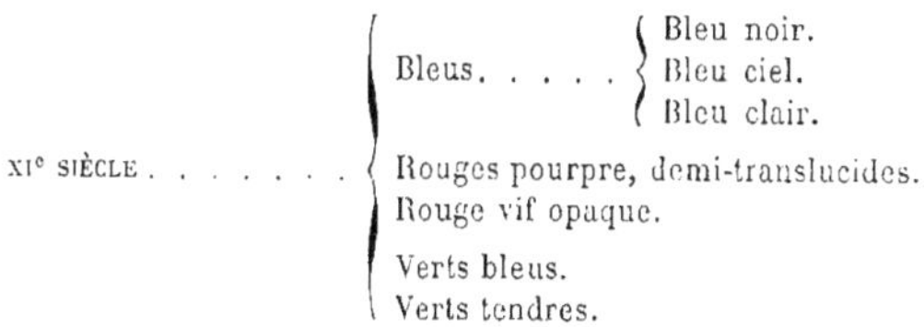

1. A l'époque de Septime-Sévère.

XII° SIÈCLE. . . . . . .
- Apparition du { Violet. / Gris fer.
- Recherches des demi-teintes. { Le vert sépare toujours le bleu du jaune. / Le jaune donne le clair des verts.
- Couleurs dégradées.

XIII° ET XIV° SIÈCLES. . .
- Figures réservées. } Gravées en intaille ou en demi-relief.
- Bleu dominant.

La fin du xiv° siècle voit s'éteindre l'émaillerie champlevée et naître l'émaillerie peinte à Limoges.

On peut diviser les caractères différentiels des émaux de Limoges de ceux de l'école de Cologne en deux sortes : les sujets et les couleurs.

Les produits de l'école de Cologne sont des œuvres de choix, car c'était surtout dans les cloîtres que se trouvaient les sujets et les couleurs.

A Limoges, le dessin était moins habile et plus dur. Quant aux couleurs qui le distinguent, on peut dire que celles de l'école de Limoges sont plus vives que celles de l'école de Cologne ; le bleu turquoise dominait à Cologne et le bleu lapis à Limoges. Le vert était la couleur dominante à Cologne et le bleu celle de Limoges.

Quand les papes vinrent à Avignon, l'art de l'émail s'introduisit à Montpellier, qui devint un centre important de cette fabrication.

Vers la fin du xv° siècle, les émailleurs de Limoges inventèrent les *émaux peints*, qui sont *des produits d'émail national essentiellement français* et des plus élevés.

*
* *

Les premiers émaux peints de l'école de Limoges ont été faits par des artistes inconnus.

Parmi les autres grands artistes français qui se distinguèrent dans la fabrication des émaux, citons :

Jean Ier Pénicaud[1], Léonard Limousin ou Limosin, René Raynaud[2], René Courteys, Suzanne de Court, Jean Laudin.

---

1. Parlant de Nardon Pénicaud, M. Ménard a dit : « Les ouvrages de cet émailleur se font reconnaître en ce que les principaux traits du dessin sont indiqués en bistre sur fond blanc avec des rehauts d'or au pinceau dans les lumières; les carnations sont modelées en blanc sur un fond légèrement violacé. C'est à peu près de la même façon que procédait Léonard Limosin, le plus fameux des émailleurs de Limoges, mais il apporte dans son art un savoir plus étendu et un sentiment beaucoup plus fin comme coloriste. »

2. Le musée du Louvre possède des pièces capitales de René Raynaud, entre autres des pièces de mythologie et des sujets de l'Ancien et du Nouveau Testament.

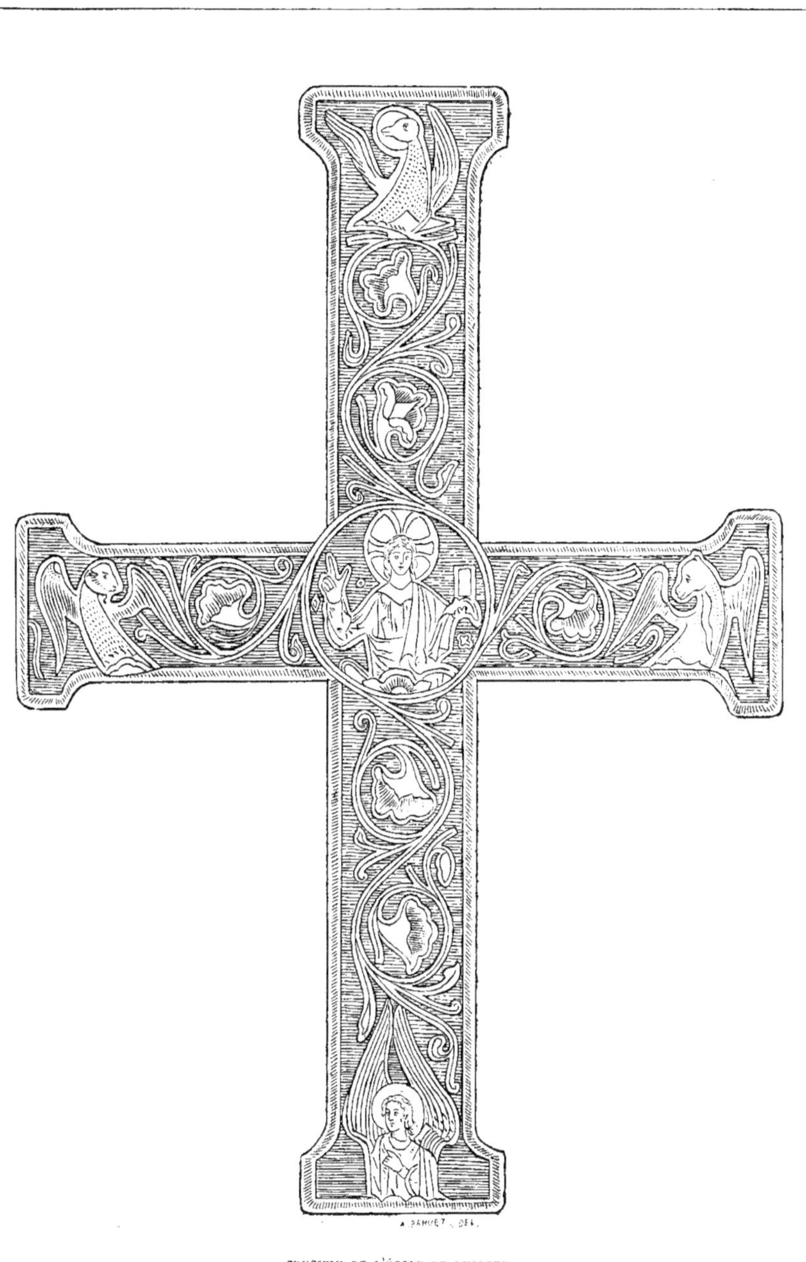

CRUCIFIX DE L'ÉCOLE DE LIMOGES

Collection du musée du Vatican (Dessin de M. Alfred Bahuet)

Le premier grand artiste dont peut s'honorer l'art français de l'émail fut Nardon Pénicaud, dont l'école dura jusqu'au xviie siècle. Les émaux de cet artiste sont vifs de couleurs et les fonds sont rehaussés de gouttes d'émail en relief imitant les pierreries.

« Pénicaud, a dit M. Jules Jacquemart, est le premier d'une nombreuse famille d'artistes limousins ; il travaillait dès le xve siècle, et l'ouvrage qui porte sa signature à l'hôtel de Cluny, le montre dans toute la force de son talent ; cet ouvrage est daté de 1503 et signé Nardon Pénicaud... Le contre-émail de ses plaques est toujours opaque et très épais... »

Léonard Limousin ou Limosin fut le plus grand peintre émailleur du xvie siècle. Il fut mis par François Ier à la tête de la manufacture royale des émaux de Limoges. Le Rosso et le Primatice lui fournirent des modèles.

Ce qui distingue ses figures, c'est que les proportions de ses personnages sont le plus souvent allongées, les extrémités petites et les muscles toujours accentués.

« Léonard Limosin, a dit M. René Ménard, est représenté au musée du Louvre par de superbes émaux qui sont tous placés dans la galerie d'Apollon. Le fameux tableau votif, dit *de la Sainte-Chapelle*, est un assemblage de vingt-trois plaques d'émail réunies dans une monture en bois. Il y en a deux qui se font pendants et qui représentent toutes deux des sujets religieux, avec le portrait en pied des donataires, qui sont, pour le premier, le roi François Ier et sa femme Éléonore, pour le second, le roi Henri II avec la reine Catherine de Médicis ; ces donataires sont agenouillés devant un prie-Dieu. Les émaux sont en partie colorés sur paillons. Le musée possède aussi plusieurs plaques mythologiques, comme *Neptune et Doride*, d'après une composition du Rosso, *Vénus et l'Amour*, où l'on a cru reconnaître pendant longtemps une image de Diane de Poitiers, qui serait également représentée, mais à côté de Henri II, dans une jolie plaque représentant un seigneur en costume du xvie siècle, monté sur un cheval blanc et tenant une femme en croupe. Enfin, nous avons de Léonard Limosin d'admirables portraits, entre autres ceux d'Anne de Montmorency, de François de Lorraine duc de Guise, de Henri II, de François II, de Catherine de Médicis, etc. »

« Le nombre des portraits exécutés par Léonard Limosin est très grand. Faisait-il lui-même les patrons de ses émaux ou bien se servait-il des dessins que des maîtres plus habiles ou plus en renom lui fournissaient ? Il est probable qu'il a pratiqué les deux procédés. On sait qu'il était assez habile dessinateur, son tableau de l'*Incrédulité de saint Thomas* en fait foi, et je ne serais pas éloigné de penser qu'il a lui-même tracé le modèle du portrait du connétable Anne de Montmorency qui se trouve à Limoges : l'émail exécuté d'après ce crayon, possédé par le Louvre, prouve qu'il soigna tout particulièrement le portrait de ce personnage. Toutefois, il est probable que le plus souvent ce fut sur des patrons envoyés de Paris à Limoges qu'il peignit ses émaux : il se conformait en cela aux traditions des émailleurs, qui, ainsi que les céramistes, puisaient dans des estampes connues la plupart de leurs modèles ; pour des œuvres plus importantes, on commandait des dessins spéciaux : un Français, Michel Rochetel, donna les patrons des émaux d'Anet ; un Italien, Nicolo dell' Abbate, fournit celle du retable de la Sainte-Chapelle.

Peintre-émailleur et valet de chambre du roi, Léonard fut amené à représenter, les uns après les autres, tous les personnages quelque peu marquants de la cour des Valois ; en général, il a retracé plusieurs fois leurs traits, souvent ingrats : dans son œuvre, on trouve plusieurs François Iᵉʳ, plusieurs Marguerite de Valois, des Henri II, des Catherine de Médicis, des Diane de Poitiers, etc., et dans bien des cas on dut lui commander toute la série à la fois, carrés ou ovales, avec ou sans cadres, suivant les convenances du client, ils sont plus ou moins bien réussis, parce que le feu a été plus ou moins bien conduit. Presque tous ont une grande intensité de ton, surtout dans les fonds exécutés généralement en bleu sur un apprêt blanc, ponctué d'or ; parfois le faire en est sec, le modelé au pointillé trop accentué, trop rouge, donne à l'ensemble un aspect brutal, tandis que d'autres, au contraire, où le jaune domine, surtout dans les cheveux et la barbe, ont une teinte fade et délavée.

Comment, avec un procédé aussi capricieux, aussi chanceux et délicat, pouvoir obtenir une ressemblance parfaite ? C'est pourtant un point important dans un portrait. Léonard a eu presque toujours assez d'habileté pour s'en tirer à son honneur, et la confrontation avec les peintures ou les crayons de nos contemporains ne laisse généralement aucun doute sur l'identité du personnage représenté ; rarement l'émailleur ne parvient à donner à son personnage qu'un *air de famille*. Son Montmorency, qu'il faut toujours citer, car c'est un chef-d'œuvre, est bien conforme à la médaille, et l'on y retrouve bien l'homme terne et assez nul dont l'histoire nous a transmis la physionomie morale ; la Diane de Poitiers, que nous voyons ici dans un superbe émail de la collection de M. le baron Gustave de Rothschild, est bien la favorite, assez médiocre sous le rapport physique, que nous représente une belle médaille contemporaine ; Catherine de Médicis, avec ses pommettes saillantes, sa bouche charnue et sensuelle et son menton fuyant, est aussi exacte que possible, et, chez Henry d'Albret, l'émailleur a bien pu saisir le trait principal de la physionomie : ce nez gigantesque des rois de Navarre, dont sa fille Jeanne possédait un si remarquable échantillon. Dans toutes ces œuvres, aussi bien dans celles que le lecteur a sous les yeux que dans celles du Louvre ou du musée de Cluny, ces deux admirables émaux représentant Claude de Lorraine, duc de Guise, et Antoinette de Bourbon, on sent un artiste qui est sûr de lui et auquel une longue pratique a dévoilé tous les secrets du portraitiste et de l'émailleur.

Léonard est encore un bon décorateur : c'est lui qui imagina ces charmants encadrements de bois doré encastrant des bossettes, des plaques d'émail tout à fait propres à augmenter l'importance du portrait, à en rehausser l'éclat ; mais il ne cherche point à tirer l'œil, à détourner l'attention de la figure : tout est admirablement combiné pour la faire ressortir, depuis le fond jusqu'aux arabesques d'or dont il diapre les costumes. Cet homme de goût ne pense pas, comme ses successeurs, que le paillon, le clinquant soient le dernier mot de la beauté en émaillerie.

Avec Léonard Limosin (décédé entre 1575 et 1577), le portrait en émail tel qu'il l'avait compris est mort. Jean de Court, un autre Limousin, émailleur et peintre comme lui, successeur de François Clouet, dans la charge de peintre du roi, essaye de marcher sur ses traces et l'imite dès le milieu du xvie siècle ; mais il est loin d'avoir le talent de Léonard. Les Limousins du xviie siècle ont, il est vrai, commis quelques portraits de pacotille destinés à décorer des bourses ou autres menus objets, ou même de grandes plaques. Sur ces portraits, il vaut mieux, et pour l'art et pour eux, jeter un voile épais. Ce n'est qu'avec les Toutin et les Petitot, et avec des procédés nouveaux, que l'art du portraitiste-émailleur renaîtra[1].

Un portrait d'Éléonore d'Autriche, la sœur aînée de Charles-Quint (reine de France en 1530 par son mariage avec François Ier), fait et signé par Léonard Limosin, en date de 1536, se trouve au musée de Cluny.

Ce magnifique portrait, haut de $0^m,36$, large de $0^m,24$, porte à sa partie inférieure, à côté de la signature de Léonard, les noms encore apparents d'Éléonore d'Autriche, fille de Philippe, roi d'Espagne, qui, après avoir épousé, en 1519, Emmanuel, roi de Portugal, et en 1530 le

---

1. Émile Molinier. *Léonard Limosin, peintre de portraits.*

roi François Ier, se retira en Espagne en l'année 1547, pour y mourir en 1558. Cette peinture en émail, exécutée en France par le chef de l'école limousine dans l'année 1536, a été sans nul doute portée en Espagne en 1547, au moment du départ de la reine, car c'est de ce pays, où il occupait une place importante dans la collection d'un artiste de premier ordre, qu'il a été apporté en 1856 pour être acquis par le musée de l'Hôtel de Cluny.

*
*   *

Laudin fut le nom d'une famille considérable d'émailleurs de Limoges du xviie siècle. Les plus célèbres furent Jean et Noël.

Jean Laudin[1] a produit un grand nombre de grisailles sur fond noir à rehauts d'or. Il signait en toutes lettres : « Laudin, émailleur à Limoges. » On voit de lui de nombreuses pièces au musée du Louvre.

Noël Laudin, protégé par le futur Régent, fut son maître de dessin. Il a fait des grisailles et des émaux peints où dominaient un rouge-brique et un jaune éclatant.

L'émailleur Pierre Raymond appartient au xvie siècle. Son monogramme se lit dans un hanap en émail de Limoges appartenant à M. le baron Alphonse de Rothschild.

Quoique les Allemands le revendiquent, Pierre Raymond est Français. Il est porté sur le livre des comptes de la Confrérie du Saint-Sacrement de Limoges. C'est à peu près tout ce que nous savons de sa vie, mais ses œuvres sont innombrables, elles commencent en 1534 et finissent en 1578. Elles sont signées *Pierre Raymd*. — *Reymon*. — *Remon*. — *Raymon*.

On peut voir au musée de Cluny, une des plus belles œuvres de Pierre Raymond, une coupe (de 1554) sur pied à couvercle, en grisaille rehaussée d'or sur fond noir figurant Loth et ses filles :

Cette coupe, d'une conservation remarquable, représente, dans sa partie concave, Loth assis entre ses deux filles et recevant leurs caresses; dans le fond du sujet on voit la destruction de Sodome et la femme de

---

1. On peut voir au musée de Cluny, un encrier avec bassin en émail de Limoges, décoré de figures et de trophées en grisaille sur fond noir avec rehauts d'or, par Jehan Laudin. — xviie siècle.

Les figures représentent les diverses peuplades vaincues et asservies. Elles sont couchées à terre au milieu des trophées d'armes et des instruments de guerre. Au-dessous sont les lettres initiales I. L., et au revers du bassin on lit : *Laudin, émailleur à Limoges*, I. L.

Loth changée en statue de sel pour avoir contrevenu aux ordres du Seigneur. La bordure est en arabesques d'or sur fond noir.

L'extérieur de la coupe est décoré de riches ornements en grisaille[1] sur fond noir. Le pied est couvert de guirlandes de fleurs et de fruits et de médaillons à figures. Deux cartouches renferment, l'un la date de

INTÉRIEUR D'UNE COUPE, PAR PIERRE RAYMOND
(Dessin de Mlle Noémi Schmitt)

1554, l'autre la signature de l'auteur P. R., qui se retrouve également dans l'intérieur du vase. Quatre fleurs de lis d'or décorent la base du pied.

Le couvercle est d'une grande richesse d'ornementation ; sa partie concave porte quatre médaillons qui présentent des portraits d'hommes

---

1. C'est pendant la Renaissance et le xvie siècle que les peintres-émailleurs affectionnèrent les grisailles. Très souvent ils se contentaient de quelques légers tons pour les carnations et de quelques dorures pour les accessoires : les grisailles se détachaient sur les noirs violents des fonds. Cet émail noir était préalablement étendu sur la plaque de cuivre et c'est sur lui qu'on dessinait en émail blanc opaque.

et de femmes séparés entre eux par des figures de génies, des cartouches et des guirlandes de fleurs et de fruits. L'intérieur du couvercle est également décoré de quatre médaillons à portraits séparés par des arabesques d'or sur fond noir.

* *
*

Après Pierre Raymond, il convient de parler de Jean Courtois. Dessinateur moins correct et d'un goût moins pur que ses devanciers, Jean Courtois se préoccupe surtout de la couleur. Il n'a pourtant ni le charme ni la suavité des maîtres qui l'ont précédé, quoique les teintes de ses émaux soient plus scintillantes. Comme la plupart des émailleurs de Limoges, il est assez peu inventif, et son œuvre est presque toujours la reproduction d'un tableau ou d'une gravure célèbre, dont il modifie quelque peu la disposition, mais dont il transforme complètement la couleur.

Jean Courtois est le dernier des émailleurs de l'École de Limoges qui ait vraiment mérité le nom de maître.

C'est au musée de Cluny qu'on peut voir de belles œuvres d'art de Jean Courtois.

Signalons les trois principales :

1º Une coupe sur pied à couvercle, représentant en grisaille la Création.

L'intérieur de la coupe représente Dieu créant le monde et livrant la terre à l'homme et aux animaux ; l'extérieur est richement décoré d'ornements et de mascarons. Le balustre est couvert de figures de termes, d'animaux chimériques, de bouquets de fruits, de fleurs et d'ornements variés.

Le couvercle présente sur sa face extérieure les diverses scènes de la création : le chaos, la création des animaux, celle de l'homme et de la femme. La décoration intérieure se compose de figures chimériques et d'ornements en grisaille et or sur fond noir.

Sur le pied de la coupe sont placées les initiales de l'artiste, J. C.

2º Une coupe à couvercle, grisaille à chairs teintées, figurant la Tentation de la femme et le Paradis perdu.

L'intérieur de la coupe représente Ève séduite par le serpent ; à l'extérieur est une riche décoration de mascarons et de guirlandes de fleurs et de fruits, d'une exécution analogue à celle du numéro précédent.

Sur la partie extérieure du couvercle se trouvent les diverses scènes du Paradis perdu : Adam et Ève sont chassés du paradis par l'ange au glaive flamboyant, et forcés de se livrer aux travaux de la terre. Ils apparaissent devant le Seigneur et rougissent de leur nudité. L'intérieur du couvercle est orné de figures chimériques et d'arabesques d'une exécution remarquable, en grisaille et or sur fond noir.

Cette coupe a été exécutée pour servir de pendant à la précédente. Elle porte également les initiales de l'auteur, J. C.

3° Une coupe à couvercle, de la fabrique de Limoges, montée sur pied en cuivre doré, grisaille teintée, représentant le Paradis perdu et le Déluge.

La partie intérieure représente les dernières scènes du déluge et l'arche de Noé ; l'extérieur est décoré d'ornements et de mascarons sur fond noir. Sur la partie convexe du couvercle sont figurées les diverses scènes du Paradis perdu : Ève séduite par le serpent et présentant le fruit du mal à Adam ; Adam et Ève paraissant devant le Seigneur et ayant honte de leur nudité ; l'expulsion du Paradis terrestre. Les initiales de l'auteur, J. C., se trouvent à plusieurs reprises sur la coupe et sur son couvercle.

Le musée de Cluny possède une splendide collection d'émaux de toute beauté qu'on peut étudier avec fruit.

Quant aux *objets de style byzantin, mais fabriqués par des artistes français à Limoges*, qui sont parvenus jusqu'à nous, on peut en admirer de forts beaux modèles au musée de Cluny. Citons principalement :

1° Un émail de Limoges. Grande châsse en cuivre gravé et incrusté d'émail.

Cette belle châsse est décorée de sujets tirés de l'Histoire de la vie du Christ. Les figures sont en cuivre gravé, et les têtes sont ciselées en haut relief sur des fonds émaillés en couleur. Les sujets sont : la Salutation angélique, la Visitation, la Nativité et la Crèche, l'Arrivée des Bergers conduits par l'étoile, l'Adoration des Mages, la Présentation au Temple, le Massacre des Innocents et la Fuite en Égypte. — Aux deux extrémités sont les figures du Christ tenant en main, d'un côté, le livre de vérité et les clefs du sanctuaire ; de l'autre, l'épée de justice.

2° Une crosse de Luçon, en cuivre doré et incrusté d'émaux.

Dans l'enroulement est la figure de saint Michel ; la douille est surmontée d'un anneau composé d'animaux chimériques enlevés à jour. — Cette belle crosse, trouvée dans les fouilles faites à Luçon en 1850, sous la direction de M. Boesvilvald, et par ordre du gouvernement, a été sauvée et envoyée à l'Hôtel de Cluny par les soins de cet habile architecte.

3° Une crosse de Bayonne, en cuivre doré et incrusté d'émaux (xıı° siècle).

La figure du Seigneur en action de bénir occupe, entre l'*alpha* et l'*oméga*, le milieu de l'enroulement sur l'une des deux faces ; de l'autre côté, la Vierge est assise sur un trône et tient l'Enfant-Jésus. — La douille est couverte d'animaux chimériques, et l'extrémité de l'enroulement est formé par une tête de serpent. Les figures et les têtes des chimères sont rehaussées de perles en émail.

L'ouverture d'une tombe épiscopale, trouvée à Bayonne en 1853, dans des travaux exécutés par l'État, a amené la découverte d'un costume sacerdotal complet du xıı° siècle et du plus haut intérêt ; à côté des débris humains et des étoffes renfermées dans cette tombe, se trouvait la crosse avec sa hampe en bois vermoulu, et son talon en cuivre gravé et doré. Grâce aux soins de M. Boesvilvald, architecte du gouvernement, ces riches étoffes ont pu être conservées, et elles ont été remises à l'Hôtel de Cluny par décision de S. E. le ministre d'État, ainsi que la crosse, l'anneau épiscopal, les bandelettes de la mitre, etc.

4° Une grande châsse de sainte Fausta, en cuivre gravé, repoussé, doré et rehaussé d'émaux en taille d'épargne, provenant du trésor de Ségry (xıı° siècle).

Cette belle châsse, haute de 0ᵐ,45 sur une longueur de 0ᵐ,52 et une largeur de 0ᵐ,18, est décorée sur toutes ses faces d'émaux de la plus remarquable exécution. — La façade principale porte en relief la figure du Sauveur, la main droite en action de bénir et la gauche soutenant le livre de vérité ; la tête est surmontée du nimbe crucigère ; une grande auréole en forme de *vesica piscis* encadre la figure, et les angles sont remplis par les symboles des Évangiles.

Au-dessous, et dans la partie pleine de la châsse, se trouve le Christ en croix, entre Marie et saint Jean ; au-dessus du bras de la croix, on distingue le soleil et la lune. — De chaque côté des deux sujets principaux sont les figures des apôtres, placés, la tête nimbée, sous des arcatures en plein cintre à fond d'émail. Toutes ces figures sont en haut relief, bronze gravé et doré, avec les yeux en émail.

L'autre face principale, celle du revers, représente le martyre de sainte Fausta, avec la légende : *Hoc est martyrium beatæ Faustæ*. Les diverses scènes de ce martyre se composent de vingt-trois figures gravées au trait sur fond d'émail, d'un style et d'une exécution éminemment remarquables.

Les deux faces extrêmes de la châsse sont richement décorées d'émaux qui représentent les figures de saint Pierre et de saint Jean, tenant, l'un, les clefs, et l'autre, le livre des Évangiles ; ces figures sont également gravées au trait sur fond d'émaux. Une belle crête, formant galerie à jour et ornée de cabochons en cristal de roche, surmonte le tout et complète la décoration de cette remarquable châsse, conservée jusqu'en 1858 dans le trésor de Ségry, près Issoudun.

5° Une autre châsse du martyre de sainte Fausta, provenant, comme la précédente, du trésor de l'église de Ségry, et exécutée en cuivre gravé, repoussé, doré et rehaussé d'émaux en taille d'épargne (fin du xiie siècle).

Cette châsse, dont la longueur dépasse 0^m,46 sur une hauteur de 0^m,36, et qui représente, comme la précédente, le martyre de sainte Fausta, n'est pas moins remarquable que celle décrite ci-dessus, et si le nombre des figures est plus restreint, la disposition du sujet, aussi bien que le style et l'exécution des ornements, en font une œuvre de premier ordre.

La face principale ne porte que cinq figures : celle du proconsul ordonnant le martyre, la figure de la sainte, agenouillée près du bourreau, et dans la partie inférieure, sainte Marie et saint Jean. — Ces figures sont en bronze doré de haut relief, sur un fond d'émail bleu largement décoré de rinceaux en cuivre gravé et de fleurons en émaux de couleurs.

Le revers porte six grands médaillons ; chacun d'eux présente un ange aux ailes déployées, sur fond d'émail rouge : le médaillon lui-même est fond bleu et sa silhouette découpe quatre lobes. Ces médaillons reposent sur un fond de cuivre gravé, doré et repoussé. Les bordures sont en émail et disposées en relief.

6° Une châsse en émail d'épargne, décorée sur sa face antérieure et sur ses deux côtés de sujets tirés de la vie du Christ, disposés sous des motifs d'architecture du xive siècle sur un fond bleu semé de fleurs de lys d'or ; le revers est divisé par carrés rouges et bleus, et semé de fleurs de lys d'or sur les fonds rouges et de croix sur les fonds bleus. Une galerie à jour, formée de colonnettes qui supportent des arceaux d'architecture ogivale, surmonte le couvercle, disposé en forme de toit. Bel ouvrage de Limoges au xive siècle.

Les sujets qui décorent la face principale sont au nombre de huit. Ce sont d'abord, sur le rampant du couvercle : la Salutation angélique, la Visitation, la Présentation au temple, la Fuite en Égypte ; puis, sur la face elle-même : la Nativité, l'Adoration des bergers et celle des rois mages. Ces sujets sont séparés les uns des autres par des colonnettes élancées, ornées de chapiteaux sculptés et surmontées de pleins cintres légèrement surbaissés. Les fonds, d'émail bleu, sont semés de fleurs de lys d'or et de rosaces à quatre feuilles.

Citons encore deux plaques en émail incrusté, à chairs teintées, exécutées à Limoges au XIIᵉ siècle, et provenant de l'abbaye de Grandmont.

La première représente le moine Étienne de Muret, fondateur, en 1073, de l'ordre de Grandmont, près de Limoges, en action de converser avec saint Nicolas.

La seconde a pour sujet l'Adoration des mages. Dans chacune de ces plaques les émaux sont entièrement incrustés. La tête seule du Christ est en relief.

La plaque d'Étienne de Muret porte l'inscription suivante :

NICOLAS ERT (ERAT) PARLA (PARLANT) A MONE TEVE DE MURET.

Étienne de Muret est représenté sans nimbe et la tête nue, c'est-à-dire avant sa canonisation, qui n'eut lieu qu'en 1188 ; son capuchon est rejeté, une de ses mains repose sur une espèce de *tau*, et l'autre indique un geste de conversation avec une figure nimbée qui représente le grand saint Nicolas, évêque de Myre, auquel Étienne de Muret et son père avaient voué un culte spécial qui les décida à se transporter en Calabre pour aller honorer les reliques de ce saint, récemment apportées à Bary.

Saint Étienne de Muret mourut à l'âge de quatre-vingts ans, en 1124. Dans cette reproduction, la figure est loin d'accuser au saint un âge aussi avancé ; on peut donc en conclure que cet émail date des premières années du XIIᵉ siècle, à l'époque où les artistes grecs seraient venus donner un nouvel essor aux fabriques de Limoges.

Il est probable que ces belles plaques sont tout ce qui reste aujourd'hui des immenses richesses de l'abbaye de Grandmont.

Pour la terre émaillée, de beaux spécimens seraient au musée de Cluny.

Ce sont des plaques d'un poêle provenant de la léproserie du château de Joinville et datant du XVIᵉ siècle.

Ces plaques, d'un style de dessin très remarquable, sont exécutées en relief. Elles sont au nombre de six ; les plus grandes sont décorées des figures allégoriques des quatre éléments : AQVA, TERRA, IONIS, AER.

Les deux premiers éléments sont personnifiés, l'un par une nymphe placée debout auprès d'une fontaine, et l'autre par une figure appuyée sur une corne d'abondance remplie des biens de la terre. Ces figures sont disposées dans des niches que surmonte un mascaron flanqué de deux figures couchées, dont l'une, le glaive et le laurier en main, représente la Victoire, et l'autre, tenant d'une main le sablier, et la tête penchée en larmes sur un crâne, personnifie la Défaite et la Mort. Ces allégories sont soutenues sur des pilastres, contre lesquels s'appuient des figures placées debout; l'une est dans l'attitude de la prière, la tête ceinte du nimbe; l'autre est enchaînée. Le médaillon inférieur présente la figure de la Justice ayant en mains le glaive et la balance.

Les deux autres bas-reliefs, le feu et l'air, sont également encadrés dans de riches compositions surmontées des figures allégoriques de la Musique et de la Vérité.

Depuis une trentaine d'années, l'art de l'émail semble revenir en honneur. Quelques artistes font les plus louables efforts pour attirer l'attention du public vers cet art délicat. Je mentionnerai en particulier Madame Berthe Robert (qui a reçu de nombreuses récompenses dans les expositions et qui est en même temps une miniaturiste de grand talent); M. Paul Soyer, qui imite la Renaissance à s'y méprendre; M. Taxile Doat, qui a signé plusieurs chefs-d'œuvre, etc.

CHAPITRE XI

L'IVOIRERIE

L'ivoire. — L'ivoire au moyen âge. — Au xive siècle. — Les collections d'ivoires au musée de Cluny. — L'oratoire des duchesses de Bourgogne. — Un bâton pastoral. — Jean-Baptiste Guillemin. — François et Joseph Rosset.

N sait que *l'ivoire* est une matière très dure tirée de la défense de l'éléphant.

Dès la plus haute antiquité l'ivoire a été travaillé.

A l'époque romane et à l'époque byzantine l'ivoire fut employé à profusion[1]. On s'en servit même pour la reliure. C'est ainsi qu'on peut voir à la Bibliothèque nationale, une feuille de milieu de triptyque qui a servi de couverture à un évangéliaire. Il faut voir la beauté et la finesse du travail. Cet ivoire représente le Sauveur chaussé de sandales, auréolé avec le nimbe aurifère, debout sur une espèce de socle à trois étages porté sur une galerie à colonnettes, bénissant l'empereur Romanos et sa femme Eudokde.

L'ivoirerie du moyen âge a surtout consisté en diptyques et triptyques, en agiothyrides. Les coffrets, les peignes, les miroirs sont souvent aussi en ivoire.

Au xive siècle, les personnages sculptés en ivoire prirent une expression très accentuée. Au musée du Louvre, dans la collection Sauvageot, on peut voir des peignes en ivoire de toute beauté.

Au xviie siècle, Benoit, Cavalier, Daelle furent renommés pour le travail de l'ivoire.

---

1. Au musée de Cluny, un charmant ivoire du xe siècle montre, en bas-relief, le Christ bénissant l'empereur d'Occident Othon II, et sa femme, Théophane. Cet ivoire a une hauteur de 18 centimètres.

Le musée de Cluny est très riche en collections d'ivoires. Parmi les plus anciens et les plus remarquables, nous pouvons en citer deux :

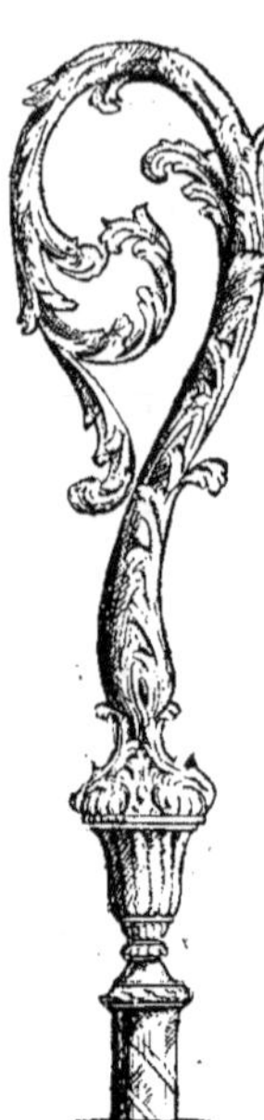

CROSSE EN IVOIRE
DU XIIe SIÈCLE

Un coffre en ivoire, de forme octogone, décoré de marqueterie, et figurant les diverses scènes d'un roman de chevalerie, semblable à celui de la Toison d'or. Ce coffre est un travail français du xiiiᵉ siècle[1].

L'autre monument est l'*Oratoire des duchesses de Bourgogne*, véritable tableau d'ivoire garni de figures et de sujets en relief, figurant la vie de saint Jean-Baptiste.

Ce charmant monument artistique date du xivᵉ siècle et provient de l'ancienne Chartreuse de Dijon[2].

Un charmant spécimen de travail français en ivoire datant du xiiiᵉ siècle peut être admiré au musée de Cluny.

C'est un bâton[3] pastoral (tau ou ferula) en ivoire ou en bois enrichi de pierreries.

Attribut des fonctions pastorales, ce tau, sorte de *baculus pastoralis* ou de *ferula*, se compose d'une tige d'ivoire formant poignée, que surmonte un chapiteau couronné par un lion de ronde bosse. Le sujet principal, en ivoire, présente quatre figures dont l'une, en costume épiscopal, donne la consécration à un prélat, évêque ou abbé, agenouillé devant lui. Une inscription latine : *Lex Dei vera est; per crucis hoc signum fugiat omne malignum*, est découpée en beaux caractères du temps sur les rondelles de la tige. Les yeux du lion, sa crinière, les médaillons d'ivoire qui

1. Le sujet de ce roman est l'histoire d'un chevalier qui part pour combattre les monstres défenseurs du trésor confié à leur garde. — Sur le premier panneau on voit le chevalier recevant les adieux de sa dame; il s'embarque, conduit par ses compagnons, et arrive près de la terre où se trouve le bélier, objet de sa conquête. Il revêt ses armes et se prépare à débarquer. Dès qu'il a mis pied à terre, le chevalier rencontre un taureau furieux qu'il combat et dont il est vainqueur. Plus loin, il est assailli par un dragon dont il se rend maître, et il saisit le bélier qu'il rapporte dans ses bras, au milieu des félicitations de ses parents et de ses amis.

Le couvercle du coffret est également décoré de huit bas-reliefs, dont sept représentent les figures allégoriques des Vertus; le huitième porte deux écussons soutenus par des figurines.

2. Le titre suivant concernant ce petit monument existe aujourd'hui dans les registres de l'ancienne Chartreuse de Dijon, déposés aux archives de la Côte-d'Or :

Comptes d'Amiot Arnaut, de 1392 à 1393. « Payé 500 livres à Berthelot Héliot, varlet de « chambre du duc (Philippe le Hardi) pour deux grands tableaux d'ivoire à ymaiges, dont l'un « d'iceulx est la Passion de Notre-Seigneur et l'autre la vie de monsieur saint Jean-Baptiste, qui « les a vendus pour les chartreux... »

C'est ce tableau de saint Jean-Baptiste, qui est désigné par Courtépée, dans son histoire du duché de Bourgogne, sous le nom d'ORATOIRE DES DUCHESSES.

Lors de la vente des biens du clergé, ce monument fut vendu avec les autres trésors de la Chartreuse de Dijon.

3. Ce bâton pastoral, recueilli dans les premières années de ce siècle par le chevalier Alexandre

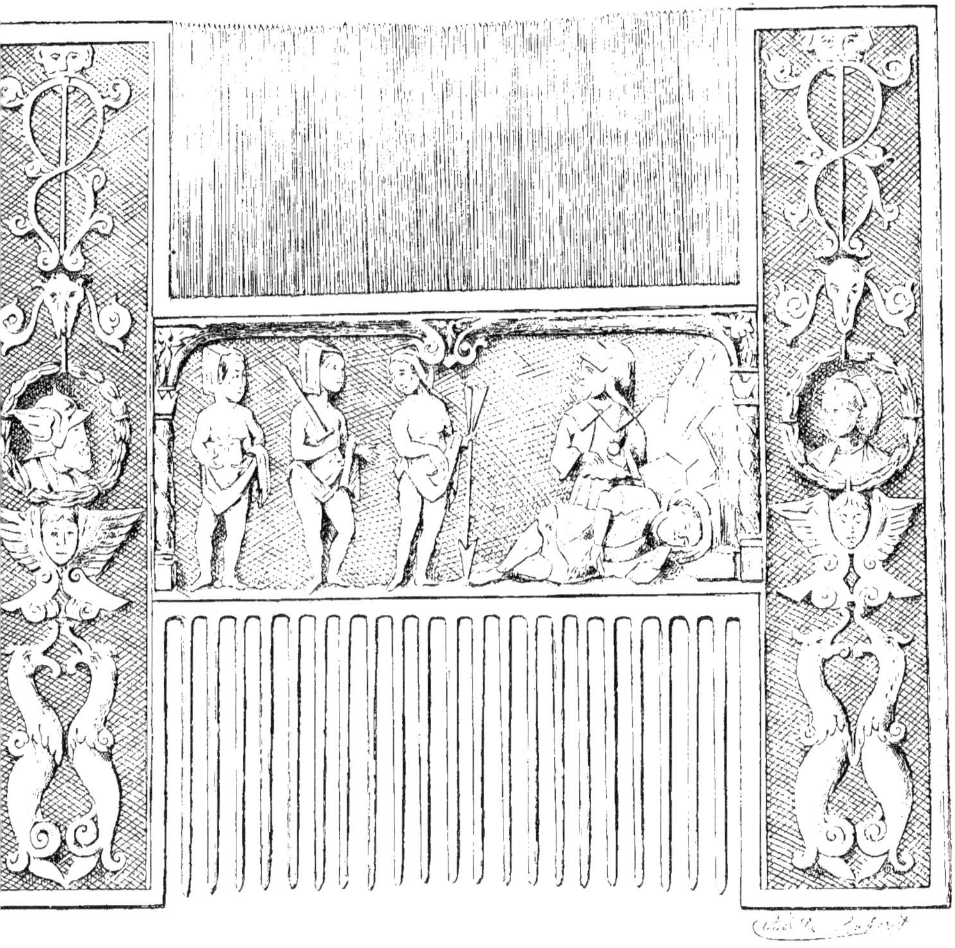

PEIGNE EN IVOIRE

Collection du musée du Louvre (Dessin de Mme Berthe Robert)

décorent le chapiteau, sont, ainsi que le sujet principal et les lignes d'architecture, rehaussés de pierreries.

Les petits médaillons du chapiteau ont pour supports des léopards et présentent une tête sculptée en relief.

Lenoir, fondateur du musée des Petits-Augustins, et décrit par lui dans son *Musée des monuments français*, était passé à sa mort dans la collection Debruges-Dumesnil, et figure dans la description de cette galerie, publiée en 1847 (n° 1479). Lors de la dispersion du cabinet Debruges, il est entré dans la galerie du prince Soltikoff, et c'est en avril 1861, lors de la vente publique de cette célèbre collection, qu'il a pu être acquis par l'Hôtel de Cluny.

Jean-Baptiste Guillemin avait, au xviie siècle, une grande réputation comme ivoirier. Il sculptait des crucifix dont un, à l'abbaye royale du Val-de-Grâce, avait cinq pieds de haut.

Un autre crucifix de lui, également en ivoire, a été conservé dans la chapelle de la Miséricorde à Avignon. Il a soixante-dix centimètres de hauteur et, sauf les bras, il est d'une seule pièce.

Au xviiie siècle, on peut citer comme ivoiriers François et Joseph Rosset.

Le plus célèbre des deux, Joseph, exécute les bustes de grands personnages tels que ceux de Montesquieu, Voltaire, etc. Il excellait aussi à sculpter les crucifix.

Dans la collection Sauvageot du musée du Louvre, on voit de Rosset une statuette d'ivoire de sainte Thérèse au pied de laquelle on trouve écrit à la main, le nom de « Rosset père ».

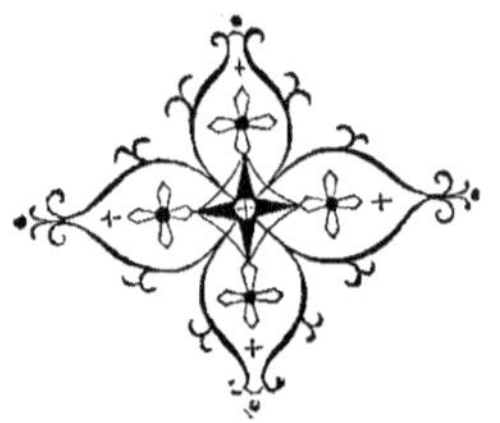

CHAPITRE XII

MANUSCRITS ET MINIATURES

Où prit naissance l'art de copier les livres. — Ce que Guignes enseignait. — Les conseils
de l'abbé Christérius. — Les signes de la ponctuation. — L'écriture en lettres gothiques. — Les différentes sortes d'encres. — Les vendoyeurs de parchemins. — Les
calligraphes célèbres. — Les scriptores. — Les enluminatores. — Les miniatures.

'EST dans les couvents et dès les premiers siècles de l'ère chrétienne, que prit naissance *l'art de copier les livres*. Ce sont
aussi les moines qui les premiers couvrirent les manuscrits
d'*enluminures* ou images d'une grande finesse représentant des
feuillages, des scènes de l'Écriture, des ornements de toute
beauté[1]. Saint Paulin, au ive siècle, recommande aux moines de
son évêché de Nole les travaux de copies des manuscrits.

Théodoric, abbé d'Ouché (lui-même copiste), fonda une école de
copistes.

Un des prieurs de la grande Chartreuse, Guignes, apprenant son art à
ses religieux, disait : « Nous voulons conserver nos livres comme l'éternelle nourriture de nos âmes. »

Parmi les monastères où étaient les plus célèbres copistes, on peut
citer les monastères parisiens de Saint-Germain-des-Prés, de Saint-
Victor, de Saint-Maur, puis celui de Saint-Gall et celui de Luxeuil fondé
par saint Colomban. Chaque monastère avait un atelier appelé scriptorium.

« Il y a dans notre monastère, dit un moine de Saint-Victor, des
religieux à qui l'abbé a confié le soin de copier des livres.

---

1. On pourrait peut-être rechercher les origines de l'art français dit gothique, dans les ornements de ces manuscrits, car souvent un sujet décoratif d'un monument gothique n'est que la
reproduction en grand du même sujet d'un manuscrit. Il en est de même des verrières françaises,
car certaines rosaces de nos cathédrales reproduisent les dessins des médaillons de manuscrits
des xiiie et xive siècles.

« Le bibliothécaire est chargé de leur donner des ouvrages à copier et de leur fournir tout ce qui est nécessaire.

« Une salle particulière leur est destinée, afin qu'ils soient plus tranquilles et qu'ils puissent se livrer à leur travail, loin du trouble et du bruit. Là les copistes sont assis et doivent garder le plus grand silence. Il leur est défendu de quitter leur place pour se promener dans la chambre. Personne ne peut aller les visiter, excepté l'abbé, le bibliothécaire et le sous-prieur.

« En donnant du travail à ses moines dans le scriptorium, l'abbé Christérius leur disait : « Que l'un de vous corrige le livre que l'autre écrit; qu'un troisième fasse les ornements à l'encre rouge; que celui-ci se charge de la ponctuation, un autre de finir les peintures; que celui-là colle les feuillets et relie les livres avec des tablettes de bois; vous, préparez ces tablettes; vous, apprêtez le coin; vous, les lames de métal qui doivent orner la reliure. Que l'un de vous taille les feuilles du parchemin, qu'un autre les polisse, qu'un troisième y trace au crayon les lignes qui doivent guider l'écrivain, enfin qu'un autre prépare l'encre et un autre les plumes. »

Comme on le voit par ce récit, l'atelier monastique embrassait donc toute la complète fabrication du livre.

Les moines commencèrent par imiter les manuscrits des anciens, et, ainsi qu'il y eut une architecture romane et byzantine, il y eut là aussi un art roman et byzantin.

Vers le vi^e siècle, on commença à orner la lettre initiale, et au viie siècle, des arabesques gracieuses déroulèrent de toutes parts leurs volutes. Au xiie siècle, les enluminures envahirent même des pages entières.

A la fin du xive siècle et au commencement du xve siècle, ce ne furent plus seulement les communautés religieuses qui eurent le droit de copier sur les manuscrits les auteurs profanes et sacrés. La corporation laïque des maîtres écrivains était fondée et elle était même devenue rapidement très florissante; et au milieu du xve siècle, la corporation était en pleine possession du marché de la librairie.

Les libraires s'appelaient alors *vendoyeurs du parchemin*, ils avaient souvent à leurs gages jusqu'à vingt ou vingt-cinq copistes ou enlumineurs.

Il y avait alors à Paris quatre grands libraires jurés, qui étaient chargés par l'Université de fixer le prix des livres; ils se trouvaient même soumis à fournir une caution de 200 livres pour répondre de leurs actes.

Ils devaient faire attention à ce qu'aucun livre ne fût incorrect et, dans le cas contraire, le faire corriger par le copiste, qu'ils pouvaient même faire punir.

Dès le viii° siècle, on avait employé les signes de la ponctuation; au ix° siècle, l'usage de diviser les mots était devenu général.

L'écriture en lettres gothiques date du xii° siècle.

Les missels, livres d'heures, livres de chant, ont été transmis avec une rigoureuse correction, une parfaite exactitude qui en font des œuvres d'art.

Pour conserver l'enchaînement du sujet et l'exacte transcription du texte, les copistes prirent l'habitude d'écrire au-dessous de la dernière ligne d'une page le mot[1] qui devait commencer la page suivante.

Il y avait plusieurs sortes d'*encres* : l'encre d'or, l'encre d'argent, l'encre rouge, l'encre bleue et l'encre noire, qui doit son dernier perfectionnement au moine Théophile.

L'encre rouge (*atramentum rubrum*) servait aux *rubricateurs* pour écrire *les rubriques* ou titres de chapitres, les premières lignes entières, ou seulement les lettres initiales.

Au moyen de l'encre bleue, on traçait d'un seul trait de plume les lettres et les enroulements qui figurent soit des serpents qui s'affrontent, soit des têtes de chien, de singe ou d'oiseau.

Les encres de *différentes couleurs* étaient réservées aux arabesques.

Le corps de l'image était toujours écrit avec de l'encre noire.

L'emploi des encres d'or et d'argent était réservé aux enlumineurs[2].

Les riches *vendoyeurs de parchemins* avaient à leurs gages jusqu'à vingt copistes et enlumineurs.

Le vendeur de manuscrits était un personnage important, ayant des statuts fixant ses droits et ses devoirs.

Aux termes des statuts de 1323, il devait être homme de bonne réputation et suffisamment lettré. — Il devra, — disent les statuts, — veiller à ce qu'aucun libraire ou courtier (stationnaire) ne tienne caché ou ne fasse disparaître aucun des livres qui lui auront été confiés pour être exposés en vente. Il devra veiller aussi à ce qu'aucun libraire ne refuse de laisser prendre copie d'un manuscrit, lorsque la personne qui voudra avoir cette copie aura donné caution et rempli les conditions imposées par l'Université. Il devra encore, s'il trouve dans les écoles un

---

1. *Custos*.

2. Il n'y a que deux exceptions connues à ce jour : le livre des Heures de Charles le Chauve, qui a été écrit en lettres d'or, et le psautier de saint Germain, qui a été écrit en lettres d'argent.

livre incorrect, en donner connaissance au Recteur et aux procureurs de l'Université, afin que le copiste qui aura livré un tel ouvrage soit forcé de le corriger, et soit en outre puni. Les statuts de 1323 lui donnent aussi le droit de pouvoir vérifier les livres de commerce de tout libraire dont le crédit est devenu douteux, et l'obligent à dénoncer au Recteur de l'Université celui dont les affaires sont en mauvais état.

L'un des derniers et des plus célèbres calligraphes français qui a laissé un certain nombre de magnifiques missels, fut PIERRE HAMON, maître d'écriture puis secrétaire de Charles IX[1].

Les annales de la calligraphie mentionnent encore un grand écrivain copiste, NICOLAS JARRY. On cite parmi ses beaux ouvrages les *Heures de Notre-Dame*, qu'il écrivit en 1647[2].

Dans les étonnantes miniatures des missels et des livres d'heures, les couleurs sont le plus souvent symboliques.

L'or, la couleur par excellence, est réservé pour peindre Dieu; la couleur de l'argent est attribuée aux Saints; le rouge, le feu, sont le symbole des âmes en peine, de tous ceux que touche la souffrance; le bleu figure le Ciel et le vert se trouve être le symbole de l'Espérance.

Les bibliothèques composées de manuscrits étaient d'un nombre fort restreint[3]. On n'en trouvait guère que dans les monastères, qui en possédaient tous au moins une, que les frères copistes augmentaient lentement.

Ces bibliothèques occupèrent une salle du monastère, autour de laquelle des armoires en bois étaient destinées à contenir les manuscrits dont les plus précieux étaient soigneusement mis à part.

Les étrangers eux-mêmes, venaient acheter leurs livres à Paris. Richard de Burg, évêque de Durham et chancelier d'Angleterre, s'écriait, à la vue des nombreux volumes qui s'étalaient aux abords des collèges :

« O Dieu de Sion! c'est là que nous aurions désiré demeurer toujours à cause de la grandeur de notre amour pour cette belle ville, où il nous semblait que les journées fussent trop courtes..... Dans cette cité est la serre chaude de l'esprit, là sont des bibliothèques dans des

1. Né au commencement du XVIe siècle, Hamon mourut à Paris, pendu et étranglé sur la place de Saint-Jean-en-Grève, le 7 mai 1569. La Monnoye et Dom Liron, ses biographes, pensent qu'il dut sa condamnation au coupable usage qu'il fit de son talent en fabriquant de fausses pièces.

2. Un grand miniaturiste français du XVe siècle, *Gonneau de la Broue* (Michel), a laissé trois manuscrits, trois chefs-d'œuvre (in-folio), conservés à la Bibliothèque nationale. Ce sont : le *Roman des marques de Rome*, le *Roman de Tristan*, le *Roman de Lancelot*.

3. En dehors des monastères, on peut citer la bibliothèque que Charles V avait réunie au Louvre, celle que Charles d'Orléans avait formée dans son château de Blois.

cellules embaumées d'aromates intellectuels; là fleurissent toutes sortes
de volumes..... C'est là qu'en vérité, ouvrant nos trésors et déliant les
cordons de notre bourse, nous avons répandu l'argent d'un cœur joyeux,
pour racheter et arracher à la poussière et à la fange des livres ines-
timables[1]. »

Les *scriptores* et les *enluminatores* des couvents et monastères ne
recevaient guère d'honneurs pour les admirables travaux qu'ils faisaient.
Pour horizon journalier, une page blanche à remplir; pour avenir,
pendant de longues années, un grand in-folio à achever.

Et quels remarquables souvenirs ont-ils laissés, ces laborieux
copistes, ces peintres de si admirables miniatures? Aucun ! pas même
leur nom, pour la plupart. Ce nom, d'ailleurs, fût-il écrit, ne dit rien,
ne rappelle rien; c'est l'unique lettre du manuscrit dont il est la signature : frère un tel, désigné simplement par son nom de baptême, ou la
fonction qu'il remplissait au couvent. Et puis c'est tout. Nulle gloire
pour de tels chefs-d'œuvre.

*
*   *

Les manuscrits, et plus tard les livres imprimés, furent décorés de
miniatures qui occupèrent d'abord les marges des pages, puis s'étendirent
au point d'occuper des pages entières.

Les plus anciennes miniatures françaises connues datent du temps
de Charlemagne; Alain avait fondé à Paris, au palais des Francs, un
atelier d'enlumineurs.

C'est dans cet atelier que d'habiles moines-artistes firent ces magnifiques enluminures qui décorent l'évangilisme de Charlemagne, conservé
à la Bibliothèque d'Abbeville, la bible de Charles le Chauve, conservée à
la Bibliothèque nationale de Paris.

Après la période carlovingienne, vers le commencement du xıı° siècle,
l'art de la miniature progressa ; le nombre de manuscrits ornés de
miniatures, pendant les xıı°, xııı°, xıv° et xv° siècles, est considérable[2].

Tout était enluminé : missels, livres d'heures, bréviaires, romans de
chevalerie[3].

---

1. La poussière et la fange dont parle l'illustre bibliophile étaient vraies; dans la petite rue de
la Parcheminerie il devait y avoir force poussière et fange.

2. Les miniatures de l'École de Paris étaient si célèbres que Dante en parle dans un poème de
l'Enfer.

3. La Bibliothèque nationale de Paris en possède plus de neuf mille.

Jusque vers la fin du XIIIᵉ siècle, les peintres de miniatures ne furent guère que des moines ; à cette époque, la plupart des enlumineurs furent des laïques. On peut citer parmi les plus célèbres, JEAN DE BRUGES, et le grand peintre français du XVᵉ siècle, JEAN ou JEHAN FOUQUET, qui fut l'enlumineur du roi Louis XI.

L'influence des miniatures françaises s'étendit même au loin ; c'est ainsi que les miniatures des manuscrits portugais semblent copiées sur ceux de France.

Les manuscrits français renferment de véritables richesses en fait de miniatures ; c'est ainsi que la Bible historiée de la Bibliothèque nationale contient plus de 3,000 miniatures renfermant 15,000 personnages et le manuscrit de la même bibliothèque, connu sous le nom de *Emblemata Biblica*, 1,967 miniatures renfermant 9,840 figures.

Les miniatures françaises du moyen âge, montrent que nos peintres pouvaient se porter forts à la fois d'un style original, d'un goût particulier et d'une intelligence profonde.

Les miniatures gothiques ne comprenaient pas seulement des sujets religieux, mais aussi des sujets de genre, qui étaient souvent complètement étrangers au texte du livre et qui constituaient des études de mœurs et des paysages.

Avant le XIVᵉ siècle, les fonds des scènes à personnages étaient composés de dessins quadrillés, tandis qu'à partir de cette époque, ce furent des paysages que les miniaturistes introduisirent. C'est ainsi que dans les miniatures du Français Jehan Fouquet, on peut voir la cathédrale de Paris, les rives de la Seine, le château de Vincennes, au milieu de scènes bibliques.

Parmi les sujets de genre, il faut nommer les vignettes des douze mois de l'année, les hommages de l'auteur du texte, les fêtes et les principaux saints.

Les Flamands firent dans ce dernier genre de véritables prodiges de finesse, comme dans cet inimitable bréviaire du cardinal Grimani, auquel travailla Hans Memling et qui renferme des chefs-d'œuvre de réalisme et de coloris.

L'Encre et les Plumes au XVIe siècle.

Une revue anglaise, le *Bookworm*, peu connue en France, a de l'autre côté du détroit une légitime notoriété. C'est le *Magazine* des antiquaires du Royaume-Uni. Ce recueil a remis il y a quelque temps en lumière un curieux livre de John de Beau Chesne imprimé à Londres en 1571 par Thomas Vautrouiller.

C'est à la fois un manuel de style et de calligraphie, un parfait secrétaire anglais et français avec des modèles d'écriture italienne et romaine.

Les scribes du xvie siècle se faisaient un point d'honneur d'assurer à leurs œuvres une éternelle durée. De même que les peintres primitifs se réservaient le soin de faire leurs couleurs, les calligraphes émérites fabriquaient leur encre eux-mêmes.

Cette sollicitude a été récompensée. Les tableaux les plus anciens sont les mieux conservés parce qu'ils ont été peints par des artistes élevés dans l'heureuse ignorance de la chimie, et les vieux manuscrits sur lesquels ont passé trois ou quatre siècles sont beaucoup moins décolorés que les actes notariés dont la date remonte à peine à trente ou quarante années.

La revue emprunte au manuel de 1571 les procédés qu'employaient les scribes du temps passé pour fabriquer des encres de diverses qualités, mais toutes inaltérables et incorruptibles. Ces recettes sont rédigées en vers, afin de se graver plus profondément dans la mémoire. John de Beau Chesne parle une langue archaïque assez difficile à comprendre; c'est du vieil anglais qui ne s'est pas encore dégagé de ses liens de parenté avec l'ancien dialecte normand :

« Si vous voulez — dit ce consciencieux poète, qui cherche la précision plutôt que l'élégance, — fabriquer de l'encre commune, prenez un quart de vin, deux onces de gomme, cinq onces de noix de Galles, et laissez macérer le tout aussi longtemps que possible. Si vous n'avez pas de vin, remplacez-le par de l'eau pure, c'est encore ce qu'il y a de mieux. Si votre encre est trop épaisse, ajoutez du vinaigre, mais gardez-vous bien d'y mettre de l'eau, vous n'auriez plus que de la bouillie trouble et décolorée.

« Si vous êtes obligé de fabriquer de l'encre en toute hâte, faites brûler de la laine, recueillez le résidu, délayez-le dans du vinaigre et, au besoin, dans de l'eau. Ajoutez un peu de sel gris et vous n'aurez à craindre ni fermentation ni moisissure. »

Il va de soi que cette encre commune et cette encre improvisée ne pouvaient convenir aux travaux de haute calligraphie. Voici quel était le moyen de fabriquer l'encre fine :

« Recueillez, disait John de Beau Chesne, le noir de fumée de votre lampe et faites-le dissoudre dans de l'eau gommée. Les peintres vous apprendront comment vous devez procéder... et lorsque le fond de votre écritoire commence à s'épaissir, ajoutez de l'encre ordinaire. »

Le choix d'une bonne plume a bien plus d'importance encore que la fabrication de l'encre de première qualité. Aussi les strophes où le vieux poète a traité cette question se distinguent-elles par une précision extraordinaire :

« Prenez une plume d'oie, la troisième ou la quatrième de l'aile. A la rigueur vous pourriez la remplacer par une plume de corbeau, mais ce qu'il y aurait encore de mieux, ce serait une plume de jars, s'il vous était possible de vous en procurer, et lorsque vous l'aurez taillée, gardez-vous bien de couper les barbes...

CHAPITRE XIII

L'IMPRIMERIE ET LE LIVRE

'IMPRIMERIE devait porter un coup fatal aux manuscrits du
xve siècle [1].

Elle allait faire une véritable révolution dans le domaine
des lettres; elle allait favoriser l'essor des lettres et des
sciences en propageant les chefs-d'œuvre de l'esprit humain.

A la fin du xiiie siècle et au commencement du xive, on avait
déjà commencé à imprimer ou plutôt à graver des images et des livres
au moyen de planches de lettres et de bois gravées. Ce système d'impression long et difficile avait pris le nom de *xylographie*, c'est-à-dire de
gravure sur bois.

On creusait avec de petits outils aigus et tranchants des petits blocs
de bois fort dur afin d'obtenir des images. Quant aux lettres, on les
sculptait en relief au bout d'un morceau de bois. On réunissait ces lettres
et ces planches gravées, on les noircissait au moyen d'encre et on
étendait dessus une feuille de papier blanc que l'on transformait au
moyen d'un tampon de drap ou bien que l'on pressait au moyen d'une
presse.

---

1. « Nous n'étonnerons personne en affirmant que, entre toutes les inventions humaines, la
découverte de l'imprimerie au milieu du xve siècle, a été l'un des plus puissants, sinon le plus
puissant instrument de progrès et de civilisation. Elle est la base sur laquelle s'est élevée la
société moderne.

« Par imprimerie, nous entendons l'impression en caractères mobiles, car l'impression xylographique, à l'aide de planches de bois gravées en relief, était pratiquée depuis longtemps et les
Chinois passent pour l'avoir connue bien avant nous. » (Louis Gonse.)

C'était un procédé fort long, car pour chaque feuille à obtenir, il fallait recommencer la même opération.

Les figures de ces livres sont grossièrement gravées ainsi que le texte, et imprimées d'un seul côté.

Les planches sont paginées au milieu, et les feuillets collés dos à dos.

Ces livres sont ordinairement des bibles, appelées *bibles des pauvres*, parce que ces histoires de la bible en image, avec légendes, étaient destinées au peuple, c'est-à-dire aux gens peu fortunés n'ayant pas le moyen d'acheter des manuscrits, qui coûtaient fort cher[1].

Gutenberg (Jean Genfleisch de Sageloch dit), né à Mayence en 1399, esprit travailleur et observateur, fut le premier qui découvrit les *caractères mobiles* et qui fit le premier livre imprimé en 1452.

Avec ces petites lettres, ces caractères mobiles, il n'était pas nécessaire d'avoir autant de planches gravées que de pages à imprimer, on pouvait imprimer autant de pages différentes qu'on voulait. C'était une bien grande invention.

Le premier livre imprimé reçut le nom de *Bible de Gutenberg* ou *Bible à quarante-deux lignes*, parce que chaque page contenait deux colonnes de quarante-deux lignes chacune[2].

Le nombre des imprimeurs à Paris s'accrut rapidement. Un des plus célèbres et des plus considérables est *Antoine Verard* qui, dès 1485, publia un grand nombre d'ouvrages en français pour la plupart et avec des caractères gothiques très beaux.

Henri Estienne parut au commencement du xvie siècle. Il fut le premier de cette illustre famille qui devait donner à l'imprimerie tant de savants maîtres.

En 1513, le roi Louis XII donna une preuve de sa sympathie à l'imprimerie, en l'exemptant, par édit du 9 avril, d'un impôt considérable et de tout péage sur les livres[3].

---

1. « Nous tenons pour admis que les premiers essais de l'impression en caractères mobiles ont eu pour but une sorte de contrefaçon à bon marché des manuscrits, en substituant le travail mécanique de la presse au travail lent et coûteux de la main. Les premiers livres imprimés se sont efforcés, avec leurs belles lettres rubriquées et enluminées, de ressembler exactement aux manuscrits dont ils étaient la copie. La Bible de Gutenberg a dû être tirée à un assez grand nombre d'exemplaires, puisqu'il nous en est parvenu une vingtaine. » (Louis Gonse.)

2. Le premier journal de France n'allait pas tarder à paraître. On a découvert dans les archives de la bibliothèque de Nantes une sorte de feuille à nouvelles, le premier journal qui ait été publié en France.

Ce journal porte la date de 1494. On le vendait un sol dans les rues de Paris, pendant la guerre d'Italie, sous Charles VIII. Il n'eut pas, d'ailleurs, une longue durée ; sa publication cessa au bout de six mois, en 1495.

3. Nous ne devons pas oublier de parler du célèbre *Plantin*, une des gloires industrielles du

En 1519, Claude Garamond renonçant aux caractères gothiques, grava des caractères romains et italiques qui furent presque généralement adoptés.

En 1521, François Ier rendit, le 13 juin, une ordonnance défendant d'imprimer, vendre et débiter aucun livre qui ne fût préalablement examiné et approuvé par l'Université et la Faculté de théologie. Il y avait alors vingt-quatre imprimeurs à Paris.

En 1524, Robert Estienne continua les traditions de sa famille. Il habitait le quartier des écoles de droit. L'historien Sauval parlant, dans ses *Antiquités de Paris*[1], de la rue Jean-de-Beauvais, disait qu'on y voyait encore l'olivier que Robert Estienne avait pris pour son enseigne.

En 1532, Robert Estienne publia une nouvelle édition in-folio de la Bible latine, avec des annotations.

Dès 1533, malheureusement, des persécutions sans nombre furent dirigées contre l'imprimerie. Ce furent des luttes incessantes; plusieurs imprimeurs (Étienne Dolet, Martin Lhomme) payèrent de leur vie leur dévouement à leur art. Il fallut arriver à Henri II pour obtenir un peu de paix[2].

*
* *

La Bibliothèque nationale possède une remarquable collection de livres imprimés, des bibles remarquables, des impressions rares.

En ce genre, le musée de Cluny possède quelques intéressantes merveilles de l'art de l'imprimeur.

Citons ces curieuses Heures in-octavo, vélin imprimé sur bois par Guillaume Anabat, avec vignettes, encadrements et bordures; dix-huit grandes pages en couleurs, hors texte.

Le titre est ainsi conçu : Les présentes Heures à l'usaige de Romme tout au long sans riès requérir, avec les figures de la vie de l'homme et la destruction de Hierusalem ensemble; et pareillement les figures de l'Apocalypse et plusieurs aultres belles hystoires faictes à la mode de

---

xvie siècle. Né en 1514 près de Tours, Plantin avait fondé à Anvers, en 1550, un établissement typographique qui devint un des premiers de l'Europe; l'historien Guichardin en parle comme une des merveilles de l'époque. La plus importante de ses publications fut la *Biblia polyglotta*, en cinq langues (8 vol., 1569-1573), à laquelle travaillèrent quarante ouvriers pendant quatre ans.

1. En 1630.

2. Pour l'imprimerie, nous ne saurions trop conseiller de nombreuses visites à l'*Imprimerie nationale*, installée dans l'ancien palais Cardinal, rue Vieille-du-Temple.

Italie, ont été nouvellement imprimées à Paris par Guillaume Anabat, imprimeur, demourât en la rue Sainct Jehà de Beauvays à l'enseigne de Louis près les grâdes escolles du décret Pour Gillet Hardouyn, libraire, demourât au bout du Pont au châge à l'enseigne de la Rose. Et pour Germain Hardouyn, libraire, demourât devant le Palais entre les deux portes, à l'imaige saincte Marguerite.

Tout pour le mieux.

Donné par M. Duchesnoy, ancien magistrat, demeurant à Montargis, 1857.

On voit aussi au musée de Cluny un des plus charmants livres illustrés de peintures et datant du xvie siècle. Ce sont les Rondeaux des Vertus contre les Péchés Mortels, faits par Louise de Savoie, avec leur dédicace à cette princesse.

L'inscription de la couverture est ainsi conçue :

> EN CE PETIT LIVRE SONT SEPT RONDEAUX DES
> VERTUS CONTRE LES PÉCHÉS MORTELS. EN
> CHACUN DESQUELS ES PREMIÈRES LIGNES
> EST LE NOM ET SURNOM DE VOUS MADAME
> ET POURREZ RELIRE LES DITZ RONDEAUX AU
> REBOURS COMMENÇANT DU BAS AU
> HAULT. LESQUELZ SE RENTRENT EN RE-
> TOURNANT SUS LA DERRENIÈRE LIGNE.

Ces rondeaux sont placés dans l'ordre suivant :

> Humilité contre orgueil.
> Libéralité contre avarice.
> Charité contre envie.
> Patience contre ire.
> Sobriété contre glotonie.
> Chasteté contre luxure.
> Diligence contre paresse.

Chaque sujet se compose de la figure de la mère du Roi, représentée, soit debout, soit à cheval, et accompagnée des attributs de la Vertu dont elle est l'image. Elle foule aux pieds le Vice qui lui est opposé. Les peintures sont entourées d'encadrements d'architecture. En bas est l'écusson armorié de la princesse, avec deux anges ailés pour supports.

En face des peintures sont les rondeaux, dans lesquels, comme il est dit en la dédicace, la première lettre de chaque vers est une des lettres du nom de Louise de Savoie, de manière que ce nom se trouve répété de haut en bas à chaque rondeau.

L'ornementation des livres.

Quand, au xv° siècle, les peintres enlumineurs, les scribes, les écrivains laïques, se trouvèrent presque sans travail, grâce au triomphe croissant de l'imprimerie, ils demandèrent aux maîtres imprimeurs de vouloir bien leur réserver en tête de chaque livre et au commencement de chaque chapitre, une page blanche où ils pourraient utiliser à la fois leur talent de dessinateur et leur talent d'écrivain.

C'est de là que naquit l'*ornementation des livres imprimés*, qui commença à se faire connaître par des lettres bleues, vertes ou rouges, d'apparence modeste, que nous retrouvons dans les vieux *incunables*[1].

Puis, quand les imprimeurs refusèrent de laisser des pages blanches pour orner de frontispices ou de lettres majuscules faites à la main, les enlumineurs, les scribes fournirent aux libraires, aux imprimeurs et aux graveurs des dessins d'ornements ou d'initiales ornées.

Dans ces dessins, ils indiquèrent évidemment les sentiments qu'ils mettaient autrefois dans les miniatures de leurs peintures, de leurs manuscrits, et de là s'explique facilement la grande ressemblance qui existe entre les ornements des anciens monuments et les premières lettres ornées.

*
* *

On a donné le nom *de gothiques* à ces lettres primitives d'une forme archaïque.

Il règne une grande diversité dans les ornements de ces gothiques : on y voit des paysages, des figures, des fleurs, des animaux, etc. Même dans les anciens psautiers de Mayence, l'on remarque de très grandes lettres en rouge plein, avec des dessins représentant des chiens courants ou des lévriers.

---

1. De latin *incunabulum*, berceau. Ce mot se dit des ouvrages qui datent de l'origine de l'imprimerie.

BAILLY, célèbre imprimeur français de Lyon, imprimait des livres dont chaque lettre de tête de chapitre ou de tête de page reproduisait soit un roi, soit des savants personnages, des flammes, des anges armés d'épées flamboyantes[1].

Dans la même ville de Lyon, SIMON VINCENT et JEAN REMY ont fait de belles lettres à sujets ; leurs majuscules étaient ornées de tournois, de

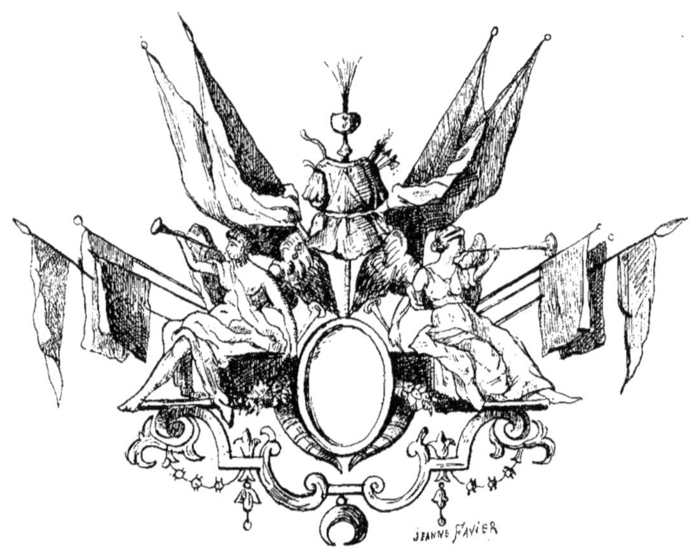

ILLUSTRATION DE LIVRE AU XVIIIᵉ SIÈCLE
(Dessin de Mˡˡᵉ Jeanne Favier)

combats, de batailles ; l'une d'elles même représentait le pape entouré de ses cardinaux.

Dans les lettres ornées de F. FRADRIN, de Lyon, on peut voir des feuilles, des fleurs, des enfants, des anges, des chérubins, etc.

Mais les livres qui possédaient le plus grand nombre d'ornements étaient sans contredit les Bibles. Sous prétexte d'une lettre initiale, on représentait à chaque page, et même plus souvent, des sujets tirés, soit des auteurs profanes, soit de l'Écriture sacrée.

Les culs-de-lampe devinrent à la mode au XVIᵉ siècle ; ils commencèrent par des entrelacements compliqués, puis ils vinrent par la suite aux charmantes et poétiques arabesques.

____

1. Ces figures étaient finement gravées par le célèbre *Noury*, dit le Prince.

Au xviiie siècle, il y eut toute une pléiade d'artistes qui illustraient les livres.

Les graveurs du xviiie siècle qui ont fait des estampes, vignettes et portraits pour décorer les livres et publications sont nombreux; nous pouvons citer : les Aliamet, Alix, Anselin, Aubert, les Audran, les Aveline, Avril, Balechou, les Baquoy, Baron, Bartolozzi, Basan, Beauvais, Beauvarlet, Beisson, Benoist, Berthault, Bervic, Blot, de Boissieu, Bonnefoy, Bonnet, Bouilliard, Bourgeois de la Richardière, Campion, Cardon, Carmontelle, Carmona, Cars, Cathelin, Cazenave, Caylus, Chaponnier, Chapuy, Charpentier, Chédel, Chenu, les Chereau, Chevillet, Chodowiecki, Choffard, Chrétien, Coiny, Cochin, Couché, Copia, Coutellier, Crépy, Cuvilliés, Dagoty, Dambrun, Darcis, Daullé, Debucourt, Delafosse, Delignon, Delvaux, Demarteau, Denon, Dequevauviller, Descourtis, Desplaces, Desrochers, Drevet, Duchange, Duclos, Duflos, Duhamel, Dupin, Duplessis-Bertaux, Duponchel, Dupréel, Dupuis, Eisen, Elluin, Fessard, Ficquet, Fiesinger, Flipart, Fokke, Folkema, Fragonard, Gaillard, Gaucher, Gessner, Geyser, de Ghendt, Gillot, Giraud, Godefroy, Grateloup, Gravelot, Guyot, Halbou, Helman, Henriquez, Houbraken, Houel, Houin, Huber, Hubert, Huet, Huot, Huquier, Ingouf, Ingram, Janine, Joullain, Kohl, La Live, Langlois, Larmessin, N. de Launay, R. de Launay, Le Bas, Le Beau, Le Gouaz, Legrand, Le Mire, Lempereur, Le Prince, Le Roy, Leveau, Levillain, Liénard, Lingée, Littret, Longueil, Louvion, Macret, Malapeau, Malbeste, Malœuvre, Mansfeld, Marcenay, Mariage, Mariette, Marillier, Martenasie, Martinet, Martini, Marvye, Les Masquelier, Massard, Massé, Mathieu, Mechel, Meil, Miger, Mixelle, Moitte, De Monchy, Louis Moreau, Moreau le jeune, Morghen, Moyreau, Née, Nicollet, Oudry, Papillon, de Paroy, Pasquier, Patas, Pauquet, Pélicier, Petit, Picard, Pompadour, Ponce, Porporati, Prévost, Prud'hon, Punt, Queverdo, Ransonnette, Ravenet, Roger, Romanet, Rousseau, Ruotte, Ryland, les Saint-Aubin, Saint-Non, Savart, Saugrain, Schiavonetti, Schmidt, Scotin, Sergent, Simonet, Sornique, Soubeyran, les Tardieu, Texier, Thomas, Tilliard, Trière, Vangelisty, Varin, Vermeulen, Vidal, Vien, Voyez, Voysard, Watelet, Weiroter, Weisbrodt, Wille, etc, etc.

Signalons comme dessinateurs d'ornements et de portraits : Baudouin, Blondel, Bonnart, Bonneville, Carmontel, Laurent Cars, Cauvet, Choiseul-Gouffier, Desrochers, Gaucher, Germain, Grateloup, Lawreince, Le Mire, Lépicié, Malapeau, Marcenay, Ponce, Punt, Savart, Smike, Van Orley, Watteau, Wille, Winkeles, etc.

Et pour les dessinateurs spéciaux d'illustrations : MM. Binet, Borel, Bouchardon, Boucher, Caresme, Caylus, Chaudet, Chodowiecki, Choffard, Cipriani, Cochin, Coiny, Coypel, Debucourt, Denon, Delvaux, Descamps, Desfriches, Desrais, Dunker, Duplessis-Bertaux, Eisen, Fragonard, Freudeberg, Mlle Gérard, François Gérard, Gessner, Gillot, Goya, Gravelot, Hogarth, Lancret, Lebarbier, Lebas, Leprince, Loutherbourg, Marillier, Marolles, Martini, Moitte, Monnet, Monsiau, Moreau, Philippe d'Orléans, Oudry, Pasquier, Pater, Bernard Picart, Pierre, Mme de Pompadour, Prud'hon, Queverdo, Regnault, Hubert Robert, Augustin de Saint-Aubin, Gabriel de Saint-Aubin, Abbé de Saint-Nom, Saint-Quentin, Sergent, de Sève, Joseph Vernet, Watelet, etc.

Plus tard, on ne se contenta pas de la gravure sur bois pour illustrer les livres : les différents procédés de gravure furent utilisés. Quand *la lithographie* fut découverte, l'imprimerie s'en empara. Depuis, *la photogravure*, qui donne, par des procédés si remarquables, des reproductions si jolies, si vivement produites, a ajouté encore aux bienfaits de l'illustration.

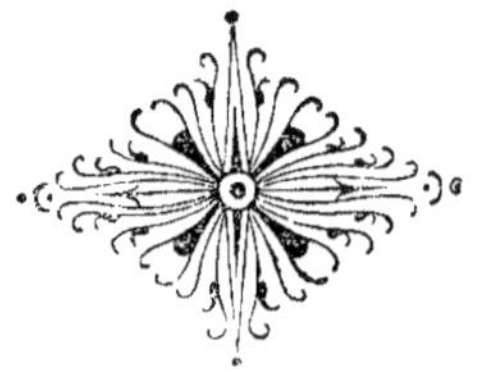

CHAPITRE XIV

LA RELIURE

La reliure. — Ce que c'est que relier un livre. — A la Bibliothèque du Louvre. — La couverture du Psautier de Charles le Chauve. — Les reliures du xi° au xv° siècle. — Les reliures dites de Henri III. — Les relieurs dits ambulants. — Au xvii° siècle. — Les relieurs du xix° siècle.

* * *

E tous les arts et métiers, si la reliure n'est pas un des plus indispensables à la vie de l'homme, il a été sans doute, à toutes les époques, un des plus utiles à la nourriture de son intelligence. C'est la reliure qui nous a permis de retrouver, en les préservant de la destruction, les œuvres des philosophes, des poètes et des savants. Les anciens ont compris, même pour leur papyrus qu'ils conservaient précieusement dans des *scrinia*, la nécessité de transmettre leurs ouvrages à la postérité; et depuis la découverte du parchemin par Attale, roi de Pergame, environ 200 ans avant l'ère chrétienne, ils ont cherché, en commençant par les livres pliants à préserver leurs feuilles manuscrites des injures du temps...[1] »

Relier un livre, c'est attacher, lier ensemble les feuilles d'un manuscrit ou d'un imprimé, et d'y mettre une couverture pour former ce qu'on appelle un livre.

Au v° siècle déjà, la reliure a commencé à être luxueuse, les relieurs ayant recours aux orfèvres et aux lapidaires pour décorer les

[1]. Léon Gruel.

reliures des livres qui étaient alors faites en bois recouvert souvent de velours[1].

Au ix⁰ siècle les reliures sont ornées de sculptures en ivoire et d'orfèvrerie rehaussée de camées et de pierres fines.

C'est ainsi que, au musée du Louvre, se trouve la magnifique couverture du *Psautier de Charles le Chauve*, une merveille d'orfèvrerie. Elle paraît contemporaine du manuscrit. Les bas-reliefs d'ivoire, encadrés d'orfèvrerie, présentent tous les caractères de l'époque carlovingienne. « Les encadrements d'orfèvrerie qui entourent les ivoires, dit M. Barbet de Jouy, offrent deux dispositions absolument différentes. L'effet de l'une est produit par l'entassement de grosses pierres transparentes et variées de couleurs qui sont presque juxtaposées ; dans l'autre les pierres, qui toutes ont la nuance du grenat, sont groupées pour former de place en place une fleur à quatre lobes dont une perle est le cœur, et les grands espaces qui existent entre les fleurs sont rehaussés par une broderie de cordelettes et de graines d'un travail solide et élégant. Dans l'une comme dans l'autre, l'œuvre d'orfèvrerie n'est qu'un épais placage d'argent, d'or appliqué sur des panneaux de bois. Sur le dos du livre est une antique étoffe, contemporaine de la couverture, dont les nuances sombres sont presque confondues ; le dessin n'en est plus apparent. »

Cassiodore, qui avait fait l'usage des copistes en traité de transcription et d'orthographe, introduisait dans son monastère de Viviers d'habiles relieurs pour lequel il composa lui-même des recueils de dessins variés destinés à servir de modèles.

Le plus ancien manuscrit de la bibliothèque de Sienne est un évangéliaire grec qui date du ix⁰ siècle et dont la reliure est ornée de nielles. Il appartint d'abord à la chapelle impériale de Constantinople, fut vendu à Venise lors de la chute de l'empire grec et acheté par des agents du grand hôpital de Sienne d'où il passa à la bibliothèque de cette ville.

Charlemagne accorda à l'abbé de Saint-Bertin l'autorisation de se procurer par la chasse les objets précieux nécessaires pour relier des livres de son abbaye.

---

1. La bibliothèque du Louvre, si malheureusement brûlée pendant la Commune, possédait autrefois un livre d'heures donné par Charlemagne à la ville de Tours et dont la couverture est en velours rouge.

La Bibliothèque nationale, à Paris, possède une magnifique collection de reliures, visible le mardi et le vendredi, parmi lesquelles on peut citer : Des reliures au chiffre de François I⁰ʳ, avec l'emblème de la Salamandre ; aux armes du roi Henri II ; aux armes et au chiffre de Charles IX ; fleurdelisées aux armes d'Henri III avec l'emblème du Saint-Esprit et le chiffre du roi ; des reliures en mosaïque du xvi⁰ siècle, des reliures ornées de pierres précieuses, des évangéliaires du moyen âge reliés avec des ornements d'orfèvrerie ou de bronze ciselé.

Au milieu du xi° siècle, Martel comte d'Anjou, ordonna que la dîme perçue dans l'île d'Oléron serait consacrée à relier les livres de l'abbaye qu'il avait fondée à Saintes.

A partir du xiii° siècle, les étoffes employées le plus ordinairement pour recouvrir les livres de luxe furent le velours (appelé *velin* ou *veluel*), les étoffes (draps) de soie, de damas et de satin de différentes couleurs, souvent semées de fleurs ou brodées en or, et quelquefois garnies d'un très grand nombre de perles.

Du xi° au xv° siècle, les reliures étaient recouvertes de velours ou de broderies à l'aiguille, elles étaient faites très solidement.

Ces *reliures* , dites *byzantines* , étaient, le plus souvent, exécutées pour des prélats ou des souverains. On y trouvait de tout : l'émail champlevé de Limoges, la sculpture en ivoire, les pierres et les camées, les filigranes, le métal repoussé, la ciselure, rien n'y manquait.

On ne sait trop si c'est de la reliure ou de l'orfèvrerie, ou de l'émaillerie, ou de la bijouterie, car le rôle du relieur se réduit à peu de chose, à l'assemblage et à la fixation des feuilles de parchemin entre deux plateaux de bois.

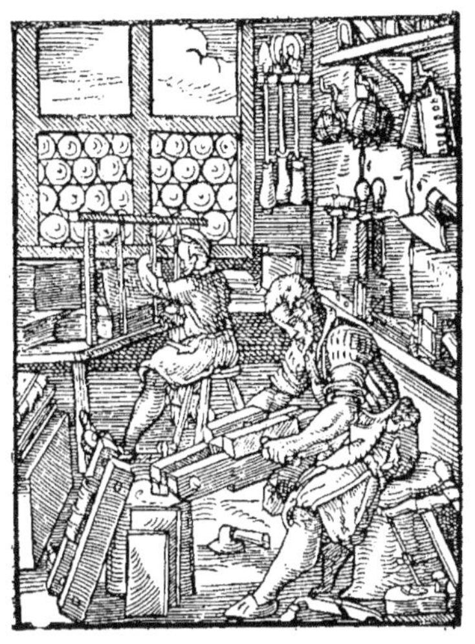

UN ATELIER DE RELIEUR

(D'après une ancienne gravure du xvi° siècle)

*
 *　*

L'inventaire de 1405, de la bibliothèque des ducs de Bourgogne, parle d'un petit livret, de deux évangiles ayant une couverture garnie d'or et de cinquante-huit grosses perles; le cuir blanc ou vermeil n'était pas moins fréquemment employé que la soie.

Les reliures étaient en outre garnies souvent de clous ou de plaques (platines) d'or, de vermeil, d'argent ou de cuivre doré.

Les livres ainsi reliés étaient, comme l'on sait, presque toujours garnis de fermoirs (appelés fermoyers, fermaux, fermouers), dont le nombre variait depuis un jusqu'à quatre et qui étaient en or, en vermeil, en argent, en cuivre ou simplement en fer; les fermoirs étaient en général émaillés et armoriés aux armes du propriétaire du livre, ou même ornés de figures; on les remplaçait souvent par de simples agrafes (mordants) qui s'attachaient à des boutons *(pipes)* de métal placés sur la couverture.

Avec des reliures aussi riches il fallait un système spécial pour les recouvrir et les protéger en même temps. A cet effet, on les recouvrait d'enveloppes en soie, en étoffe commune et parfois en métal. Souvent ces enveloppes étaient à leur tour richement ornées elles-mêmes de de broderies ou de perles. Quant aux livres rares, ou très précieux, les missels des rois ou des princes, on prenait encore la précaution de les enfermer dans des coffrets incrustés d'argent.

Au xiii° et surtout au xiv° siècle, l'art de la reliure commença à se généraliser et les principaux ouvriers étaient surtout des moines. Les livres étaient généralement recouverts de peau de porc ou de cerf parcheminée, estampée avec des ornements ou des sujets tirés en grande partie du Nouveau Testament.

Lorsque le contenu du manuscrit ou du livre ne demandait qu'une reliure de peu de valeur, les moines étaient économes de la peau : ils en ornaient seulement le dos seul ou quelquefois les coins.

*
* *

Au temps de la Renaissance, sous l'influence de l'École de Fontainebleau on vit naître ces adorables reliures de Diane de Poitiers et de Henri II, chefs-d'œuvre d'une exquise délicatesse.

« Aussitôt après ces chefs-d'œuvre se placent, disent MM. Marius Michel, les reliures dites de Henri III, qui marquent l'instant d'une transition évidente. Les entrelacs sont moins libres et reviennent plus à une forme géométrique; ils ne manquent pas pour cela d'élégance, mais l'absence de remplissage leur donne une froideur que viennent encore augmenter les sinistres armes du milieu des plats. »

« Cette forme décorative est le point de départ de toute une école; et, plus tard, ces entrelacs servirent aux plus brillantes fantaisies de maître LE GASCON... » Les reliures, connues aujourd'hui sous le nom de *reliures à la fanfare,* sont la dernière note, et l'une des plus brillantes, de cette éclatante fanfare qu'avait sonnée la Renaissance.

La décoration à l'aide de semis de fleurs de lis fut très à la mode sous Henri IV, mais elle remonte bien plus haut et s'étend bien plus loin. Parmi ces semis, il y en eut de charmants; la fleur de lis de Louis XIII, par exemple, est de la plus rare élégance de forme et de disposition, avec ou sans couronne.

Les maîtres du xvii° siècle sont LE GASCON et DU SEUIL, dont les *dentelles* si riches et les armoiries jouent un rôle si brillant dans la décoration des livres. Pasdeloup est recherché pour l'habile emploi des maroquins de couleur; il possède à merveille l'harmonie des tons, mais non les mérites du dessin. Au xviii° siècle, la reliure devient lourde avec Derome.

Mais comme ce n'est point tant pour faire l'histoire de la reliure que pour donner quelques conseils aux personnes qui ont des ouvrages à faire relier que nous écrivons ces lignes, nous ne saurions mieux faire que de les emprunter aux habiles relieurs, MM. MARIUS MICHEL :

« La première des qualités de la décoration d'un livre est d'être appropriée à la nature et au sujet même de l'ouvrage. S'il s'agit d'un ouvrage ancien à relier de nouveau, ce qui arrive le plus fréquemment, la décoration la plus naturelle est la reproduction d'une reliure de l'époque à laquelle l'ouvrage a été imprimé; et, si la réimpression est moderne, d'une reliure du temps où vivait l'auteur. Aussi est-ce avec surprise que nous avons vu des maîtres de la reliure moderne, si remarquable d'ailleurs par des qualités d'exécution jusqu'alors inconnues, manquer si souvent à ces principes.

« Fanatiques, les uns de LE GASCON ou de DU SEUIL, les autres de PASDELOUP ou de DEROME, ils ont reproduit les œuvres de ces célèbres relieurs sur des livres de toutes les époques qui leur ont été confiés; et l'on voit avec étonnement le Roy Arthus ou Tristan de Léonnois dans le pourpoint de Louis XIV, et Rabelais ou Ronsard dans la jupe à fleurs de Mme Deshoulières.

« Longtemps les amateurs, sauf quelques rares exceptions, loin de chercher à arrêter les relieurs du siècle dans cette voie mauvaise, les ont, au contraire, encouragés, engoués qu'ils étaient eux-mêmes de tel ou tel maître ancien; mais depuis quelques années, les amateurs éclairés s'efforcent de réagir contre cette erreur de goût et de bon sens... »

*
* *

Du xiv° au xvii° siècle, il a été excessivement difficile de connaître les noms des relieurs. C'est un vrai bonheur quand on peut trouver une de ces reliures du moyen âge dans la décoration de laquelle l'artiste a placé son nom : car, réellement, la reliure ne semblait pas, alors, constituer un métier à part, mais bien plutôt une des branches secondaires des imprimeries et des librairies, qui avaient intérêt à laisser ignorer les noms de leurs artistes.

Cependant, quelques relieurs s'émancipèrent de cette servitude et allèrent de ville en ville offrir leur travail.

Citons quelques-uns des noms de ces *relieurs* dits ambulants :

CLÉMENT ALEXANDRE exerçait en Allemagne en 1510; LOUIS BLOC, à Paris, en 1400; EDMOND BAYEUX, à Paris, en 1493; ANDRÉ BOULE [1], à Paris, de 1479 à 1530; HENRI LEFÈVRE, à Paris, à la même époque; JEAN COMPANIS, à Paris, en 1504; GUILLAUME EUSTACE, célèbre libraire du roi et relieur juré de l'Université, etc.

On connaît d'autres noms de relieurs par certains documents précieux, par les comptes de reliures. Citons :

GUILLAUME DESCHAMPS, relieur de Charles VI ; RENOUF, relieur de Henri VI d'Angleterre; LOUIS DE BAVENT ; PIERRE ROFFET, relieur de François Ier, de 1511 à 1537; JEHAN PRÉVOST, relieur de Henri III; FERRAND LE FÈVE, relieur de Henri III, de 1581 à 1588; etc.

Dans la première moitié du XVIIe siècle, les reliures devinrent sévères. Le célèbre LE GASCON décora les plats de cuir de ses reliures avec des rinceaux nuancés et filiformes. Après lui viennent LEVASSEUR, BAURACHE et NYON.

Les reliures royales furent marquées avec le double L et les fleurs de lys d'or.

On donna le nom de *Reliure janséniste* à une reliure sans dorure.

Au XVIIIe siècle, apparaît PASDELOUP, le relieur attitré de Louis XV. On reconnaît ses reliures aux filets, dentelles, décorations rayonnantes dont les motifs formant bordure ont leurs pentes dirigées vers le centre du plat. A la même époque, DERUNE était vanté par ses reliures dites mosaïquées, à cause de ses applications de coins diversement colorés dont il formait comme une marqueterie sur ses reliures.

Au XIXe siècle, le roi Louis XVIII ne dédaigne pas de s'occuper à faire lui-même des reliures.

Citons parmi les autres noms célèbres dans ce siècle : FRANCTZ, BAUZONNET, LÉVÊQUE, CAPÉ, LASTIC, MARIUS MICHEL, GRUEL, etc.

---

1. Un des ancêtres de l'ébéniste de Louis XIV.

CHAPITRE XV

L'AFFICHE

ᴇs rois de nos premières races ont eu recours à l'emploi des *affiches*, et cela pour les actes émanant de leur autorité.

Au moyen âge, l'affiche disparut. En effet, elle fut remplacée par le cri à son de trompe par le *crieur juré* ou le *héraut d'armes*. Ce système avait même pris une telle importance que le roi et l'archevêque de Paris en vendirent l'autorisation à la juridiction du Parloir au bourgeois.

Vers la fin du xiiie siècle, les affiches réapparurent.

François Ier, par une ordonnance du 13 novembre 1539, réglementa la proclamation et l'apposition des affiches :

« Nous voulons, disait-il, que les présentes ordonnances soient publiées tous les mois de l'an, par tous les quarrefours de cette ville de Paris et faux-bourgs d'icelle, à son de trompe et cry public. Et néanmoins qu'elles soient attachées à un tableau, escripte en parchemin et en grosse lettre, en tous les seize quartiers de ladite ville de Paris et esditz faux-bourgs, et lieux les plus éminents et apparens d'iceulx, afin qu'elles soient congneues par un chacun. Et qu'il ne soit loysible oster les ditz tableaux, sur peine de punition corporelle, dont les dictz commissaires auront la charge, chacun en son quartier. »

Dès lors, les affiches prirent possession de la ville et à un tel point qu'elles occasionnèrent des querelles religieuses, des disputes dans la seconde moitié du xvie siècle.

Un arrêté du 5 février 1652, ordonne « aux officiers du Châtelet tenant la police, de condamner au fouet et au carcan, ceux qui seront trouvez imprimant, affichant, criant ou débitant placards contre l'autorité du Roy ».

Le 22 janvier 1653 « il est fait défense à tous imprimeurs, d'imprimer placards et mémoires pour afficher sans permission, et à toutes personnes de les afficher à peine de la vie, et d'être procédé contre eux comme perturbateurs du repos public ».

On passe outre à cette ordonnance.

Un arrêté du 13 novembre 1722 proclama l'obligation de limiter les droits et le personnel des afficheurs.

Le 20 octobre 1771, une ordonnance nouvelle fixa à quarante le nombre des afficheurs.

Dès le commencement du xviiᵉ siècle, quelques affiches illustrées avaient fait leur apparition : c'étaient les affiches des confréries, les thèses historiées, quelques affiches de théâtre en vogue, ainsi qu'une affiche datée de 1715 pour des *Parapluyes à porter dans la poche*.

Dès l'ordonnance de 1771, les affiches illustrées se firent jour en nombre.

Au début, elles étaient gravées sur bois pour les figures, la typographie leur apportant pour la lettre, le secours de son bras.

De la Révolution à Charles X, époque de lutte pour la vie, personne ne songea à l'affiche.

L'affiche ne reprit ses droits qu'en 1825, quand Senefelder lui apporta les ressources de la lithographie.

A partir de cette époque, les plus grands artistes ne jugèrent point indigne de leur crayon l'affiche qui prit ainsi place dans l'art : c'est ainsi que de belles affiches furent illustrés par Deveria, Calame, Édouard de Beaumont, Beaucé, Bertell, Gavarni, Gigoux, Fremieux, Charles Vernier, Henry Emy, Daumier, Édouard Monin, Benjamin Roubaud, Tony Johannot, Gandulle, Célestin Nanteuil, Raffet, Horace Vernet, Henry Monnier, Cham, Frère, etc.

De nos jours, le lithographie domine encore dans l'affiche et on peut citer les noms de Cugnet, Orazi, Grasset, Alfred Chanbrac, Léon Chanbrac, et surtout Jules Chéret qui a signé en ce genre d'admirables œuvres d'art.

CHAPITRE XVI

LA MOSAIQUE

La mosaïque à l'époque gallo-romaine. — Aux xi⁰ et xii⁰ siècles. — Le château de Bicêtre.
— La manufacture nationale de mosaïque. — Belloni. — La mosaïque sur les bonbonnières et sur les tabatières.

l'époque gallo-romaine, *l'art de la mosaïque* existait déjà en France; on en a retrouvé quelques-unes dans le midi de la France, et notamment dans le Béarn, dans le cimetière de Tarn, dans le jardin de l'école des sœurs de Belle, aux Thermes antiques de Pont-d'Oby, dont toutes les salles étaient décorées de mosaïques qui servaient alors de pavages et qui abondaient même dans les maisons particulières. Ces mosaïques représentaient, soit des motifs d'ornements combinés avec des figures allégoriques ou des portraits, soit des épisodes de chasse.

Saint Grégoire de Tours parle de nombreuses mosaïques qui décoraient les églises de son temps.

L'évêque d'Auxerre, saint Pellade, avait fait élever au xii⁰ siècle le monastère de Saint-Eusèbe dont l'abside était décorée de mosaïques, dans lesquelles se trouvait beaucoup d'or.

Aux xi⁰ et xii⁰ siècles, l'art de la mosaïque prit un caractère spécial, qui fait voir qu'en France, il y avait des artistes français qui ont su aussi donner à cet art un caractère national. C'est ainsi qu'à la cathédrale de Lescar, construite à la fin du xi⁰ siècle, et dans l'église de Sades, on a retrouvé des mosaïques qui sont évidemment l'œuvre d'artistes français; ce sont des châsses, des ornements où se trouvent mêlés des animaux que l'on retrouve plus tard dans l'art héraldique français.

On retrouve de cette époque des pavages en terre cuite vernissée imitant la mosaïque.

« Au xii° siècle, a dit aussi Viollet-le-Duc, nos architectes ont quelquefois cherché à imiter ces pavages italiens connus sous le nom de *Opus Alexandrinum;* mais les pierres dures leur manquant, ils y suppléaient par la terre cuite vernissée. »

Au xiv° siècle, on employait encore la mosaïque en France; c'est ainsi que l'abbé Lebeuf, dans son *Histoire du diocèse de Paris*, dit que dans le château de Bicêtre, bâti par le frère du roi Charles V, le duc de Berry, il y avait deux petites salles « enrichies d'un parfaitement bel ornage à la mosaïque ».

Dans certaines mosaïques françaises, les émaux ont joué un certain rôle; dans les mosaïques, dont l'abbé Suger[1] fit décorer le sol et l'arc de la porte latérale de l'église Saint-Denis, il y avait non seulement du marbre, des cubes dorés, mais aussi des émaux.

*
* *

Actuellement, il y a en France une *manufacture nationale de mosaïque*, annexée à la manufacture nationale des Gobelins.

Au xvii° siècle, il existait déjà à la manufacture un *atelier de mosaïque*, car lorsqu'en 1662, la manufacture des Gobelins fut organisée, avec le titre de manufacture royale des meubles de la Couronne, elle avait parmi ses annexes un atelier de mosaïque de Florence; mais par suite des guerres, le Trésor ayant de trop lourdes dépenses à faire, le roi Louis XIV n'avait pas tardé à supprimer cet atelier. Jusqu'au commencement du xix° siècle, la France fut tributaire de l'Italie en fait de mosaïque.

A cette époque, un Italien, Belloni[2], vint établir en France une manufacture de mosaïque, qui, jusque dans les premières années du règne de Louis-Philippe, fut un établissement officiel.

C'est d'ailleurs à Belloni, qu'on doit la grande et belle mosaïque à compartiment qui se trouve au Louvre dans la salle Melpomène et qui a été faite d'après une composition du peintre le baron François Gérard.

La création de la manufacture actuelle de mosaïque remonte à l'année 1876; elle a pour mission de travailler aux grands ouvrages de décoration murale dans les édifices publics.

---

1. 1082-1152.

2. L'atelier de Belloni dit *atelier de Paris*, jouit d'une certaine vogue, pendant un certain temps, pour ses petites mosaïques de bijouterie d'un grain très fin.

Ce sont les artistes de cette manufacture qui ont fait la mosaïque qui décore l'abside du Panthéon et dont les contours ont été dessinés par M. Hébert.

« La mosaïque de l'abside du Panthéon a été exécutée par M. Poggesi, d'après la composition de M. Hébert. Cette mosaïque est la plus considérable que possède Paris. La noble conception du peintre et la savante exécution du mosaïste ont abouti à un travail décoratif de la plus haute portée. Associant l'intensité pénétrante de son sentiment personnel aux inspirations puisées dans l'art hiératique de l'Italie, M. Hébert nous donne une page grandiose et saisissante, imposante par sa simplicité même, profondément religieuse et digne en tous points de la majesté du lieu[1]. »

*

La Mosaïque au Musée du Louvre.

On sait que cette mosaïque orne la coupole centrale de l'escalier qui conduit du rez-de-chaussée de la galerie Daru à la galerie d'Apollon et aux autres salles du premier étage.

Dédiée à l'époque de la Renaissance, elle comporte quatre grandes figures allégoriques, dues à M. Lenepveu, membre de l'Institut, et représentant la France, l'Italie, l'Allemagne et les Flandres. Au-dessus de chacune de ces figures sont quatre médaillons, soutenus par des génies ailés, contenant les portraits du Poussin, de Raphaël, A. Dürer et Rubens. Tout autour de la coupole sont inscrits les noms des grands artistes appartenant à chacune des nations représentées, c'est-à-dire, pour la France, Jean Fouquet, Jean Cousin, Pierre Lescot, Jean Goujon, François Clouet; pour l'Italie, Giotto, Donatello, Léonard de Vinci, Michel-Ange, le Titien; pour l'Allemagne, Lockner, Schœn, A. Krafft, Hans Holbein, L. Cranach, et enfin, pour les Flandres, Van Eyck, Memling, Brugel, Quentin Metzys, Van Dyck.

La mosaïque est à fond d'or; les médaillons sont couleur camaïeu. L'ensemble de la coloration est d'une grande richesse.

C'est à un mosaïste du Vatican, spécialement demandé au pape, M. Vanutelli, un artiste d'une rare habileté, que l'exécution de la mosaïque a été confiée. On se rappelle qu'il en fut de même pour les

---

1. Charles Ephrusi.

mosaïques du Panthéon, qui furent également exécutées par un mosaïste du pape, M. Poggesi. Appelé en France, M. Vanutelli ne s'est pas borné à travailler à la décoration du Louvre; il a formé pour la manufacture nationale de mosaïque des élèves qui sont aujourd'hui des mosaïstes consommés.

Un mosaïste français, M. Guilbert-Martin, a exécuté les culs-de-lampe qui sont au-dessous des quatre grands pendentifs contenant les figures allégoriques des nations. Les dépenses nécessitées par l'œuvre aujourd'hui achevée s'élèvent environ à 123,500 francs, dont un dixième environ pour l'échafaudage. Un détail curieux : Pour cette seule mosaïque, il a été employé par les ouvriers 1,500,000 petits cubes de verre. Mais la décoration ne s'arrêtera pas là. Le projet en cours d'exécution, dont M. Guillaume, architecte du Louvre, est l'auteur, comprend aussi la deuxième coupole et les arceaux qui séparent celle-ci de la première. Nous avons dit que la coupole, aujourd'hui décorée, était dédiée à la Renaissance. Celle qui va l'être à son tour est consacrée à l'antiquité. Quant aux arceaux, ils rappelleront les différentes grandes époques artistiques : le moyen âge, l'art moderne, les écoles moins importantes de l'Espagne et de la Hollande, etc., etc. La dépense totale, quand les mosaïques seront achevées, se montera à environ 235,000 francs.

Le projet de M. Guillaume remonte à 1883. C'est à ce moment que furent faits les premiers essais : on n'en commença l'exécution qu'en 1884.

La manufacture des meubles de la Couronne, installée aux Gobelins au xviiiᵉ siècle, produisit de belles mosaïques de pierres dures dont on peut voir de jolis spécimens au musée du Louvre dans la galerie d'Apollon.

La mosaïque de bijouterie emploie des cubes minuscules.

Au xviiiᵉ siècle, en France, on en a orné les bonbonnières et les tabatières.

CHAPITRE XVII

LA CÉROPLASTIE

La céroplastie à l'époque gallo-romaine. — La céroplastie au moyen âge. — Au
xviiie siècle.

L céroplastie, ou *art de modeler en cire*, était un art propre
aux Romains. Les modeleurs de la Péninsule travaillaient la
cire avec succès et faisaient des ouvrages d'une grande délicatesse, tels que portraits, fleurs, fruits, statuettes.

A l'époque de la domination romaine, cet art pénétra en
Gaule et spécialement dans le Midi ; certains vases de ces contrées,
fabriqués en terre jaune ou rouge, étaient très souvent ornés d'un, de
deux et même de trois *médaillons en cire*, en relief, représentant des
objets variés. Ces médaillons devaient être appliqués sur la terre encore
molle au moyen de moules en matière dure.

Au moyen âge, la céroplastie fut très cultivée par les artistes : les
statues de saints et de saintes avaient presque toutes des figures en cire
coloriée. Au xviiie siècle, on recommença à faire des portraits avec encadrements au moyen de ce procédé.

CHAPITRE XVIII

MONNAIES ET MÉDAILLES

Le pentagone des Druides. — Les monnaies gauloises. — Le millésime. — Les monnaies frappées au marteau. — Le balancier. — Aubin Olivier. — Marc Béchot. — Les monnaies de notre siècle.

u temps des Druides, les médailles portaient gravé un pentagone, le pentagone représentant l'immortalité dans la religion des druides.

Plus tard, on grava sur les monnaies gauloises, le symbole de la liberté, un cheval sans brides. Il y avait en outre des inscriptions grecques et latines. Ce fut sous les Mérovingiens que parurent les premières représentations de figures des rois avec un diadème.

Sous les Carlovingiens, ce fut le monogramme du roi qu'on représenta.

Au temps de la féodalité, les monnaies et les médailles portèrent le nom de la province ou de la ville où elles étaient fabriquées.

Il fallut arriver au règne du roi Louis XII[1] pour voir indiquer un millésime, et le roi Henri II fit un décret ordonnant la représentation de la figure royale sur les monnaies et les médailles.

A l'époque Mérovingienne, sous les Carlovingiens, sous les Capétiens

---

1. Les curieux trouveront au musée de Cluny une médaille présentée par la ville de Lyon au roi Louis XII, à son retour de Milan, vers l'an 1499.

Elle porte d'un côté le buste du roi, avec cette devise : *Felice Ludovico regnante duodecimo, Cæsare altero, gaudet omnis natio*, et de l'autre côté le buste d'Anne de Bretagne, avec ces mots : *Lugdunensis respublica, gaudete ; bis Anna regnante benigne sic fui conflata*, 1499. Cette médaille est la plus grande qu'on eût encore coulée en France à cette époque. Les portraits sont en relief sur un fond semé de fleurs de lis et d'hermine.

en France, comme dans toute l'Europe, d'ailleurs, les monnaies furent frappées au marteau jusqu'au xvi° siècle[1].

Au commencement du xvi° siècle, une révolution commença à s'opérer dans la fabrication des monnaies. En Allemagne, on se mit à substituer à la main de l'homme et au marteau, une sorte de presse ou *balancier* destiné à rendre la frappe plus régulière.

Le roi Henri II, grand ami des arts, comprenant que le meilleur moyen de faire échec aux faux monnayeurs était de confier la gravure de ses monnaies à d'habiles artistes et de les faire frapper par les meilleurs procédés, donna l'ordre à Michel de Marillac de se rendre en Allemagne pour examiner le nouveau procédé.

Michel de Marillac s'était fait accompagner d'un habile artiste, Aubin Olivier. Celui-ci fut nommé maître ouvrier et conducteur des engins de la nouvelle Monnaie, qui fut établie dans la Cité, au Logis des Etuves.

En 1547, Marc Béchot fut nommé tailleur général des monnaies. C'est à lui que l'on doit ces admirables monnaies de Henri II, au B., datées de 1555.

Après lui, il convient de signaler Jean Warin, qui a fait de belles monnaies.

« Les monnaies de notre siècle[2], a dit M. François Lenormant, offrent aussi peu d'intérêt que possible, et sont déplorablement médiocres au point de vue de l'art.

« La manière dont on a conçu les revers dans tout le monnayage moderne, depuis le xvi° siècle, n'a plus permis aux graveurs de donner quelque intérêt aux monnaies que par la beauté, la ressemblance et le caractère vivant des effigies[3]. »

---

1. Les pièces trouvées montrent que les instruments monétaires de ces époques n'avaient pas de différences essentielles avec ceux des Romains.

2. Pour les monnaies et les médailles au xix° siècle, je ne saurais mieux faire que de conseiller des visites au beau musée des monnaies et médailles que contient l'Hôtel des Monnaies à Paris. Pour les monnaies anciennes, il faut voir la collection de la Bibliothèque nationale.

3. Le Cabinet des médailles, à Paris, contient plus de 200,000 médailles.

CHAPITRE XIX

LA DENTELLE

L'origine de la dentelle. — En Bretagne. — La Fraise. — Ce que disait Sganarelle. — Les ornements en dentelle. — Le point de France. — Colbert. — Le point d'Alençon.

A *dentelle* est un dérivé de la broderie et longtemps on les a confondues ensemble.

L'origine de la dentelle est venue du lacis[1] ou filet brodé et du point coupé, sorte de broderie à jour qui consiste en une sorte de découpure pratiquée sur un morceau de toile à laquelle on a laissé certains fils, de façon à former un canevas pour servir ensuite à exécuter des dessins à l'aiguille.

En France, cette toile fine provenait autrefois de Quintin en Bretagne, elle servait également à la confection des collets et des rabats. Depuis, on a donné le nom de *marli* à ce genre de tissu.

Il faut faire deux grandes divisions dans l'art de la dentelle : le *travail au fuseau* et le *travail à l'aiguille*.

Le travail à l'aiguille fut anciennement le partage de l'aristocratie et celui du fuseau fut celui de la petite bourgeoisie et du peuple.

Pendant le règne de Henri II, il survint une mode qui facilita beaucoup le développement de la dentelle ; ce fut l'introduction de la *Fraise*[2] dans la toilette.

Ce fut Catherine de Médicis qui introduisit cette parure venue d'Italie.

Cette collerette finit d'ailleurs par prendre des dimensions si extraor-

---

1. Les Anglais ont tiré de lacis le mot *lace* (dentelle). La dentelle n'est, en somme, qu'un filet brodé très perfectionné.

C'était autrefois de ce *doulx filet* que la gorgerette était faite à la fin du xvᵉ siècle.

2. Appelée aussi *collerette godronnée*.

dinaires que la moquerie allait jusqu'au roi Henri III qui affectionnait les dentelles et les plissait lui-même.

Dans la satire Ménippée, on le surnommait le « godronneur des collets de sa femme ».

Sous Louis XIII, la mode fut aux cols rabattus ou rabats garnis de dentelles et des chemises bordées de point coupé.

Ce fut également la mode des canons qui couvraient le genou. L'engouement de cet ornement fut critiqué par Molière qui le mentionne dans l'*École des maris*, où il fait dire à Sganarelle :

> Et de ces grands canons où comme des entraves
> On met tous les matins ses jambes en esclaves.

La mode des ornements de dentelles était devenue si grande au XVIIe siècle, que lorsque Cinq-Mars mourut il laissa trois cents paires de garnitures de dentelles.

Beaucoup de ces dentelles venant de l'étranger, Colbert voulut soustraire le pays à ces importations étrangères.

Là fut l'origine du *point de France*.

A la fin du XVIe siècle, on fabriquait déjà au Puy-en-Velay une espèce de dentelle au fuseau. Cette industrie se répandit ensuite dans l'Auvergne et le Forez.

Sully fut certainement un des promoteurs de l'industrie dentellière en France, car on en retrouve la trace dans plusieurs villes de l'Ile-de-France au commencement du XVIIe siècle.

A la fin du XVIe siècle, le point coupé se fabriquait en France.

L'intendant d'Alençon, Duboulay Favier, dans une lettre adressée à Colbert, lui écrivait, en parlant de cette ville : « Il y a très longtemps que le point coupé se fait ici[1]. »

Colbert, voulant développer l'industrie de la dentelle en France, accorda 36,000 livres et un privilège de dix années à partir du 5 août 1665 à une compagnie dont le bureau central était à Paris, à l'hôtel de Beaufort.

Cette compagnie établit des ateliers à Sedan, à Alençon, à Aurillac, à Arras, à Reims.

Colbert donna le nom de *point de France* à ces dentelles fabriquées dans ces villes pour les distinguer des étrangères.

Les points fabriqués dans ces différentes villes de France prirent le

---

[1]. *Correspondance administrative sous le règne de Louis XVI*, t. II, p. 447.

nom de ces villes. Il y eut ainsi les points d'Alençon, d'Argentan, de
Sedan.

Le plus estimé de tous était le *point d'Alençon*.

Le mot *vélin* servait autrefois à désigner le *point d'Alençon*[1]. Ce
point est entièrement exécuté à l'aiguille sur un modèle de parchemin

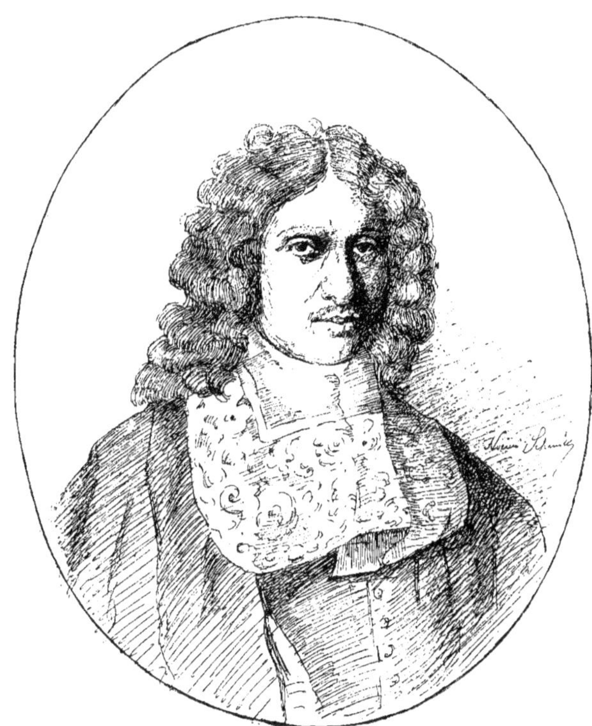

PORTRAIT DE COLBERT D'APRÈS NANTEUIL
(Dessin de Mlle Nœmi Schmitt)

couvert d'un dessin divisé par parties, que chaque ouvrière reproduit
isolément. Ces parties, une fois terminées, sont assemblées d'une
manière invisible et forment alors un ensemble décoratif.

Sous Louis XIV, la dentelle eut une telle vogue, que le cordonnier
du roi, le fameux Nicolas Lestrange, avait créé la mode d'en mettre sur
les souliers deux longues ailes montées sur des fils de fer.

---

1. Que doit-on entendre par *point de coupé, vélin, point d'Alençon ?*
Le point de coupé n'est autre qu'un genre de guipure faite à l'aiguille, au point de bouton-

Sous Louis XV, le goût des dentelles continua.

A la Cour de Louis XVI, la mousseline des Indes détrôna beaucoup la dentelle. Ce furent la blonde semée de pois et de mouches, la légère Malines qui prévalurent dans le goût de cette époque.

nière, dont les dessins se composaient de figures géométriques reliées entre elles par des brides. Ce travail était exécuté sur de la toile dont on coupait certaines parties lorsque l'ouvrage était terminé afin d'obtenir des jours : de là son nom de *point de coupé* ou *coupé*.

Le vélin, qui devait son nom au parchemin ou vélin sur lequel il se faisait, s'appelait aussi point d'Alençon. Ces deux mots s'employaient indistinctement l'un pour l'autre.

Des contrats postérieurs à 1665, dans lesquels ces deux termes se trouvent à la fois, en sont la preuve. Nous donnons seulement ici, à l'appui de cette assertion, celui de 1676, 29 mai, entre Jacques Delaville et Renée Alix, où il est dit « que la future a amassé 600 livres à faire des ouvrages de *vélin* ou *point d'Alençon* ».

Le *point de France* lui-même n'a pas fait exception à cette règle, comme nous le voyons dans Savary et dans le contrat suivant du 28 mars 1692, entre François Chevrel, marchand, et Marie Hamard. « Elle a 200 livres amassées aux ouvrages de vélin ou point de France. »

Le mot *vélin* était, et est encore l'expression consacrée dans la localité à désigner le point d'Alençon qui n'est autre qu'une imitation du point de Venise, comme va nous l'apprendre une lettre de Favier Duboulay, adressée à Colbert.

Il résulte de ce que nous venons de dire qu'il se faisait depuis plusieurs années, à Alençon, avant l'établissement de la manufacture, du point de coupé, du vélin ou point d'Alençon ; de plus, que l'on y avait acquis une certaine habileté, puisqu'il s'y fabriquait des ouvrages de grand prix.

C'est à Colbert que la fabrique du point d'Alençon doit son perfectionnement.

Les ouvrières se formèrent le goût en exécutant ces magnifiques dessins Louis XIV, qui sont restés la gloire de la fabrication alençonnaise. A la dernière exposition régionale d'Alençon, nous avons pu admirer quelques spécimens de dentelle de cette époque, dont les dessins sont reproduits avec tant de perfection par la fabrication moderne.

Mais ne l'oublions pas, le point d'Alençon, depuis son origine, tout en ayant été une imitation du point de Venise, a toujours conservé le caractère d'un produit français. (Mme G. Despierres).

CHAPITRE XX

L'art de la soierie à Lyon. — Un état de Rolland de la Platière. — Les soies de France
à la fin du siècle dernier. — Jean Revel. — Sous Louis XV. — Philippe de La Salle.

'ART industriel de la soierie a donné à Lyon sa célébrité. En 1536, les Italiens Barthélemy Harris et Étienne Turqueti s'établirent à Lyon pour la fabrication des velours et des soies à dessins. Ils furent encouragés par la protection de François Ier. Colbert[1] favorisa le développement de l'industrie lyonnaise qu'il réglementa.

L'influence de Colbert a été considérable sur les développements des arts industriels de France.

« Dès 1664, dit M. Paul Rouaix, un grand conseil de commerce fonctionne à Paris, d'autres conseils sont fondés dans les provinces. Le commerce et l'industrie ont besoin de débouchés à l'extérieur, réclament une facile circulation dans le royaume. Colbert crée des routes, creuse le canal du Languedoc, supprime les douanes dans douze provinces, facilite les rapports avec les colonies, forme la compagnie des Indes occidentales, des grandes Indes du Nord. L'élan colonisateur est favorisé. N'oublions pas qu'au siècle suivant, jusqu'au funeste traité de 1763, le grand peuple colonisateur sera la France. »

Marine, commerce, industrie, colonies, beaux-arts, tel est le vaste domaine que remplit son activité. Les lignes suivantes sont empruntées à Voltaire : nous avons ajouté quelques détails dans des parenthèses :

« Depuis 1664, chaque année de ce ministère, jusqu'en 1672, fut marquée par l'établissement de quelque manufacture. Les draps fins qu'on tirait auparavant d'Angleterre, de Hollande, furent fabriqués dans

Abbeville (le Hollandais Van Robais s'y établit en 1664). Le roi avançait aux manufactures 2,000 livres par chaque métier battant, outre des gratifications considérables. On compta dans l'année 1669, 44,200 métiers de laine dans le royaume (à Sedan, Louviers, Elbeuf, etc.). Les manufactures de soie perfectionnées produisirent un commerce de plus de 50 millions de ce temps-là ; et non seulement l'avantage qu'on en tirait était beaucoup au-dessus de l'achat des soies nécessaires, mais la culture des mûriers mit les fabricants en état de se passer des soies étrangères pour la chaîne des étoffes. On commença dès 1666 à faire d'aussi belles glaces qu'à Venise. (En 1670, Colbert écrit à l'ambassadeur de France à Venise que les glaces faites à Paris et à Tour-la-Ville, près de Cherbourg, ne le cèdent pas à celles de Venise.) Et bientôt on en fit, dont la grandeur et la beauté n'ont jamais pu être imitées ailleurs. Les tapis de Turquie et de Perse furent surpassés à la Savonnerie. »

Les Gobelins, Beauvais et Aubusson sont encouragés pour les tapisseries. On accorde des subsides aux manufactures de Beauvais (1664); Aubusson devient manufacture royale. Aux Gobelins on compte 800 ouvriers dont 300 étaient logés: les grands peintres fournissaient des modèles. Mosaïque, marqueterie, ameublement, tous les arts industriels étaient représentés aux Gobelins qui, en 1662, prennent le titre de Manufacture royale des meubles de la Couronne. La dentelle d'Alençon remplace les dentelles de Venise dont l'importation est interdite en 1666. Les draperies de Sedan, les brocarts de Lyon, la machine à bas, le secret de l'acier trempé, le perfectionnement dans l'industrie du cuir, l'introduction de la calandre pour moirer et onder par pression les étoffes, du fer-blanc, etc., sont dus à Colbert. »

On sait qu'aujourd'hui la soierie de Lyon est connue et recherchée dans le monde entier.

Il faut consulter les rapports des inspecteurs des manufactures pour trouver les documents les plus authentiques sur l'état de l'industrie en France à la veille de la Révolution : D'après un état dressé par l'un de ces inspecteurs, Roland de la Platière, en 1784, on comptait alors de 28 à 30,000 métiers de soieries, savoir :

A Lyon. . . 18,000 métiers dont 12,000 en étoffes figurées.
A Nîmes . . 3,000 métiers.
A Tours . . 1,200 à 1,500 métiers.
A Paris . . 2,000 métiers, dont partie en gaze.

Le reste était disséminé à Avignon qui, au xviie siècle, possédait

1,800 métiers dont 500 en damas et autres étoffes façonnées, à Rouen, à Marseille, à Toulouse, à Auch, à Narbonne et autres lieux.

Il y avait de plus à Lyon, à Saint-Chamond, à Saint-Étienne, à Paris, à Tours, etc., 12,000 métiers au moins de rubans, galons et autres objets de passements; 17 à 18,000 métiers de bas de soie et de filoselle à Montpellier, à Ganges, à Lyon, à Paris, à Nîmes, à Dourdan, dans l'Ile-de-France. Enfin, indépendamment des dentelles d'or et d'argent des manufactures de Paris et de Lyon, les dentelles de soie noires qui faisaient l'objet d'exportations considérables en Espagne, au Portugal, en Allemagne, en Hollande, étaient devenues l'objet d'une fabrication plus ou moins importante sur plusieurs points de la France, notamment à Fontenay, à Saint-Denis, à Montmorency, à Gisors, à Saint-Pierre-ès-Champs, etc., etc.

Ces diverses industries transformaient annuellement en moyenne 2,400,000 à 2,600,000 livres pesant 1,250,000 à 1,300,000 kilogrammes de soie; la moitié à peine était produite par les 6 à 7 millions de kilogrammes de cocons récoltés dans le midi de la France; l'autre moitié était importée du Piémont et de l'Italie, par le Pont-de-Beauvoisin; des Deux-Siciles et du Levant, par Marseille; de la Perse, des Indes, de Nankin en Chine, par Londres, Stockholm et Copenhague.

Ces estimations paraissent toutefois devoir être considérées comme un maximum exceptionnellement atteint.

Les années qui précèdent la Révolution avaient été une période d'épreuves pour l'industrie de la soie. Les modes anglaises, « l'anglomanie » comme on disait alors, faisaient la guerre aux soieries; les soies de France passaient à la fin du siècle dernier pour être les plus belles du monde : « Il n'y a point d'organsins comparables à ceux du Vivarais, du Dauphiné et de la Provence, dit M. Verninac, préfet du Rhône, dans sa *Description physique et politique du département du Rhône*, publiée en l'an X. Les trames du Dauphiné, de la Provence et du Languedoc, l'emportent sur celles de l'étranger. Ainsi la France n'a rien à désirer ni quant à l'art de mettre la soie en valeur, ni quant à la qualité de la soie. Mais ce qu'elle récolte de ses qualités premières est loin de suffire aux besoins de ses manufactures. Elle est obligée d'appeler à son secours les organsins du Piémont et de Bergame, les trames de Vicence et de Parme, et les petites soies de Sicile, du Levant et de Nankin. Mais, ajoute-t-il, puisqu'il est impossible de s'en passer, peut-être le gouvernement devrait-il autoriser la sortie du numéraire pour les acquitter. L'Allemagne et le Nord le remplaceraient abondamment, en soldant les marchandises que les matières premières, causes de cet écoulement de numéraire, nous mettent à même de leur adresser.

Fille de l'industrie lyonnaise, l'art de la soie ne se contente pas, dès les débuts, d'imiter servilement le passé, de marcher dans le sillon italien. Dès le xvıⁱᵉ siècle, cet art se dégage de l'influence italienne.

Des dessinateurs qu'on n'égalera plus font oublier les magnificences de l'art oriental et les charmes de l'art gothique. Un élève de Le Brun, le peintre Jean Revel, après avoir découvert, avec les « points rentrés », des transitions de nuances et des gradations de coloris inconnues avant lui, transporte sur l'étoffe les plus superbes interprétations de fleurs naturelles, dans le *Marché de Paris* et l'*Ile de Cythère*.

Sous Louis XV se révèle cette élégance aisée et facile, cette fantaisie aimable qui donne un cachet de distinction originale même aux caprices dépravés de la mode. Si, comme l'a dit quelque part M. Arsène Houssaye, « l'art doit être l'expression des rêves de l'esprit et des battements du cœur de chaque génération », ces navires aux mâtures ornées de fleurs, ballottés sur des flots de corail et de nacre; ces entrelacs de branchages peuplés de personnages et d'oiseaux fantastiques, ces chinoiseries mises en honneur par la marquise de Pompadour, montrent avec quelle fertilité inventive des dessinateurs comme Pillement, Douait, Donnat Nonnote, excellent à approprier l'ornementation des étoffes au goût du jour. Mais ces satisfactions données aux caprices éphémères de la favorite royale, nos fabricants reviennent aux grandes traditions artistiques avec Gally Gallien, à la fin du règne de Louis XV, et avec Philippe de La Salle, dont les hardies conceptions resteront l'expression la plus haute de l'art décoratif appliqué aux tissus.

Philippe de La Salle, dessinateur doublé d'un mécanicien, perfectionne lui-même le métier, au moyen duquel il traduit sur l'étoffe, avec la navette comme avec un pinceau, tantôt ces tendres idylles, ces poétiques pastorales telles que la *Jardinière*, encadrées des rinceaux du plus pur Louis XVI, tantôt ces magnifiques compositions, chefs-d'œuvre de coloris, de grâce et de distinction, qu'on appelle le *Faisan,* les *Perdrix,* le *Panier fleuri.*

Philippe de La Salle fut ennobli par le roi Louis XVI.

C'est à Lyon que l'art a tout d'abord contracté avec l'industrie, cette alliance étroite qui devait être proclamée plus tard.

Aussi il faut voir avec quel orgueil les auteurs lyonnais de la fin du xvıⁱⁱᵉ siècle parlent de cet art industriel.

« C'est, dit l'un d'eux, dans tes murs et au milieu des places publiques que je voudrais voir élever des statues à tous les hommes célèbres que tes manufactures ont enfantés ; laisse à d'autres le soin d'en ériger à ces héros qui ont dévasté la terre et l'ont remplie du bruit de leurs exploits meurtriers. Que dans ton enceinte consacrée à l'utilité générale et au bien public, on ne voie que des monuments élevés aux arts d'industrie, propres à éterniser la mémoire de ces habiles négociants, des dessinateurs de génie, des artistes dont les noms sont dignes de passer à la postérité. »

De nos jours, l'industrie artistique de la soierie, sans perdre complètement son ancien caractère d'industrie de haut luxe — car des dessinateurs comme Bony, Berjon, Déchazelle ont recueilli l'héritage des Revel et des Philippe de La Salle — s'efforce de devenir une industrie nationale de grande consommation [1].

1. En dernier lieu, dit un rapport sur l'industrie lyonnaise, pour ne prendre que les grandes étapes de notre histoire industrielle du XIXᵉ siècle, n'est-ce pas encore la Fabrique lyonnaise qui, avec le concours inestimable de ses teinturiers, de ses imprimeurs, de ses apprêteurs, après avoir emprunté aux peuples de l'Orient la fabrication des foulards, applique, en les perfectionnant, les mêmes procédés aux tissus mélangés de coton, et invente vers 1869-1870, cette jeune et déjà si vace et si florissante industrie des étoffes teintes en pièce, dont l'étranger s'efforce de s'emparer.

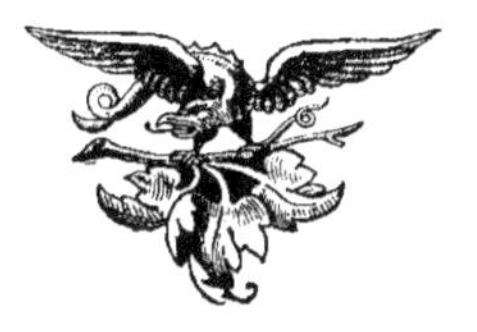

CHAPITRE XXI

LA BRODERIE

Les broderies. — L'ornementation des vitraux. — L'étude des broderies; corollaire de
l'histoire et de la peinture. — Les broderies de Paris. — Le roman de Perceval. —
Une grande quantité de broderies. — La broderie blanche.

A *broderie* est, comme la tapisserie, une espèce de peinture
de soie et d'or pour laquelle l'aiguille sert de pinceau et
dans laquelle la palette est remplacée par les bobines.
La broderie est devenue un métier; autrefois, c'était un art
cultivé d'une manière brillante et qui a produit de véritables
chefs-d'œuvre.

On sait que l'on désigne généralement les diverses variétés de
broderies tantôt d'après le nom des instruments à l'aide desquels on les
exécute (broderies au tambour, au crochet, au métier), tantôt d'après
celui des matières employées (broderies de laine, de cheveux, d'or,
d'argent). Elles sont dites *méplates* ou à teintes plates quand les fils sont
simplement juxtaposés, et *nuancées* lorsque la brodeuse a disposé les
fils de manière à donner aux objets représentés autant que possible
leurs couleurs naturelles. Quant aux points, la broderie en emploie
deux espèces, le point de *passé* et le point de *chaînette*. Le premier
embrasse l'étoffe soit en hauteur, soit en largeur, autant en dessus
qu'en dessous, et ne présente pour toutes variations que des nœuds dits
points d'armes qui servent à faire les étamines et à remplir quelques
fleurs. Le second s'exécute à l'aiguille ou au crochet. Il se fait en tirant
en dessus le fil ou le cordonnet de manière à fournir une longue boucle;
puis, en renforçant l'instrument au milieu de cette boucle on ramène
une nouvelle boucle. C'est à leur ressemblance avec une petite chaîne
que les points ainsi exécutés doivent leur nom.

En dehors de l'influence générale que les tissus ont eue sur la sculpture ornementale française pendant la période de l'art roman, il faut signaler tout particulièrement le rôle des *broderies*, dont les motifs, les dessins décoratifs, ont servi souvent de modèles aux artistes de cette époque pour la décoration de leurs frises sculptées.

Des détails ont été antérieurement inspirés des ornements sacerdotaux, et sur plusieurs broderies qui ornent les vêtements sculptés dont sont revêtus des personnages aux portails des églises, on retrouve la trace de traditions orientales.

D'ailleurs, à l'époque romane, l'art de la broderie était particulièrement très développé.

Les dames nobles et les religieuses des couvents et abbayes de femmes, avaient acquis une grande habileté dans les délicats travaux d'aiguille.

Et les spécimens très remarquables qui sont parvenus jusqu'à nous, permettent de conclure que la *broderie marchait alors de pair avec l'ornementation des manuscrits et des vitraux*. Il était très commun, en effet, de voir des peintres qui décoraient les manuscrits composés des cartons pour les brodeurs[1].

Ceux qui étudient l'histoire de la peinture en France ne doivent pas oublier l'étude des broderies qui en sont le corollaire.

Il est évident que les passe-temps sédentaires des châteaux et les loisirs de la vie monastique, permettaient aux religieuses et aux dames nobles, d'acquérir une grande habileté dans les travaux d'aiguille, habileté qui, de nos jours, n'a pas été dépassée.

La broderie était arrivée au moyen âge à un grand degré de perfection.

D'ailleurs, si on passait en revue les divers spécimens de broderies du moyen âge qui peuvent être attribués à la France, on en rencontrerait de superbes exemples.

Il nous faut citer, entre autres, un parement d'autel conservé au musée du grand jardin à Bade ; au milieu est représenté le couronnement de la Vierge ; saint Jean l'Évangéliste est à la droite de la Vierge et saint Jean-Baptiste à la gauche du Christ. Citons encore une aumônière du trésor de la cathédrale de Troyes ; la niche de Jean de Marigny, à Evreux ; celle de Philippe de Dreux, à Beauvais.

Au XIIIᵉ siècle, les brodeurs de Paris formaient un corps de métier

---

1. Déjà vers le XIᵉ siècle, dans nos anciennes poésies, on voyait célébrer la broderie *avec grand honneur*.

et le livre de Vaille, en 1313, nous donne les noms de quinze brodeurs
ou brodeuses.

Nos anciennes poésies, dès le xiie siècle, nous montrent la broderie
en grand honneur[1].

C'est ainsi, que dans le roman de Perceval, l'un des plus longs du
cycle de la Table-Ronde, une jeune fille montre à Gauvain, qui se fait
connaître à elle, une broderie sur laquelle il se trouvait représenté ; le
poète a bien soin de nous dire :

> Si proprement avait pourtraite
> L'ymeje à lui et semblant faite,
> Que nulz homs du mont n'y fausist.
> A lui connoistre, qui veist,
> La pourtraiture et lui ensemble ;
> Si très finement le ressemble.

A côté de nos charmants trouvères qui nous montrent leurs héroïnes
occupées à broder et dont ils décrivent souvent ces travaux d'aiguille,

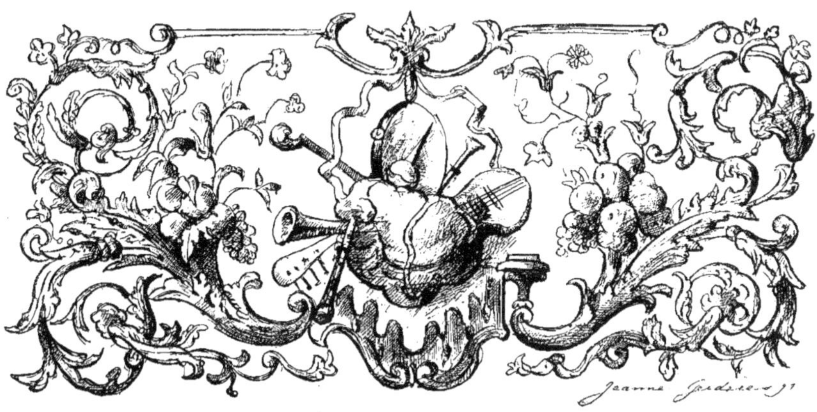

MOTIF DÉCORATIF D'UNE BRODERIE FRANÇAISE. — COLLECTION OU MOBILIER NATIONAL
(Dessin de Mlle Jeanne Gerderès)

nous pourrions citer différents passages d'inventaires des xive et
xve siècles qui prouvent la grande quantité de broderies qui se faisaient
en France au moyen âge.

---

1. Les miniatures des manuscrits, des tableaux, les sculptures qui nous sont restées des xiiie,
xive, xve et xvi siècles, nous montrent avec quelle profusion on employait la broderie.

Par la suite, la broderie fut un peu détrônée par la dentelle. Pour la décoration, la broderie prit successivement celle des différents styles.

En France, avant 1789, les brodeurs formaient une corporation; l'apprentissage durait six ans et la maîtrise coûtait 600 livres. Saint-Clair était le patron des brodeurs.

La broderie blanche, dont l'art est si développé de nos jours en France, ne date que du xviiie siècle[1]. Les centres principaux ce sont : Lyon, Paris, Tarare, Saint-Quentin, Nancy, Cambrai et Lille.

1. En France, elle donne lieu à un mouvement de plus de 50 millions.

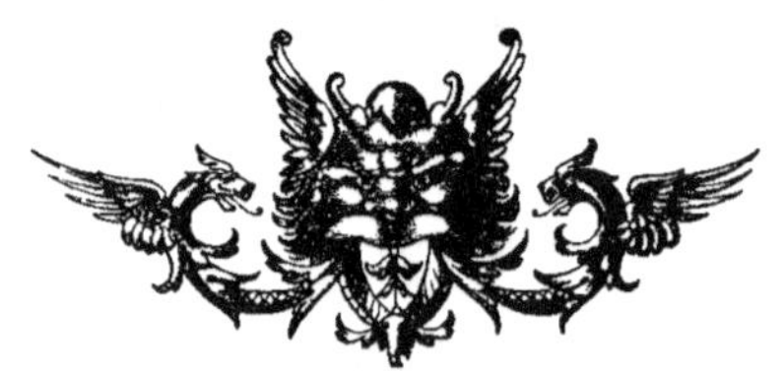

CHAPITRE XXII

LA SERRURERIE

L'art de la serrurerie. — Les serrures du moyen âge. — Les serrures à bosses. — Les clefs
en fer. — A l'époque de la Renaissance. — Les maîtres ornemanistes et les modèles
de serrurerie.

'ART de la serrurerie était déjà fort avancé chez les anciens.
Les nombreux et curieux spécimens de clefs et de serrures
que possèdent nos musées, le prouvent suffisamment. Au
musée bavarois de Munich se trouvent des clefs et des serrures
qui montrent que les Égyptiens connaissaient déjà certains
artifices que les modernes croiront plus tard avoir inventés, et
savaient mettre une grande harmonie dans les éléments décoratifs dont
ils ornaient leurs travaux de serrurerie. Mais c'est surtout à l'époque de
la Renaissance, que se fabriquèrent d'inimitables chefs-d'œuvre.

Le musée de Cluny possède un grand nombre de magnifiques échantillons de la serrurerie française et italienne de la Renaissance.

Au xv' et au xvi' siècles, les serruriers français et italiens employèrent
surtout le bronze de préférence au fer forgé, et cela se comprend aisément, le maniement du bronze étant plus facile que celui du fer forgé.
Les serruriers de cette époque étaient considérés comme de véritables
artistes, aussi étaient-ils très fiers de leur profession. Ils savaient marteler
avec souplesse et aisance, et mettre une grande richesse dans l'ornementation.

Au xviii' siècle, en France, la serrurerie était aussi en grand honneur.
On sait que Louis XVI y travaillait avec passion. Les artistes de ce
siècle nous ont laissé de véritables et très coquettes œuvres d'art, à la
décoration parfois même très luxueuse.

De nos jours, le côté industriel, matériel, a malheureusement beaucoup empiété sur le côté artistique.

Les serrures du moyen âge ont affecté de grandes dimensions. Elles étaient considérées comme *l'œuvre par excellence de l'artisan en fer* : aussi figuraient-elles toujours comme le chef-d'œuvre imposé au compagnon qui se présentait pour la maîtrise. Dans les serrures en fer, on employait le métal repoussé, forgé, ciselé, découpé, etc. Les effets décoratifs étaient obtenus par l'opposition du métal mat et du métal poli.

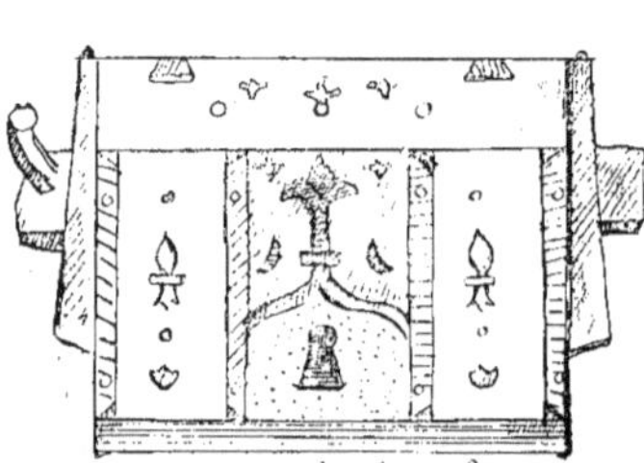

SERRURE DU XVIᵉ SIÈCLE. — COLLECTION DU
MUSÉE DE CLUNY
(Dessin de Mˡˡᵉ Alice Bournand)

A la période gothique aussi, appartiennent ces belles serrures à belles découpures de fer, découpures dont l'effet était accentué par l'assemblage d'une étoffe rouge sur laquelle on les plaquait.

Les serrures du moyen âge étaient généralement placées en saillies sur les portes des meubles; c'est pourquoi on leur donnait le nom de *serrures à bosses*. On les décorait très souvent de feuillages. Le plus souvent l'entrée était masquée par une garde que retenait un ressort, et une figure décorative, un animal fantastique décorait le cache-entrée. La boîte du mécanisme était également décorée [1].

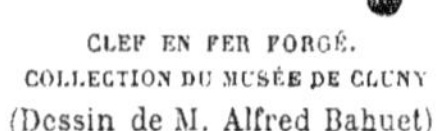

CLEF EN FER FORGÉ.
COLLECTION DU MUSÉE DE CLUNY
(Dessin de M. Alfred Bahuet)

1. Le musée de Cluny possède de belles serrures des châteaux d'Anet et d'Ecouen.

Le moyen âge est l'époque du fer. Le travail du marteau produit des œuvres vigoureuses, un peu froides au début, mais toujours superbes d'allure ornementale. Les magnifiques fers ouvragés qui clouaient leurs découpures sur les portes des églises étaient déjà admirés des contemporains, au point que, pour la fabrication de la plupart d'entre eux, des légendes locales admettaient l'intervention du diable. Outre les pentures, notons les serrures, les heurtoirs, les clefs, les armures, les lanternes, les ustensiles des cheminées, landiers pincettes, pelles. Le fer entre dans la bijouterie et, au xviᵉ siècle, il fournira encore des bagues ciselées. A la sévérité romane

Au moyen âge, les clefs en fer ont présenté des dimensions extraor-

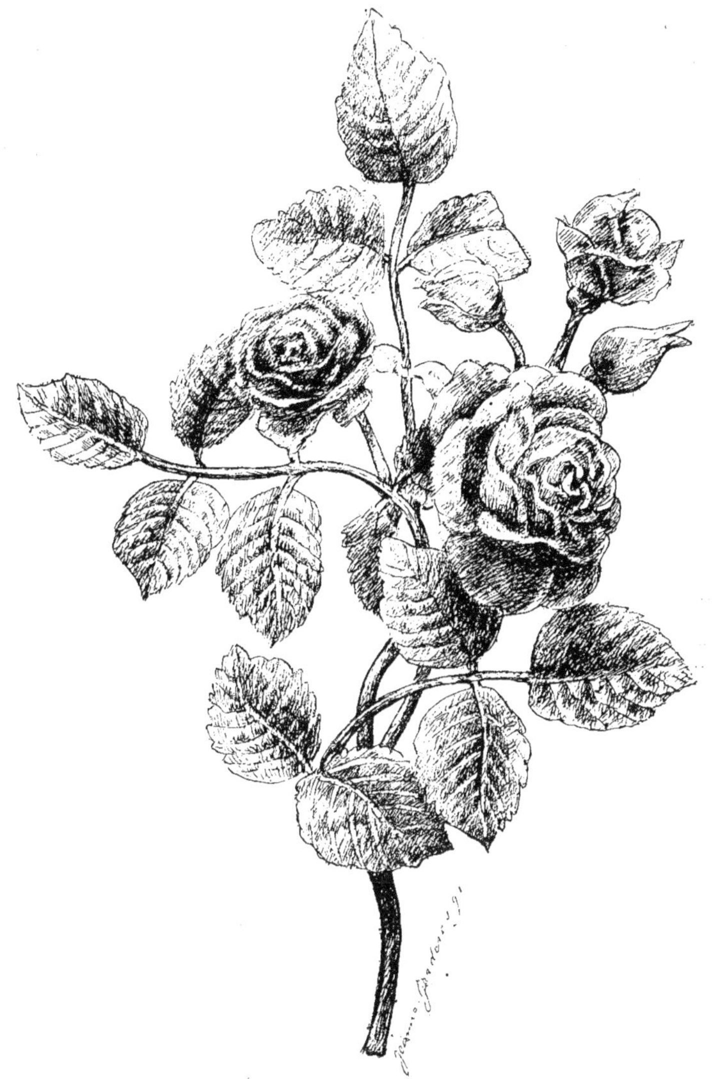

ROSE EN FER FORGÉ (XVIᵉ SIÈCLE. — COLLECTION DU MUSÉE DE CLUNY)
(Dessin de Mᴸˡᵉ Jeanne Gerderès)

succède la richesse du gothique. Les découpures se font plus riches, plus fournies, plus déliées
dans les fers ouvragés. Les coffres en plein fer ou en bois garni de fer s'ornent de gravures.
C'est là qu'on enferme ses trésors et ses richesses : ce n'est pas comme nos coffres-forts, un
meuble que l'on place dans une pièce retirée. Le coffre figure dans l'ameublement, à la vue des

dinaires, parfois 20 centimètres; les pannetons[1] offraient des découpures très compliquées. Les tiges ont affecté des formes irrégulières dans leur forage.

A l'époque de la Renaissance, il y eut des tiges à forage à trèfle, en as de pique. L'ornementation, fort riche, affectait la forme de chapiteaux, de ternies, de sirènes.

Le musée de Cluny et le musée du Louvre possèdent une riche collection de clefs.

Parmi les maîtres ornemanistes qui ont laissé de beaux modèles de serrurerie[2] nous citerons :

Ducerceau (style de la Renaissance); Jousse (style Louis XIII); Jean Lepautre, Bérain, Jean Leblond, Davesne (style Louis XIV); Messonnier, Huquier, Cuvillier, Blondel, Brisens, Habermann, Balec (style Louis XV).

visiteurs : aussi s'orne-t-il de tous les raffinements de l'art. Parfois, sur les panneaux, des peintures tempèrent le froid du métal. Le plus souvent, ce sont des gravures d'un effet sobre et puissant. Les serrures compliquées, à nombreux pênes jouant sous le couvercle (où le plus souvent est l'entrée de la clef), sont décorées de belles gravures jusque sur les parties les plus petites. La forme architecturale, les arcades en forme de fenêtres à nervures, garnissent les panneaux des faces du coffre. Ces effets de faisceaux de nervures parallèles sont produits par des plaques de fer découpées et rivées l'une sur l'autre, de façon que la plaque de dessus, plus découpée, laisse voir celle du dessous : on obtient ainsi des premiers plans et arrière-plans.

1. Partie qui, fixée à la tige, joue dans la serrure.

2. Rappelons que jusque vers la fin du xvii° siècle, on a orné les meubles de belles ferrures. Ce fut au xviii° siècle, lorsque vint la mode des appliques en cuivre aux meubles, que l'art des ferrures fut abandonné.

CHAPITRE XXIII

LA DINANDERIE

La dinanderie. — Dinant. — Dinanterie. — Les potiers d'airain. — Une corporation de lothones. — Les dinandiers de Paris. — Au musée de Cluny.

N donne le nom de *dinanderie* aux beaux ouvrages de cuivre repoussé, appliqué aux œuvres d'art aussi bien qu'aux ustensiles usuels, tels que lustres, chandeliers, plaques, bassins, lats, fontaines, etc.

Ce mot de *dinanderie* vient de *Dinant*, car autrefois la chaudronnerie de cuivre jaune et rouge s'appelait *Dinanterie*, parce que la ville de *Dinant*, près Liège, dit Commines, « était une ville très riche, à cause d'une marchandise qu'ils faisaient de ces ouvrages de *cuyvre* qu'on appelait *dynanderie* ».

On disait pour cette raison : « Coivre[1] de Dinant », ou, comme le rapporte le *Dictionnaire des pays*[2] : « Les chauldronniers sont en Dinant. »

Les belles pièces de dinanderie du moyen âge sont fort rares.

Les dinants ou *potiers d'airain*, travaillèrent au repoussé peut-être grossièrement, mais en tout cas avec des goûts distingués et de noble style. Parmi eux, on peut citer : Ickan, d'outre-Meuse; Lambert Patras[3] et Etienne de la Marke qui florissait en 1384.

Du reste, la dinanderie ne tarda pas à se répandre de France au delà du Nord et à l'étranger : « De la Meuse, dit M. Charles de Linas, la dinanderie gagna les provinces belges et le Rhin; je crois l'avoir reconnue en Angleterre au XIVe siècle; au XVIe siècle, il y eut à Avignon une corpo-

---

1. Cuivre.
2. Écrit du xvie siècle.
3. Il exécuta en 1112, les célèbres fonts baptismaux de l'église Saint-Barthélemy, à Dinant.

ration de *lothones*[1]. L'inventaire du Trésor métropolitain d'Avignon, de mai 1511, mentionne effectivement : *Numus bassinnus de lothono... in quo sunt arma confrariæ lothonorum.* »

Au commencement du xv° siècle, on travaillait le cuivre à Lyon, on y faisait des coquemars, des bouilloires à anses, des poissonnières, des chaponnières, des fontaines, des poëlons, des coqs de cuivre.

A la fin du xvi° et au xvii° siècle, les dinandiers de Paris étaient devenus des maîtres ; une estampe du temps appelle les ouvriers en cuivre : *maîtres et marchands chaudronniers, batteurs, dinandiers de la ville de Paris.* Ce furent les *dinandiers de Paris* qui fabriquèrent « la grande marmite en cuivre rouge valant la somme de *8 livres tournois* », dont parle l'*inventaire* des biens de Mignard (Pierre)[2], le célèbre peintre, le *grand chaudron* pour couler la lessive, cuivre rouge, dont il est parlé dans le testament et l'inventaire des biens de Claudine Bouzonnet-Stella[3], ainsi que les *deux grands bustes en cuivre repoussé* d'Antonin et d'Adrien, décrits dans les inventaires de Bellavoine et de Leroy, bourgeois de Paris[4], toutes quatre œuvres d'art remarquables.

« De nos jours, dit M. Demmin, on a essayé et réussi de remplacer le repoussage au marteau de cuivre, toujours long et coûteux, par l'estampage mécanique, qui donne des dessins bien plus réguliers que le travail individuel, mais par contre, d'un aspect aussi manufacturier que celui des productions de ce genre, en zinc.

C'est au moyen de parties d'abord modelées en plâtre, et servant à produire les moules dans le sable, que l'on fait couler en fonte de fer les *creux* et les *reliefs* ou *contre-parties* avec lesquels les différents morceaux sont estampés par la machine à vapeur et qui, soudés ensemble, ciselés, les creux mattés en pointillé et les reliefs polis, donnent des modèles fort beaux, mais trop réguliers et absolument pareils les uns aux autres. »

Parmi les œuvres de dinanderie les plus remarquables qui ont été conservées, citons : deux mesures de jaugeage, au musée archéologique

1. Ouvriers en laiton.
2. En 1660.
3. En 1667.
4. En 1693-1697.

de Gand ; une aiguière à laver du xɪvᵉ siècle, en cuivre repoussé et
gravé, avec un écusson aux rois de France, au musée de Cluny ; un
lutrin-pélican, à l'église de Saint-Martin, à Chièvres ; un admirable travail
français du xvɪᵉ siècle[1], un grand fanal de galère aux armes de la République de Venise, en cuivre rouge battu, repoussé et doré, avec figures
et animaux, en bronze doré, que possède le musée de Cluny.

1. N'oublions pas qu'au xvɪᵉ siècle il y eut des chauffe-mains, boules en cuivre gravées et
repercées à jour, décorées de figures d'animaux que séparaient des colonnes. Ces boules, attachées au bras par une chaînette, s'ouvraient et portaient à l'intérieur quelques braises ardentes
dans un petit fourneau sur pivot mobile à double mouvement et disposé de manière à ne point
se renverser, quelle que position que prît la boule. Elles étaient en grand usage dans les
sacristies et même dans les églises pendant la saison rigoureuse.

TABLE DES MATIÈRES

TABLE DES GRAVURES

Paris. — Typographie Gaston Née, 1, rue Cassette. — 5288.

www.ingramcontent.com/pod-product-compliance
Lightning Source LLC
LaVergne TN
LVHW021430170726
843501LV00005B/1271